ACCESO GRATIS a la Lectura en la Nube

Para visualizar el libro electrónico en la nube de lectura envíe junto a su nombre y apellidos una fotografía del código de barras situado en la contraportada del libro y otra del ticket de compra a la dirección:

ebooktirant@tirant.com

En un máximo de 72 horas laborales le enviaremos el código de acceso con sus instrucciones.

La visualización del libro en **NUBE DE LECTURA** excluye los usos bibliotecarios y públicos que puedan poner el archivo electrónico a disposición de una comunidad de lectores. Se permite tan solo un uso individual y privado

L'ÚS DEL VALENCIÀ A L'ENSENYAMENT DEL DRET ADMINISTRATIU

L'ÚS DEL VALENCIÀ A L'ENSENYAMENT DEL DRET ADMINISTRATIU

Directora
REYES MARZAL RAGA

tirant lo blanch
Valencia, 2025

En caso de erratas y actualizaciones, la Editorial Tirant lo Blanch publicará la pertinente corrección en la página web www.tirant.com/

© TIRANT LO BLANCH
EDITA: TIRANT LO BLANCH
C/ Artes Gráficas, 14 - 46010 - Valencia
TELFS.: 96/361 00 48 - 50
FAX: 96/369 41 51
Email: tlb@tirant.com
www.tirant.com
Librería virtual: www.tirant.es
DEPÓSITO LEGAL: V-1162-2025
ISBN: 978-84-1095-914-9
MAQUETA: Innovatext

Si tiene alguna queja o sugerencia, envíenos un mail a: *atencioncliente@tirant.com*. En caso de no ser atendida su sugerencia, por favor, lea en *www.tirant.net/index.php/empresa/politicas-de-empresa* nuestro procedimiento de quejas.

Responsabilidad Social Corporativa: http://www.tirant.net/Docs/RSCTirant.pdf

Relació d'autors

JOSÉ LUIS BLASCO DÍAZ
Catedràtic de Dret administratiu.
Universitat Jaume I de Castelló

ANA MARÍA DE LA ENCARNACIÓN
Professora Titular de Dret administratiu.
Universitat de València-Estudi General

CLÀUDIA GIMENO FERNÁNDEZ
Professora Ajudant Dra. de Dret administratiu.
Universitat de València-Estudi General

ALBERT ITUREN OLIVER
Professor Titular de Dret administratiu.
Universitat de València-Estudi General

REYES MARZAL RAGA
Professora Titular de Dret administratiu.
Universitat de València-Estudi General

JOSEP OCHOA MONZÓ
Catedràtic de Dret administratiu.
Universitat d'Alacant

ADRIÁN PALMA ORTIGOSA
Professor Ajudant Dr. de Dret administratiu.
Universitat de València-Estudi General

FERNANDO DE ROJAS MARTÍNEZ-PARETS
Professor Contractat Doctor.
Universitat Miguel Hernández d'Elx

Índex

Capítol 4

EL VALENCIÀ COM A LLENGUA PRÒPIA I D'ÚS NORMAL A LA UNIVERSITAT DE VALÈNCIA

REYES MARZAL RAGA

Capítol 5

LA DOCÈNCIA EN VALENCIÀ A L'ÀREA DE DRET ADMINISTRATIU DE LA UNIVERSITAT DE VALÈNCIA

REYES MARZAL RAGA

Capítol 7

INNOVACIÓ DOCENT EN VALENCIÀ: UNA EXPERIÈNCIA MIX & MATCH EN L'ASSIGNATURA DE DRET ADMINISTRATIU

Ana María De la Encarnación

Capítol 8

DIFICULTATS, REPTES I OPORTUNITATS EN LA REDACCIÓ I DEFENSA EN VALENCIÀ D'UNA TESI DOCTORAL EN DRET ADMINISTRATIU

Clàudia Gimeno Fernández

Capítol 9

LA DOCÈNCIA PLURILINGÜE A LA UNIVERSITAT DE VALÈNCIA. LA DOCÈNCIA EN ANGLÈS

ADRIÁN PALMA ORTIGOSA

Presentació de l'obra

L'obra que presentem té el seu origen en la celebració d'un Seminari intitulat "L'ús del valencià a l'ensenyament del Dret administratiu", que es va dur a terme al Departament de Dret administratiu de la Universitat de València el 29 de novembre de 2022, on un grup de professores i professors de Dret administratiu de les Universitats públiques de la Comunitat Valenciana vàrem debatre i analitzar la situació i les perspectives de futur de l'ensenyament universitari en valencià a les diverses assignatures vinculades a l'àrea de Dret administratiu. En aquella reunió vam decidir constituir-nos com a grup de recerca i encetar una línia d'investigació al voltat del ús i reconeixement del valencià com a llengua acadèmica i científica. Ací presentem les conclusions d'aquella trobada, així com el manifest constitutiu amb el posicionament del grup. No volem perdre l'ocasió d'agrair el suport del Servei de Política Lingüística de la Universitat de València en la realització d'aquest seminari i la seua publicació.

L'estructura escollida per a la anàlisi jurídica que desenvolupem en aquesta obra permet conèixer el marc normatiu del valencià i la seua implementació a les Universitats Jaume I de Castelló, Universitat d'Alacant, Miguel Hernández d'Elx i Universitat de València-Estudi General. Tot i que els corresponents Estatuts universitaris reconeixen el valencià com a llengua pròpia, l'obra evidencia les mancances del seu ús en l'ensenyament i investigació universitària, i per tant la necessitat de mesures per a garantir els drets lingüístics de tota la comunitat educativa. Per la nostra part, volem mostrar la ferma voluntat i compromís de continuar amb la millora i reconeixement de la docència en valencià, en el marc d'un ensenyament universitari plurilingüe.

Els autors

Capítol 1

La docència en valencià en els estudis de Dret (administratiu) en la Universitat d'Alacant

JOSEP OCHOA MONZÓ

SUMARI: 1. UNA COBERTURA LEGAL SUFICIENT A L'EMPARA DE L'AUTONOMIA UNIVERSITÀRIA. 2. LA DOCÈNCIA EN VALENCIÀ EN LA UNIVERSITAT D'ALACANT. 2.1. La necessitat d'un servei de suport per a la promoció del valencià en tots els àmbits (i en la docència en particular) i d'una planificació en matèria lingüística. 2.2. El Pla d'Increment del Valencià i altres llengües en la docència (PIVALD). 2.3. Balanç actual. 3. LA NECESSITAT D'INCORPORAR COMPETÈNCIES LINGÜÍSTIQUES EN VALENCIÀ EN ELS ESTUDIS EN DRET (ADMINISTRATIU). 3.1. La necessitat de docència en valencià en l'assignatura Dret Administratiu en la mesura en què el Dret es pot expressar en diverses llengües diferents del castellà. 3.2. A manera de conclusió i de propostes de futur. BIBLIOGRAFIA.

1. UNA COBERTURA LEGAL SUFICIENT A L'EMPARA DE L'AUTONOMIA UNIVERSITÀRIA

El conegut marc sobre el qual s'assenten els drets lingüístics a Espanya s'integra en la cúspide amb la Constitució (art. 3 i art. 14, sobretot) i l'Estatut d'Autonomia, en el nostre cas LO 1/2006, de 10 d'abril, el que s'ha de completar amb l'abundant jurisprudència en aquesta matèria des de les derivacions jurídiques que parteixen del concepte de llengua oficial, com diguera la cèlebre STC 82/1986 de 26 de juny; doctrina reiterada en SSTC 83/1986, i 84/1986 les dues de 26 de juny així mateix que, juntament amb la STC 123/1988, de 23 de juny forman el nucli essencial en matèria de drets lingüístics. Al que s'ha de sumar la interpretació, regressiva, i la deriva que arranca des de la STC 31/2010, de 28 de juny[1] sobre l'Estatut de Catalunya de 2006[2] i la STC 11/2018, de 8 de febrer[3].

Des d'ací podem assumir, per sintetitzar-ho en gran manera, que hi ha una varietat d'àmbits possibles d'intervenció en matèria lingüística per a les Comunitats Autònomes amb llengua oficial diferent del castellà (NOGUEIRA, 2019: 47) i ens interessa tan sols el nucli dur i originari que regula en primer terme l'esfera lligada a l'oficialitat i a la seua presència en l'àmbit públic (usos administratius, ocupació pública, educació). En el nostre cas, en el marc educatiu universitari i com potenciar els estudis en una llengua oficial diferent del castellà, deixant de banda la recent Llei Orgànica 2/2023, de 22 de març del Sistema Universitari (LOSU), i el seu interessant article 20 segons el qual: "les universitats fomentaran i facilitaran el coneixement i l'ús com a llengua de transmissió universitària de les llengües oficials pròpies dels seus territoris, de conformitat amb el que es disposa en els seus Estatuts i en la particular normativa autonòmica, desenvolupant plans específics sobre aquest tema", el que dona un impuls evident al nostre tema.

Des d'ací, no és necessari incidir que dins de l'autonomia universitària (art. 27.10 CE) les Universitats com a ens públics es regeixen por la LOSU, per les normes que dicten l'Estat i les Comunitats Autònomes, en l'exercici de les seues respectives competències, per la seua Llei de creació i pels seus Estatuts. En el nostre cas, en la Universitat d'Alacant hem de situar-nos en el Decret 25/2012, de 3 de febrer, del Consell, pel qual s'aproven els Estatuts de la Universitat d'Alacant que reprodueix l'art. 2 k)

---

1 Entre l'abundantíssima doctrina, AAVV (2010). TASA i BODOQUE (2019).

2 L'article del qual el 35.1 és clar en dir que "el català ha d'utilitzar-se normalment com a llengua vehicular i d'aprenentatge en l'ensenyament universitari i en la no universitària". El que no té parangó en l'Estatut d'Autonomia Valencià.

3 Que resol el recurs contra la Llei 35/2010, d'1 d'octubre, de l'occità, aranès a Aran.

del Decret 73/2004 de 7 de maig, del Consell de la Generalitat Valenciana que declara com a finalitats pròpies de la Universitat d'Alacant "potenciar el coneixement i ús de la llengua pròpia de la Comunitat Valenciana, valencià segons l'Estatut d'Autonomia, atenent la seua consolidació i plena normalització en tota la vida universitària"[4].

Des d'ací, el mateix Estatut vigent consagra el dret del personal docent i investigador a "l'ús de la llengua oficial de la seua elecció, sense menyscapte de les mesures impulsades per a normalitzar l'ús del valencià i potenciar el coneixement de llengües estrangeres (art. 157 l)", al costat del dret de l'alumnat a "l'ús de la llengua

---

4 Els Estatuts de la Universitat d'Alacant van arreplegar la mateixa fórmula que els de la Universitat de València que van ser declarats constitucionals conforme a la STC 75/1997, 21 d'abril, que va dir que l'expressió "valencià, acadèmicament català", estava d'acord amb el Dret espanyol amb l'argument següent: "podrà discutir-se quant es vulga sobre la pertinència que en el si de la Universitat de València la llengua pròpia de la Comunitat Autònoma es denomine indistintament valencià o català, però, com ha quedat dit, això no contradiu valors, béns o interessos constitucionalment tutelats i no vulnera cap precepte legal.» No entrem en aquesta absurda polèmica de la denominació d'una llengua que tots els filòlegs reputen com a única. La Llei 7/1998, de 16 de setembre, que va crear l'Acadèmia Valenciana de la Llengua (AVL), reconeix la unitat del valencià i el català si bé dient abans: «El conflicte esterilitzador que es perpètua entre nosaltres, especialment a la ciutat de València.... Un conflicte sobre el nom, la naturalesa i la normativa de la llengua pròpia dels valencians que impedeixen la salut i que acumula les dificultats en el procés de recuperació de la llengua que ens hauria d'identificar i d'unir com a valencians en compte de separar-nos.» Per a després utilitzar un gir o perífrasi com dir que: "el valencià «forma part del sistema lingüístic que els corresponents estatuts d'autonomia dels territoris hispànics de l'antiga Corona d'Aragó reconeixen com a llengua pròpia», és a dir, de la llengua catalana, "si bé es procurarà que usar el terme valencià sense que tinga caràcter excloent". Sense majors arguments em remet al meu treball "La viabilitat de la fórmula valencià/català per a denominar la llengua pròpia del País Valencià" (AAVV, 2007: pàg. 141-193). ALCARAZ, OCHOA i ISABEL (2004).

oficial de la seua elecció en totes les seues activitats acadèmiques o extraacadèmiques, sense menyscapte de les mesures impulsades per a normalitzar l'ús del valencià i potenciar el coneixement de llengües estrangeres" (art. 166 p). Tot això, deixant un altre tipus de competències lligades a la legislació ordinària com les que deriven de la Llei 4/1983, de 23 de novembre, d'Ús i Ensenyament del Valencià (LUEV), o el mateix Estatut d'Autonomia de la Comunitat Valenciana al qual després ens referirem, doten de suficient justificació legal per a l'adopció de mesures de foment de l'ús del valencià en la docència, sense perjudici de les titulacions específiques com les de filologia catalana on la presencia era i és, òbviament, obligatòria.

Fet i fet, tot això es tradueix en què una universitat pública incardinada territorialment en una Comunitat Autònoma amb una llengua oficial i pròpia como el valencià, però no sols per això, està subjecta al Dret propi que emana dels òrgans legítims que conformen el dret aplicable segons el sistema de fonts que surt del Estatut aprovat per Llei orgànica 1/2006, de 10 d'abril, de Reforma de la Llei orgànica 5/1982, de 1 de juliol de l'Estatut d'Autonomia de la Comunitat Valenciana, com a norma institucional bàsica, amb clars preceptes en matèria de drets lingüístics: arts. 6, 9 i 12 en matèria lingüística. Per això, el respecte als drets lingüístics per l'Administració universitària com una derivació del Ordenament Jurídic, del règim de doble oficialitat i dels drets de la ciutadania de la comunitat universitària (a estos efectes formada sobretot en el que interessa per l'alumnat i personal docent i investigador- PDI-) han de ser tinguts en compte en la configuració i oferta dels Plans d'Estudis en general i dels de Dret en particular, per la qual cosa ens centrem tan sols en la necessitat de la formació lingüística en la docència en els estudis de dret en la Universitat d'Alacant, dins del marc general de la política de promoció de l'ensenyament en valencià en aquesta Universitat, i amb un especial argumentari per a sostenir la necessitat d'aquesta docència en valencià en les matèries pròpies de l'assignatura Dret Administratiu. Fet i fet, una Universitat com a ens públic, sector públic institucional en tot cas segons l'art. 2 de la Llei 40/2015, d'1 d'octubre, de Règim Jurídic del Sector Públic[5], ha de fer bo el que ja assenyalara TOLÍVAR (1987:135), per a tots els poderes públics, com és que deuen dictar las disposicions pertinents per a salvaguardar els drets dels ciutadans a usar la llengua oficial diferent del castellà, la qual cosa s'estén sens dubte a l'hora de la prestació del servei públic de l'educació superior en una llengua oficial com el valencià.

No és una de les connexions (o justificacions) menors, per cert, per a entendre raonable la presència de valencià en els estudis jurídics, i en els de Dret Administrativiu, tenir en compte com fer bones les derivacions de l'art. 54.11 del Reial decret legislatiu 5/2015, de 30 d'octubre, pel qual s'aprova el text refós de la Llei de l'Estatut Bàsic de l'Empleat públic segons el qual, com a principi de conducta, tots els empleats públics "garantiran l'atenció al ciutadà en la llengua que el sol·licite sempre que siga oficial en el territori", en connexió amb la recent Llei 4/2021, de 16 d'abril, de la Funció Pública Valenciana (art. 62 1 g), en la mesura en què la competència lingüística dels coneixements de valencià ha d'anar no sols lligada a la general de tipus gramatical, sinó a l'específica com a llenguatge d'especialitat propi del Dret Administratiu. En suma, salvant la rellevància del Dret Constitucional, si hi ha una matèria o assignatura on la docència del valencià[6] está plenament justificada és sens dubte en la nostra disciplina: el Dret Administratiu. El que no significa que, si com assenyala el nostre Estatut d'Autonomia, els notaris han de garantir l'ús del valencià en l'exercici de les seues funcions (art. 58.2) també en l'estudi del Dret Civil (el que és extensible a uns altres, per exemple Dret Financer o Tributari), caldrà adquirir també habilitats lingüístiques i un correcte vocabulari en valencià, però la cosa s'amplifica

---

5 Cal vore ara l'article 1.2 de la LOSU.

6 I per extensió en altres llengües oficials o no, que no siguen el castellà, però que puguen ser llengües tradicionals, com ara la Llei 1/1998, de 23 de març, d'ús i promoció del bable/asturià. O les derivacions de la Llei 10/2009, de 22 de desembre, d'ús, protecció i promoció de les llengües pròpies d'Aragó.

sempre que un dels possibles subjectes de la relació jurídica puga ser una Administració Pública o un poder públic, la qual cosa deriva aquestes mateixes conclusions a altres disciplines com el Dret Constitucional, el Dret Laboral i el Dret Processal en tot el relatiu a l'Administració de Justícia.

2. LA DOCÈNCIA EN VALENCIÀ EN LA UNIVERSITAT D'ALACANT

2.1. La necessitat d'un servei de suport per a la promoció del valencià en tots els àmbits (i en la docència en particular) i d'una planificació en matèria lingüística

En la Universitat d'Alacant (UA), sota l'adscripció al Vicerectorat competent[7] sempre hi ha hagut un Servei de Normalització Lingüística, de Promoció del Valencià, que hui és el Servei de Llengües dins del Vicerectorat de Formació Permanent i LLengües. Aquesta unitat disposa d'una Carta de Serveis en la qual es defineix la seua missió, en el que interessa, que és "potenciar el coneixement i l'ús del valencià, assegurar la igualtat lingüística de les llengües oficials en la Universitat i impulsar el plurilingüisme de la comunitat universitària, sent en suport de tota ella en la correcció i traducció de materials docents", entre altres. Aquest paper és clau en la mesura en què una vertadera docència en valencià ha de disposar dels recursos docents necessaris per a garantir que la llengua vehicular siga efectivament el valencià, no sols com a llengua oral del professorat. En aquest sentit, si bé hi ha cada vegada més recursos, el professorat sol tenir materials propis (ja de teoria o de pràctiques) que han d'estar-ho amb la rigorositat necessària perquè l'alumnat tinga el material òptim al qual té dret, per la qual cosa des de fa anys els serveis lingüístics de les universitats valencianes han fet un gran

7 Aquesta necessitat de coordinació al més alt nivell dins de la Universitat ja la destacava l'AVL (2008: 224), però s'exigeix el compromís de tot l'equip de govern, compromís que existeix en la Universitat d'Alacant.

esforç en campanyes de foment de la docència en valencià (ESTEVE, AAVV: 2007, 257), com en la Universitat d'Alacant.

Com se sap, la Universitat d'Alacant es va crear per Llei 29/1979, de 30 d'octubre i per raons que assenyala FORCADELL (AAVV, 2005: 71) la presència del valencià en les universitats valencianes és una realitat que comença a adquirir consistència a meitat dels setanta del segle XX amb les transformacions socials i polítiques de l'època, no és aplicable en aquest cas. Per això, la integració (o ubicació territorial) d'una Universitat pública en un entorn sociolingüístic en el qual coexisteixen dues llengües oficials, com en la Comunitat Valenciana, suposa no quedar al marge del sistema educatiu obligatori (infantil i primària) on les polítiques d'immersió lingüística o de plurilingüisme han sigut una constant.

Deixant de costat qüestiones que estan entrellaçades, però en les quals no podem entrar, com és la formació en llengües o la capacitació del PDI, del PTGAS o de la mateixa demanda de docència en valencià en la Universitat d'Alacant[8], cal recordar que una llengua és oficial amb independència del nombre de parlants com ja diguera el Tribunal Constitucional. I per això la normalització de la mateixa no ha d'anar unida a criteris com els de "quantitat" o "demanda". En la mesura, no s'oblide, que aquesta obligació pot vindre exigida fins i tot en instruments internacionals com la Carta Europea de les Llengües Regionals o Minoritàries que va ser adoptada per Espanya com a Convenció el 25 de juny de 1992, encara que l'instrument de ratificació no es va depositar en el Consell d'Europa fins al 2001. Va entrar en vigor l'1 d'agost de 2001, i ahí està el clar art. 8 1 segons el qual "les Parts es comprometen a preveure un ensenyament universitari i altres formes d'ensenyament superior en les llengües regionals o minoritàries, o ii) preveure l'estudi d'aqueixes llengües com a matèries de l'ensenyament universitari i superior[9].

---

8 AAVV (2007).

9 Sobre el valor de la Carta Europea de les Llengües Regionals o Minoritàries, entre altres, OCHOA MONZÓ, J., (2006).

Doncs bé, assumim que la competència de foment de la docència en valencià s'emmarca dins de la política general de la Universitat i del disseny de la mateixa que correspon, respectant les competències dels Centres i Departaments, al Consell de Govern. A aquest fi, la Universitat d'Alacant va crear un òrgan assessor del Consell de Govern, la Comissió de Política Lingüística (acord del Consell de Govern de 30 de gener de 2013, *BOUA*[10] del3 1 de gener), si bé ja abans havia aprovat el Pla Pluriennal de Política Lingüística per a les llengües oficials (acord del Consell de Govern de 29 de juny de 2011 (*BOUA* del 5 de juliol), modificat en Consell de Govern de 26 de setembre de 2013 (*BOUA* del 30 de setembre).

La creació de la Comissió de Política Lingüística com a òrgan col·legiat presidit per la rectora o rector, que actuarà d'assessor del Consell de Govern de la Universitat d'Alacant en matèria de política lingüística (art. 1), té entre les seues funcions les de: a) redactar, per a l'aprovació pel Consell de Govern el Pla Plurianual de Política Lingüística de la Universitat d'Alacant centrat en els àmbits de la docència i dels usos institucionals, b) proposar a l'òrgan competent l'aprovació de nous desenvolupaments normatius i noves accions que milloren el multilingüisme de la UA i el plurilingüisme dels membres de la comunitat universitària amb vista a la seua competitivitat i accés al mercat de treball, c) elaborar anualment un informe de seguiment que avalue els resultats del Pla Pluriennal de Política Lingüística per a elevar-lo al Consell de Govern, d) proposar les normes i resolucions sobre l'acreditació de llengües oficials i altres llengües, e) constituir una Comissió Permanent i crear grups de treball, i quan calga nomenar les expertes o experts de suport als grups de treball i f) qualsevol altra que li assigne el Consell de Govern.

Des d'aqueix moment, i també amb l'aprovació del Pla de Política Lingüística, les seues estratègiques i objectius de política

---

10 Són les sigles de *Butlletí Oficial de la Universitat d'Alacant.*

lingüística 2013-2016[11], arranca la vertebració institucional de la docència en valencià en la Universitat d'Alacant. Abans d'això, precisament en la Facultat de Dret s'havien posat en marxa les anomenades "línies de grups en valencià", on es va acordar disposar d'un grup que oferira de manera voluntària, és a dir, de matrícula voluntària, assignatures en valencià, la qual cosa anava unit a una altra mena d'accions de mer voluntarisme dels Departaments o del seu personal docent i investigador.

2.2. El Pla d'Increment del Valencià i altres llengües en la docència (PIVALD)[12]

El PIVALD va ser la primera actuació transversal per a desplegar el Pla de Política Lingüística de la UA, aprovat pel Consell de Govern el 29 de juny de 2011, i de fet va ser la primera mesura ordenada de sistematitzar la docència en valencià (i altres llengües) en la Universitat d'Alacant. El Pla d'Increment respon a diversos objectius generals com per exemple, millorar la formació lingüística de l'alumnat en valencià i en altres llengües, oferir docència en valencià en totes les titulacions i a tot l'alumnat interessat, facilitar al PDI la formació lingüística suficient per a atendre adequadament l'alumnat en les dues llengües oficials i en altres llengües, i per a fer docència en valencià i en altres llengües. En resum, disposar de suficient PDI competent lingüísticament per a atendre les necessitats lingüístiques de l'alumnat i de la Universitat. Tot això sense oblidar tampoc el paper de l'ús de la llengua oficial diferent del castellà en la investigació i la transferència de coneixement.

El PIVALD, doncs, és una acció clara de planificació que enllaça amb l'objectiu de l'increment del valencià en la docència que marcava el Pla de Política Lingüística 2011-2013 de la Xarxa Vives

---

11 http://www.boua.ua.es/pdf.asp?pdf=punto_4_2_modificacion_plan_politica_linguistica_ua.pdf

12 https://www.boua.ua.es/es/acuerdo/2564

d'Universitats aprovat pel Consell General de febrer de 2012. Per això, la Universitat d'Alacant, a l'hora de dissenyar la seua política lingüística, té en compte els objectius arreplegats tant per les directrius europees com pel *Marc per als Polítiques Lingüístiques dels Universitats Públiques Valencianes,* i el Pla de Política Lingüística de la Xarxa Vives, però els va adaptar a la situació sociolingüística i a les prioritats de la Universitat d'Alacant.

Doncs bé, l'art. 1 del PIVALD deia que el seu objectiu és "establir les mesures que permeten impulsar la formació i el desenvolupament de les habilitats comunicatives en valencià i en altres llengües del PDI i de l'alumnat de la Universitat d'Alacant, i incrementar la docència en valencià i en altres llengües en els estudis de grau i postgrau". Dins de les interessants definicions de l'art. 3, en la Universitat d'Alacant s'aspirava a consagrar el concepte o la idea de la "seguretat lingüística" entesa com "l'obligació de fer pública, abans del començament de l'activitat acadèmica, quina serà la llengua vehicular que el professorat utilitzarà a l'aula en cada assignatura. Informació sobre la llengua de la docència es converteix en vinculant per al professorat i per a l'alumnat".

El Pla era escarit, però absolutament necessari, i deixava en mans dels centres l'impuls de la normalització lingüística i l'increment de la docència en valencià en cada titulació per al curs acadèmic següent (art. 5) i establint en el seu art. 6 objectius lingüístics per als departaments. Tot això obrint-se a mesures clares de foment o estímul com la possible compensació (econòmica) al PDI per fer docència en valencià (i en altres llengües) el que es deixava al Consell de Govern, tenint en compte la disponibilitat pressupostària de cada exercici.

Després d'una primera etapa, el PIVALD va ser objecte de modificació l'any 2017 amb la finalitat de continuar incrementant, progressivament la docència en valencià fins a disposar d'un mínim de 4 assignatures impartides completament en valencià i 4 assignatures impartides completament en anglès, de 6 ECTS cadascuna (24 ECTS, que equivalguen a 240 h de docència presencial). Establint criteris assumibles de grups finançables si hi havia un mínim de 10 alumnes. Reformulant els incentius per a centres i departaments de l'antic Pla, però afirmant un complement individual per al professorat que impartisca docència en valencià i altres llengües, amb l'excepció del professorat dels departaments de llengües, dels itineraris de capacitació de valencià i dels coneguts en aquells dies, grups de "Alt Rendiment Acadèmic" (ARA)[13].

En un primer moment es va jugar clarament amb una mesura de foment o d'estímul individual per al professorat, perquè hi havia una sèrie d'incentius econòmics en el cas d'assignatures amb docència en valencià o anglès (que no formen part d'un grup ARA). Es rebien 50 € per cada crèdit impartit, tenint en compte que, per motius de disponibilitat pressupostària, per a fer el càlcul s'han tingut en compte els crèdits assignats al professorat en : com a referència, les assignatures amb 6 crèdits ECTS tenen una càrrega de 2,4 crèdits en el Pla d'Ordenació Docent del professor, que multiplicats pels 50 €, fan un total de 120 € per l'assignatura). De l'import total que correspon a la docència de cada centre, el 25% dels diners l'aportava el Servei de Llengües i el 75% l'aportava cada centre.

En el cas de les assignatures que formen part d'un grup ARA, recibien 100 € per crèdit ECTS (600 € per una assignatura de 6 crèdits). En aquest cas, el PDI podia optar per la compensació econòmica o pel reconeixement d'un increment del 50% dels crèdits impartits dins del còmput de la seua càrrega docent. De l'import total que correspon a la docència de cada centre, el 100% dels diners l'aportava la Conselleria d'Innovació, Universitats, Ciència i Societat Digital.

---

13 Va ser una iniciativa posada en marxa en el curs acadèmic 2010/2011 per la Conselleria d'Educació, Formació i Ocupació, en col·laboració amb les universitats públiques de la Comunitat Valenciana, on la docència s'impartia a l'inici tota en anglès, si bé es va reduir a un mínim el 50% de la docència de crèdits bàsics i obligatoris de la titulació.

En tot cas, la política actual de la Universitat d'Alacant ja no aposta per aqueix incentiu personal al PDI que faça docència en valencià ja que el mateix s'integra en el pressupost del Departament al qual el professorat està adscrit[14].

2.3. Balanç actual

El PIVALD no ha tingut relleu i el seu últim període de vigència fou l'any 2020, si bé ja es preparen noves accions. Acudint a les xifres oficials de la Universitat d'Alacant, l'evolucio dels serveis i de la docència en valencià es pot veure en les diferents memòries que elabora el Servei de Llengua, que en el cas que ens ocupa llança una xifra en les titulacions que s'imparteixen en la Facultat de Dret i en percentatges d'alumnat que almenys ha rebut una assignatura en valencià (no es tenen en compte visitants ni erasmus) són[15]:

A) Dret:19'5%

B) Criminologia: 2'8 %

C) Relacions Laborals i Recursos Humans: 3'1%

D) Relacions Internacionals: 3'7%

E) La dobles titulacions de Dret i Administració d'Empreses o de Dret i Criminologia: 0

En les mateixes fonts es comprova que el total de crèdits en la UA impartits en valencià es manté quasi constant amb un 7'7%. En Dret aqueix percentatge s'eleva al 14'77% amb un total de 79'2 crèdits. El que es demostra en la taula següent:

---

14 Em remet per a més informació a https://sl.ua.es/es/convocatorias/incentivos-a-la-docencia-impartida-en-valenciano-y-en-ingles.html.

15 https://sl.ua.es/es/dinamitzacio/docencia.html
Amb tot hi ha ràtios més elevades de docència en valencià, cas de la Facultat de Ciències, https://ciencias.ua.es/es/secretaria/tramites-administrativos-e-impresos/docencia-en-valenciano-y-en-ingles.html

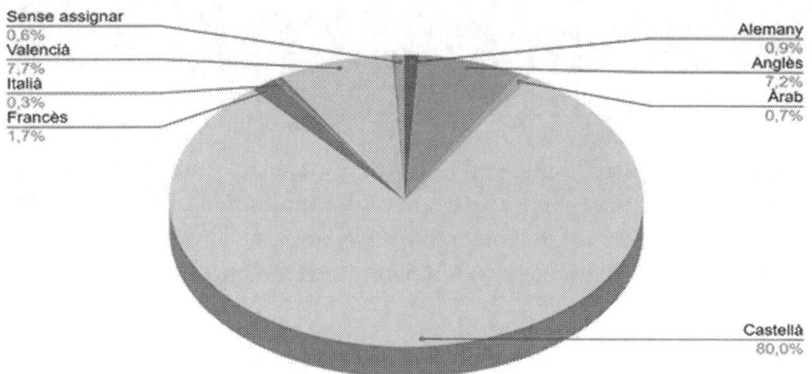

Font: Memòria Servei de Llengües UA (2020-2021)

Són unes dades que s'han anat incrementant a poc a poc, però que estan molt lluny de formulacions com les de la Universitat de València on el Pla d'increment de la docència en valencià (PIDV), aprovat pel Consell de Govern el 26 de juny de 2012 fixa com a horitzó «la distribució equitativa entre les dues llengües oficials de la docència no impartida en alguna llengua estrangera en les diverses titulacions». O que el nombre d'hores oferides com de docència en valencià en cada titulació no pot ser inferior al 50% sobre el total no impartit en una llengua estrangera, i sempre que d'una assignatura s'oferisca més d'un grup, en llengua no estrangera, almenys un ha de ser en valencià. Mentre que en les titulacions on només hi haja un grup, almenys un 50% de la docència que no s'impartisca en una llengua estrangera s'ha d'oferir en valencià. El grup s'ha d'oferir com a bilingüe valencià/castellà o trilingüe valencià/castellà/llengua estrangera, amb l'especificació de l'idioma en què s'imparteix cada subgrup.

En tot cas l'entorn sociolingüístic entre les dues Universitats és diferent, el que deu modular l'exercici de les competències de regulació que, *mutatis mutandi*, han d'ajustar-se als principis de necessitat i eficàcia, per la qual cosa la iniciativa normativa ha d'estar justificada per una raó d'interès general, basar-se en una identificació clara de les finalitats perseguides i ser l'instrument més adequat per a garantir la seua consecució. I també amb subjecció al principi de proporcionalitat, la iniciativa que es propose haurà de contenir la regulació imprescindible per a atendre la necessitat a cobrir amb la norma (art. 133 Llei 39/2015, d'1 d'octubre) en la mesura en que hi ha un interès general clar que deriva del conjunt normatiu exposat abans, ja en el bloc de constitucionalitat, ja dins del sistema de fonts aplicable a les Universitats, cas del art. 20 de la LOSU, per incorporar la docència en valencià en les seues titulacions.

3. LA NECESSITAT D'INCORPORAR COMPETÈNCIES LINGÜÍSTIQUES EN VALENCIÀ EN ELS ESTUDIS EN DRET (ADMINISTRATIU)

3.1. La necessitat de docència en valencià en l'assignatura Dret Administratiu en la mesura en què el Dret es pot expressar en diverses llengües diferents del castellà[16]

El derogat Reial Decret 1393/2007, de 29 d'octubre, pel qual s'establia l'ordenació dels ensenyaments universitaris oficials no contenia cap menció a la integració de l'ensenyament en llengües oficials diferents del castellà en els Graus Universitaris, a l'hora de concretar el que denominava competències generals i específiques que els estudiants han d'adquirir durant els seus estudis, i que eren exigibles per a atorgar el títol. En tot cas si es precisava per a expedir el títol que els alumnes "hagen demostrat posseir i comprendre coneixements en una àrea d'estudi que parteix de la base de l'educació secundària general", o que "sàpien aplicar els seus coneixements al seu treball o vocació d'una forma profes-

---

16 GARCÍA D'ENTERRÍA (1994). On podem llegir, entre altres suggeridores, la idea de la importància de la llengua, de les paraules en la Revolució Francesa, de la batalla lèxica en suma que "la llengua del poder es convertirà immediatament en la llengua del Dret "(pag. 37). Continua sent vàlid BADIA i MARGARIT, A. (1986), *Llengua i poder. Textos de sociolingüística catalana*, Ed. Laia, Barcelona.

sional i posseïsquen les competències que solen demostrar-se per mitjà de l'elaboració i defensa d'arguments i la resolució de problemes dins de la seua àrea d'estudi". Conformement al mateix es va elaborar el Pla d'Estudis de Dret en la Universitat d'Alacant i la Memòria verificada de la qual arreplega que hi ha assignatures impartides en valencià. Prenent com a referència aqueixa Memòria existeix tota una sèrie de competències (genèriques o específiques) i habilitats que se li exigeixen a l'alumnat que no prejutgen la llengua en què es poden adquirir i que, en síntesi, són:

Que els estudiants sàpien aplicar els seus coneixements al seu treball o vocació d'una forma professional i posseïsquen les competències que solen demostrar-se per mitjà de l'elaboració i defensa d'arguments i la resolució de problemes dins de la seua àrea d'estudi.

Que els estudiants tinguen la capacitat de reunir i interpretar dades rellevants (normalment dins de la seua àrea d'estudi) per a emetre judicis que incloguen una reflexió sobre temes rellevants d'índole social, científica o ètica

Que els estudiants puguen transmetre informació, idees, problemes i solucions a un públic tant especialitzat com no especialitzat

Capacitat de comunicació oral i escrita

Prendre consciència de la importància del Dret com a sistema regulador de les relacions socials.

Capacitat per a utilitzar els principis i valors constitucionals com a eina de treball en la interpretació de l'ordenament jurídic

Capacitat per al maneig de fonts jurídiques (legals, jurisprudencials i doctrinals)

Desenvolupament de l'oratòria jurídica i capacitat d'expressar-se apropiadament davant un auditori

Capacitat de llegir i interpretar textos jurídics.

Capacitat de redactar escrits jurídics

Comprensió i coneixement de les principals institucions públiques i privades en el seu gènesi i en el seu conjunt

Comprensió de les diferents formes de creació del dret en la seua evolució històrica i en la seua realitat actual

Coneixement i maneig dels mètodes i tècniques d'investigació jurídica

Capacitat per a aplicar els principis generals i les normes jurídiques a supòsits fàctics.

Doncs bé, és innecessari argumentar que el dret s'expressa o es pot expressar en una de les llengües de les quals són oficials en el nostre Estat, per la qual cosa és coherent que els estudiants de Dret aconseguisquen una futura vida professional, deixant de costat l'accés a l'ocupació pública, que puga tenir la possibilitat que se'ls forme per a garantir un desenvolupament professional en valencià/català. Com se sap, la llengua és un pressupost formal de l'activitat administrativa i essencial per a externalitzar la voluntat (expressa) de l'Administració en què es tradueix tot acte administratiu i per tant eina necessària de l'Administració Pública i del personal que la conforma.

Per això, sense entrar en les derivacions del règim de doble oficialitat i els drets subjectius de la ciutadania, que se sol estudiar dins dels continguts de la pròpia disciplina, del Dret Administratiu en la part d'organització i, sobretot en el procediment administratiu[17], tot això exigeix que l'alumnat puga tenir competència en com es vertebren els drets lingüístics en la Comunitat Valenciana, ja com a drets subjectius enfront de les Administracions Públiques com a derivació, entre altres, de l'art. 12 de l'Estatut d'Autonomia de la Comunitat Valenciana. Però d'un altre, en la mesura en què el valencià pot ser una llengua en la qual es tramiten els procediments administratius en la mesura en què l'art. 15 de la Llei 39/2015, d'1 d'octubre, del Procediment Administratiu Comú de les Administracions Públiques el possibilita (LPACAP) en relació amb, entre altres, els arts. 9-11 de la Llei 4/1983, de 23 de novembre, d'ús i ensenyament del Valencià, la qual cosa s'ha de posar en relació també amb l'art. 13 c) LPACAP. I també els

---

17 PONCE SOLÉ (2022).

processos judicial segons l'article 231.3 de la Llei Orgànica del Poder Judicial de 1985,

En suma, s'ha de garantir el dret a una formació integral de l'alumnat de Dret de les Universitats Públiques Valencianes ajustat al fet que si el seu entorn es un entorn sociolingüístic on hi és present el valencià/català[18] puguen ser competents quan isquen de les Facultats amb la capacitat suficient per a poder tindre relacions jurídiques amb les Administracions Públiques en aqueixa llengua oficial, o en altres com l'Administració de Justícia, o per a l'accés de documents i escrits a Notaries i Registres Públics.

El valencià, pel fet de ser una llengua oficial de relació amb l'Administració Pública, ha de tenir una presència adequada en la nostra disciplina, que és la que regula les relacions dels ciutadans amb les Administracions Públiques. A més, com a tasca pròpia de l'advocacia (o de la procura o assessoria professional) no cal descartar que potencials clients exigisquen al professional en Dret un assessorament o defensa amb presentació d'escrits, ja en via administrativa o judicial, on la deguda rigorositat i deontologia amb els clients[19] obliguen a adaptar-se les preferències lingüístiques d'aquests, en aquest cas el valencià/català, la qual cosa exigeix un nivell de competències lingüístiques apropiades (més enllà dels recursos a la traducció) per a emetre judicis que transmeta aqueixa informació, les idees, solucions a problemes

---

18 Aquesta doble denominació s'acull ja a Europa sense problema, cas de la Recomanació CM/RecChL(2019)7 del Comitè de Ministres als Estats membres sobre l'aplicació de la Carta Europea de les Llengües Regionals o Minoritàries per Espanya (Adoptada pel Comitè de Ministres l'11 de desembre de 2019 en la 1363a reunió dels Delegats dels Ministres) https://rm.coe.int/spaincmrec5-es/1680a0bb0d
O en la "Évaluation du Comitè d'experts sud la mise en œuvre dónes recommandations pour action immédiate contenues dans le cinquième rapport d'évaluation du Comitè d'experts sud l'Espagne" (2021) https://rm.coe.int/spainevaliria5-fr/1680a26f9f

19 https://www.abogacia.es/wp-content/uploads/2019/05/codigo-deontologico-2019.pdf

jurídics, que només es podran donar aplicant els coneixements adquirits durant la carrera universitària, la qual cosa serà possible amb garanties si ha sigut donada en valencià par de la seua formació, sobretot en dret administratiu, la qual cosa sense dubte augmenta les competències i habilitats del alumnat en la seua àrea de coneixement, en el seu àmbit jurídic.

Per últim, tampoc cal oblidar que el valencià/català s'usa en 22 universitats en docència, investigació i activitats institucionals i culturals, i s'ensenya en més de 150 universitats de tot el món. I amb diverses denominacions és també oficial en altres Comunitats Autònomes, podent ser a més llengua d'ús amb plena validesa jurídica, sense entrar en aquesta problemàtica, en el poder judicial, segons l'art. 231 de la Llei Orgànica 6/1985, d'1 de juliol, del Poder Judicial, com ja s'ha dit.

3.2. A manera de conclusió i de propostes de futur

No es precisen més arguments per a assumir que els Planes d'Estudis en Dret s'hagen d'elaborar tingut en compte l'existència de llengües oficials diferents del castellà. Per això els que es facen després de la LOSU, del Reial Decret 822/2021, de 28 de setembre, pel qual s'estableix l'organització dels ensenyaments universitaris i del procediment d'assegurament de la seua qualitat referit als principis rectors en el disseny dels plans d'estudis dels títols universitaris oficials, o la norma que el substituïsca, han de fer bo el principi de no discriminació que s'acull en l'art. 4.2 RD 822/2021 referit al fet que "aquests plans d'estudis hauran de tenir com a referent els principis i valors democràtics i els Objectius de Desenvolupament Sostenible i, en particular "l'eliminació de tot contingut o pràctica discriminatòria", on caben sens dubte les lingüístiques (art. 2.3 i art. 20 LOSU, segons el qual: "les Administracions Públiques secundaran i facilitaran el desenvolupament de les polítiques universitàries orientades a la cooficialitat i a la diversitat lingüística"). És necessari, en suma, formar a l'estudiantat en totes les llengües rellevants en el seu marc socioeconòmic, en el qual s'insereix el valencià, sens dubte.

Com assenyalava el PIVALD, en el que coincidisc plenament, el fet de ser plurilingüe és un avantatge per a l'individu. Conèixer llengües afavoreix la mobilitat de les persones i millora l'eficàcia d'aquestes en la comunicació internacional. L'individu plurilingüe té un millor accés a la informació, multiplica els intercanvis interpersonals i té més possibilitats d'èxit professional. L'individu plurilingüe està més preparat per a respectar les identitats, les diferències i la diversitat cultural, i aquesta condició li proporciona més possibilitats d'establir relacions socials satisfactòries i profitoses perquè augmenta la seua capacitat de comprensió de l'altre. En el cas valencià, l'actitud positiva cap a aquests objectius té un bon punt de partida si es basa en una pràctica d'ús, de respecte i integració del valencià en la condició plurilingüe en les titulacions universitàries. A més, tot això és de fàcil conjugació en la mesura en què per a l'estudi en valencià en la Universitat d'Alacant no fa falta un determinat nivell de llengua per a cursar les assignatures, mentre que el cursar-les en la llengua pròpia dota d'una major competència lingüística per a la superació, en el seu cas, de les proves de valencià que exigeix l'Administració autonòmica en l'ocupació pública, entre altres.

En tot cas, en la Comunitat Valenciana la regulació de la LUEV està allunyada de preceptes com l'art.22.2 de la Llei 1/1998, de 7 de gener, de Política Lingüística segons el qual "el Govern de la Generalitat, les Universitats i les institucions d'ensenyament superior, en l'àmbit de les competències respectives, han d'adoptar les mesures pertinents a fi de garantir i fomentar l'ús de la llengua catalana en tots els àmbits de les activitats docents, no docents i d'investigació, incloses les lectures de tesis doctorals i la celebració d'oposicions", quan a l'apartat anterior ja consagra al màxim nivell els drets lingüístics del PDI i l'alumnat. Tot això deixant de costat igualment accions recents[20] que porten causa, sens dubte de la important Llei 1/2003, de 19 de febrer d'Universitats de

---

[20] Com el "Pla d'enfortiment de la llengua catalana en el sistema universitari i de recerca de Catalunya" (2022)

Catalunya[21] o Acord de 29 d'abril de 2021 de la Junta del Consell Interuniversitari de Catalunya sobre la garantia de la llengua de docència de l'activitat acadèmica de les universitats catalanes.

Finalment cal destacar que l'obligació d'incorporar els estudis en llengües oficials pròpies és clara en la esmentada Llei orgànica del Sistema Universitari (LOSU) on la qüestió lingüística té rellevància pròpia perquè l'art. 20 del projecte analitzat disposa que "les universitats fomentaran i facilitaran el coneixement i l'ús com a llengua de transmissió universitària de les llengües oficials pròpies dels seus territoris, de conformitat amb el que es disposa en els seus Estatuts i en la particular normativa autonòmica, desenvolupant plans específics sobre aquest tema. Les Administracions Públiques secundaran i facilitaran el desenvolupament de les polítiques universitàries orientades a la cooficialitat i a la diversitat lingüística". Pel que fa a les universitats públiques, la singularitat lingüística serà objecte de finançament per necessitats estructurals en raó de la pluralitat lingüística o la promoció de les llengües oficials pròpies de les Comunitats Autònomes (art. 56).

Des d'ací, si la Universitat es regeix primerament per la Llei orgànica que la regula, ja té una cobertura clara i indiscutibles perquè dins de l'inevitable cúmul de canvis que es preveuen en les Universitats Públiques, aquelles com la d'Alacant que compta amb una llengua pròpia diferent del castellà, hagen de modificar o adaptar els seus plans d'estudi, incloent els de Dret, per a donar compliment al fet que el valencià siga llengua de transmissió universitària en la docència, en la investigació i en la transferència de coneixement. El que s'ha d'unir al fet no controvertit de

---

"https://recercaiuniversitats.gencat.cat/web/.content/16_transparència/gestio_serveis_publics/documents/pla_enfortiment_catala.pdf Segons aquest, el català està present en el 73% dels Graus, però només en el 37% dels màsters. I el percentatge d'assignatures que es poden cursar en català arriba al 64%.

21 L'art. del qual 6. 1 estableix que "el català és la llengua pròpia de les universitats de Catalunya, i per tant és la llengua d'ús normal de les seues activitats".

l'ús del valencià en l'Administració i en l'activitat administrativa formalitzada al si de la UA. Un moment oportú, una oportunitat per a avançar formalment en la regulació del valencià està en l'adequació de les Universitat a la LOSU mitjançant la preceptiva aprovació dels nous Estatuts, sense perjudici de les competències autonòmiques sobre aquest tema. Tot això no sols en el marc docent dels estudis de Grau, sinó potenciant així mateix el postgrau, la investigació i la transferència de coneixement. No queda més que referir que també la LOSU atribueix competències fortes a les Comunitats Autònomes, per la qual cosa caben mesures concretes ací també per part de la Generalitat Valenciana.

BIBLIOGRAFIA

AAAV (2005), *Vint anys de la Llei d'Ús i Ensenyament del valencià*, ALCARAZ, ISABEL i OCHOA (Eds.), Bromera, València.

AAVV (2007), *A Alacant, en valencià. Observatori de la llengua (2003/2005)*, FORCADELL SAPORT, J. i ISABEL VILAR, F., (Eds.), Universitat d'Alacant.

AAVV (2010), *Revista Catalana de Dret Públic. Especial Sentència 31/2010, del Tribunal Constitucional, sobre l'Estatut d'Autonomia de Catalunya de 2006*, Generalitat de Catalunya.

AAVV (2016), *Dret Públic de la Comunitat Valenciana*, Universitat Jaume I, Castelló.

ACADÈMIA VALENCIANA DE LA LLENGUA (2008), *Llibre Blanc del Valencià*, València.

ALCARAZ RAMOS, M., *El règim jurídic de les llengües a la Comunitat Valenciana.* Universitat d'Alacant, 1999.

ALCARAZ, M., OCHOA, J. i ISABEL, F., (2004), "La Llei d'Ús i Ensenyament del valencià en via morta", *Revista de Llengua i Dret*, núm. 41, pp.105- 139.

BADIA i MARGARIT, A. (1986), *Llengua i poder. Textos de sociolingüística catalana*, Ed. Laia, Barcelona.

GARCÍA D'ENTERRÍA, E., (1994). *La llengua dels drets. La formació del Dret públic europeu després de la Revolució Francesa*, Civitas, Madrid.

MILIAN I MASSANA, A., (1994), *Drets lingüístics i dret fonamental a l'educació. Un estudi comparat: Itàlia, Bèlgica, Suïssa, el Canadà i Espanya*, Civitas, Madrid.

NOGUEIRA LÓPEZ, A ., "Socioeconomia i llengua: entre la protecció pública i l'autonomia privada", *Revista de Llengua i Dret,* núm. 72, 2019.

OCHOA MONZÓ, J. (2008), "La igualtat dels drets lingüístics a l'estat espanyol", en *Situació i Perspectives del Plurilingüisme a Europa,* Acadèmia Valenciana de la Llengua, València.

(2007). «Notes bàsiques (i ràpides) sobre el procés de reforma de l'Estatut d'Autonomia del País Valencià», en FORCADELL SAPORT, Josep Vicent i ISABEL I VILAR, Ferran (ed.). *A Alacant, en valencià. Observatori de la llengua (2003/2005),* Universitat d'Alacant.

(2006), "La Carta europea de les llengües regionals o minoritàries. Reflex al País valencià", en *Lengas,* núm. 59, pàg. 83-104.

PONCE SOLÉ, J., *Manual de Fonaments del Dret Administratiu i de la Gestió Pública Textos legals, materials per practicar, dades empíriques* 3a Ed, Tirant lo Blanch, València, 2022.

TASA V. i BODOQUE, A., (2019), *La igualtat dels llengües en l'Administraciò: un problema per resoldre,* Generalitat Valenciana, València.

TOLÍVAR ALAS, L., *Les llibertats lingüístiques,* IEAL, Madrid, 1987.

Capítol 2

La docència en valencià del dret administratiu a la Universitat Jaume I

JOSÉ LUIS BLASCO DÍAZ*

SUMARI: 1. INTRODUCCIÓ. 2. LA NORMATIVA AUTONÒMICA SOBRE L'ENSENYAMENT DEL VALENCIÀ I LES UNIVERSITATS. 3. MARC JURÍDIC I INSTITUCIONAL DEL VALENCIÀ EN LA DOCÈNCIA DE LA UNIVERSITAT JAUME I. 3.1. La llengua de l'ensenyament universitari. 3.2. Multilingüisme, docència en valencià i seguretat lingüística. 3.3. L'actual política institucional de convivència i promoció lingüística. A) L'Estratègia de Convivència i Promoció Lingüística i el Protocol d'actuació. B) El Reglament d'usos lingüístics. 4. LA CAPACITAT LINGÜÍSTICA DEL PROFESSORAT. 4.1. El coneixement de la llengua com requisit o com mèrit. 4.2. Incentius a l'ús del valencià en la docència. 5. EVOLUCIÓ I SITUACIÓ ACTUAL. BIBLIOGRAFIA.

1. INTRODUCCIÓ

En les comunitats autònomes amb una doble oficialitat lingüística s'ha anat abordant la qüestió de la llengua minoritària en l'ensenyament universitari d'una diversa manera. Les actuacions dirigides a garantir o promoure el seu ús s'han articulat principalment sobre dos aspectes, com són la determinació de la llengua de la docència, en relació amb l'abast dels drets que alumnes i professors tenen sobre aquesta qüestió, i la selecció de professorat capacitat lingüísticament per a desenvolupar la docència en la llengua minoritària.[1]

---

* Catedràtic de Dret Administratiu. Universitat Jaume I.

1 ARZOZ SANTISTEBAN, Xabier, "Universidad y pluralismo lingüístico", en *Comentario a la Ley Orgánica de Universidades,* Civitas, Cizur Menor, 2009, pp. 1170-1171.

A partir del que es disposa en la corresponent legislació autonòmica, en cada universitat s'han resolt aquests aspectes atenent tant la realitat sociolingüística del seu entorn com les característiques de la institució. Així, pot convindre's que l'estructura de la població d'una universitat, quant al seu origen territorial, condiciona el respectiu estat de la llengua minoritària, però també, molt significativament, el disseny i l'extensió de les polítiques lingüístiques aplicades,[2] lligades estretament a qüestions com ara la dimensió i el nombre d'alumnes en les titulacions o, principalment, la disponibilitat econòmica per a fer front al cost que suposaria desdoblar grups, establir línies, etc. De tal manera, atenent tots aquests factors, generalment s'han elaborat nombroses normatives i documents que expressen la política universitària per a regular i afavorir l'ús de les llengües en la docència.

En aquest sentit, des de la seua creació l'any 1991, la Universitat Jaume I ha apostat per l'ús normalitzat del valencià en els diversos àmbits de la vida universitària, tant en les relacions entre els seus membres com en la docència. Els diversos Estatuts que l'han regida han contemplat sense alteració com a finalitat de la institució potenciar el coneixement i ús del valencià, atenent la seua consolidació i plena normalització en tota la comunitat universitària. El seu desenvolupament ha donat lloc al llarg dels anys a successives polítiques institucionals sobre l'ús de la llengua en la docència, sempre perseguint aquesta presència i promoció. Així mateix, la preparació i capacitació lingüística del professorat també ha format part d'aquesta aposta, de manera que, de manera creixent, s'han anat prenent diferents mesures per a promoure el seu ús i coneixement entre el personal docent i investigador, però també entre el personal d'administració i serveis i l'estudiantat.

---

2 APARICI, Artur, CASTELLÓ, Rafael, XAMBÓ, Rafael, QUEROL, Vicent, GARCÍA, Eloïna i SEGURA, Maties, *Els usos lingüístics en les universitats públiques valencianes,* Acadèmia Valenciana de la Llengua, València, 2011, p. 251.

Actualment, aquestes mesures cal emmarcar-les en el procés d'internacionalització que, com la resta de les institucions de l'espai europeu d'educació superior, està experimentant la Universitat Jaume I. La importància que ha anat adquirint la internalització en les polítiques universitàries ha impulsat la transició d'un sistema universitari eminentment monolingüe a un multilingüe.[3] Aquest fet ha comportat transformacions que afecten la seua organització i funcionament, especialment les activitats de docència i investigació, en aquest cas amb la peculiaritat de la presència d'una llengua minoritària com és el valencià. En conseqüència, s'ha buscat acomodar la promoció del seu ús amb una presència cada vegada més alta de l'anglès i el lloc preeminent que ocupa el castellà, llengua d'ús comú en la docència.

En el cas de la Universitat Jaume I, aquest trànsit s'ha plasmat en una evolució des del primer del Pla de Política Lingüística de 1991, coetani a la creació d'aquesta, als posteriors plans de multilingüisme i l'actual Estratègia de Convivència i Promoció Lingüística. Com veurem, durant la seua aplicació la situació de la docència en valencià del Dret Administratiu en els diferents estudis en els quals té presència pràcticament no ha variat.

2. LA NORMATIVA AUTONÒMICA SOBRE L'ENSENYAMENT DEL VALENCIÀ I LES UNIVERSITATS

En els diferents documents i normatives que expressen les polítiques institucionals dirigides a afavorir l'ús de les llengües en la docència, és comú referir-se a la Carta Europea de les Llengües Regionals o Minoritàries. La Carta és un tractat internacional ratificat per Espanya en 2001 que contempla el compromís dels seus subscriptors de promoure i protegir la presència de la

3 LASAGABASTER HERRARTE, David, "Políticas multilingües y sus resultados en el ámbito universitario europeo", en *La Universidad Multilingüe,* Tecnos, Madrid, 2012, p. 11.

llengua minoritzada en l'ensenyament, també en l'universitari.[4] Per tant, forma part de l'ordenament jurídic intern, que obliga el legislador, que no pot contradir-la, i que s'imposa a la resta d'autoritats, que no poden deixar d'aplicar-la; amb tot, ben al contrari, es constitueix en paràmetre per a interpretar els drets i llibertats constitucionals i el règim jurídic de la cooficialitat lingüística.[5] Així mateix, aquest instrument ha servit per a impulsar anàlisis i investigacions tant socials com acadèmiques sobre la qüestió, i per a dotar de cohesió la comunitat acadèmica interessada en la protecció de les minories lingüístiques europees.[6]

En el nostre cas, la competència per a determinar la llengua de l'ensenyament universitari correspon, en primer lloc, a la

---

4 No obstant això, assenyala ARZOZ SANTISTEBAN, Xabier, ob. cit., pàg. 1139 ss., que Espanya va subscriure per a totes les llengües oficials el major nivell de compromís, excepte pel que concerneix a l'ensenyament universitari i altres formes d'educació superior (art. 8.1.e.III), amb el compromís de protecció més feble dels possibles, en el cas que els altres apartats —facilitar l'estudi de la llengua minoritzada per a promoure la seua presència social (article 8.e.II.), i fer possible un ensenyament universitari i altres formes d'ensenyament superior en les llengües regionals o minoritàries (article 8.e.I)— no puguen aplicar-se, conseqüència, entén, de les diferents polítiques universitàries desenvolupades per les comunitats autònomes.

5 MILIAN I MASSANA, Antoni, "Marc internacional, constitucional i estatutari dels drets lingüístics en l'ensenyament no universitari", en *Els drets lingüístics en el sistema educatiu. Els models de Catalunya i les Illes Balears*, Institut d'Estudis Autonòmics, Barcelona, 2013, pp. 20 ss.

6 RUIZ VIEYTEZ, Eduardo J., "El futuro de las lenguas minoritarias europeas: un análisis normativo", *Cuadernos Europeos de Deusto*, núm. 4, 2022, pp. 52 ss., qui assenyala que la Carta és, en la pràctica, l'únic tractat internacional exclusivament dedicat a la protecció de les llengües minoritàries, i això ha servit per a, almenys, cridar l'atenció sobre el patrimoni lingüístic tradicional del continent europeu i la necessitat de polítiques públiques dirigides a conservar-lo i desenvolupar-lo, al mateix temps que suposa també una ajuda per a elevar el prestigi social de les llengües minoritàries europees i la importància de la seua adequada protecció.

respectiva comunitat autònoma, en virtut de les competències autonòmiques en matèria de política lingüística i universitària. Subsidiàriament, si aquella no l'estableix, podrà fer-ho la mateixa universitat, en virtut de la seua autonomia[7]. D'aquesta manera, a la Comunitat Valenciana, a partir del que es disposa en l'article 6.2 del seu Estatut d'Autonomia sobre la cooficialitat del valencià i el dret de tots al seu ús i a rebre l'ensenyament en aqueix idioma, una diversa normativa, tant autonòmica com pròpia de les universitats, constitueix el marc jurídic de referència en el qual ha de desenvolupar-se l'ús del valencià en la docència universitària.[8]

En primer lloc, en desenvolupament de l'Estatut, la Llei 4/1983, de 23 de novembre, d'ús i ensenyament del valencià, estableix els principis generals pels quals tots els ciutadans tenen dret a conèixer i a utilitzar el valencià oralment i per escrit en les relacions amb les instàncies públiques, amb plens efectes jurídics (articles 2 i 3), i el dret a dirigir-se i relacionar-se amb els ens de caràcter públic en valencià (article 10). Per tant, inclou les universitats públiques. Més enllà d'això, no incorpora una previsió específica per a les universitats quan regula el seu ús en l'ensenyament, a part d'establir l'obligatorietat de la seua incorporació en tots els nivells educatius (article 18.1), que podria entendre's que també afecta l'ensenyament universitari,[9] De fet, únicament

---

7 ARZOZ SANTISTEBAN, Xabier, ob. cit., p. 1170, i EXPÓSITO GÓMEZ, Enriqueta, "Els professors universitaris, la llibertat de càtedra i l'ús de les llengües pròpies", *Revista de Llengua i Dret*, núm. 23, 1995, pàg. 130 ss.

8 Eixe marc normatiu s'estableix igualment en l'article 20 de la recent Llei orgànica 2/2023, de 22 de març, del Sistema Universitari, pel qual les universitats fomentaran i facilitaran el coneixement i l'ús com a llengua de transmissió universitària de les llengües oficials pròpies dels seus territoris, de conformitat amb el que es disposa en els seus Estatuts i en la particular normativa autonòmica, desenvolupant plans específics al respecte. No debades, determina en el seu article 2.2.e) que és funció de les universitats la promoció de les seues llengües oficials a través de la formació.

9 Davant aquesta interpretació majoritària, el preàmbul de la Llei diu que en aquesta «el valencià i el castellà són declarades llengües obli-

preveu que el Consell de la Generalitat haurà de procurar que en els plans d'estudis de les universitats s'incloga el valencià com a assignatura (article 23.3).

Al seu torn, la Llei 4/2018, de 21 de febrer, de la Generalitat, per la qual es regula i promou el plurilingüisme en el sistema educatiu valencià, no és aplicable a les universitats (article 2). No obstant això, estableix que el Consell promourà que les universitats públiques i privades de la Comunitat Valenciana proporcionen a l'alumnat la possibilitat de desenvolupar les competències lingüístiques en valencià, castellà i anglès, així com en altres llengües estrangeres. La seua finalitat és fomentar l'educació plurilingüe com un avantatge per a la competitivitat, la mobilitat i l'ocupabilitat, i com a eina per a reforçar el diàleg intercultural (disposició addicional primera, 2).

Al marge de les previsions anteriors, no hi ha altres normes autonòmiques precises sobre política lingüística en l'ensenyament universitari. Només trobem una declaració general en la Llei 4/2007, de 9 de febrer, de coordinació del sistema universitari valencià, que disposa que l'idioma valencià i el castellà són les llengües oficials de les universitats valencianes, i està regit el seu ús pel que estableixen l'Estatut d'Autonomia i les disposicions de desenvolupament (article 4). Com ha assenyalat ARZOZ, aquesta absència no és estranya, ja que, normalment, les solucions considerades vàlides per a l'ensenyament no universitari no es traslladen de forma automàtica a l'ensenyament universitari, que té les seues pròpies característiques que justifiquen una certa autonomia respecte als models lingüisticoeducatius aplicats a l'ensenyament no universitari.[10]

gatòries en els plans d'ensenyament dels nivells no universitaris, i es mirarà que els escolars reben els primers ensenyaments en la llengua habitual i que els alumnes aconseguisquen un coneixement oral i escrit de totes dues llengües en nivells d'igualtat» (apartat VII).

10 ARZOZ SANTISTEBAN, Xabier, ob. cit., p. 1126.

3. MARC JURÍDIC I INSTITUCIONAL DEL VALENCIÀ EN LA DOCÈNCIA DE LA UNIVERSITAT JAUME I

3.1. La llengua de l'ensenyament universitari

Respecte al model lingüístic, hi ha algunes diferències significatives entre comunitats autònomes, ja que cada una ha optat per organitzar i vehicular l'ensenyament conforme a principis jurídics diversos, depenent tant d'opcions de política legislativa com de consideracions sociolingüístiques.[11] En canvi, a la Comunitat Valenciana, davant la inexistència d'un model lingüístic precís per a la docència universitària en la legislació autonòmica, més enllà del plantejament de l'abans referit article 18.1 de la Llei d'ús i ensenyament del valencià, cada universitat l'ha configurat conforme als seus propis criteris.

Fent ús d'aquesta possibilitat, i amb la finalitat de propiciar la docència en valencià, les universitats valencianes han desenvolupat dues estratègies diferents, com s'assenyala en l'estudi *Els usos lingüístics en les universitats públiques valencianes.* De tal manera, unes han habilitat línies en valencià, mentre que unes altres han ofert en valencià totes aquelles assignatures que figuren en el pla d'organització docent d'un professor lingüísticament competent i disposat a impartir-les en la llengua pròpia de la universitat.[12]

Totes dues opcions són possibles en el marc establert pels Estatuts de la Universitat Jaume I, que des d'un principi han recollit la seua funció de promoure i normalitzar l'ús del valencià en tots els àmbits de la vida universitària. Així, actualment, l'article 5.i) de la

---

11 ARZOZ SANTISTEBAN, Xabier, ob. cit., p. 1170, que assenyala que mentre en alguns casos s'han basat en el dret de professors i alumnes a utilitzar la llengua oficial que preferisquen (models català, balear i gallec), en uns altres en el dret dels alumnes a rebre la docència en la llengua oficial que es preferisca (model basc).

12 APARICI, Artur, CASTELLÓ, Rafael, XAMBÓ, Rafael, QUEROL, Vicent, GARCÍA, Eloïna i SEGURA, Maties, ob. cit, pp . 22-23.

darrera versió dels seus Estatuts,[13] determina que una de les finalitats de la Universitat Jaume I al servei de la societat és potenciar el coneixement i l'ús del valencià, atenent la seua consolidació i plena normalització en tota la comunitat universitària. Així mateix, l'article 7 estableix que «la llengua pròpia de la Universitat Jaume I és el valencià», per la qual cosa s'estableix com la llengua prioritària de comunicació.[14] D'altra banda, l'article 45.2.b atribueix al Consell de Govern la competència d'aprovar els plans d'estudis, oït el Consell Social, la qual cosa li permet introduir el valencià de molt diverses maneres en l'estructura docent de graus i postgraus, per exemple, amb la finalitat d'assegurar o facilitar que al final d'uns determinats estudis es posseïsca una determinada capacitat lingüística.[15] Així mateix, compta amb un Servei de Llengües i Terminologia amb l'objectiu de la promoció del valencià i la realització de totes les activitats adreçades a aconseguir la seua consolidació com a llengua pròpia de la Universitat, i d'una Comissió de Política Lingüística.

Establert l'anterior, l'estratègia lingüística de la Universitat Jaume I des d'un primer moment ha deixat a criteri i voluntat del professorat decidir quines assignatures a càrrec seu impartirà en

---

13 Aprovats pel Decret 95/2021, de 9 de juliol, del Consell.

14 La qual cosa, assenyala EXPÓSITO GÓMEZ, Enriqueta, ob. cit., p. 136, té un especial sentit dins dels estatuts universitaris, ja que manifesta la voluntat perquè les relacions que es facen en i entre la universitat i els membres de la comunitat universitària es realitzen prioritàriament en la llengua territorial diferent del castellà.

15 Per exemple, el grau en Mestre o Mestra d'Educació Primària garanteix el desenvolupament de competències bàsiques, genèriques i/o específiques avaluables corresponents als objectius genèrics i exigibles per a obtindre el títol, com són coneixer reflexivament (nivell C1) les estructures i l'ús de la llengua catalana, especialment de les variants valencianes, o crear, amb correcció lingüística i adequació estilística i contextual, textos (orals i escrits) de caràcter narratiu i descriptiu en llengua catalana, entre altres. De tal manera, per tramitar el títol de graduat o graduada per la Universitat Jaume I s'ha d'acreditar el nivell C1 de català.

valencià, encara que no s'haja reconegut estatutàriament aqueixa possibilitat, com tampoc un dret de l'estudiantat sobre aquesta qüestió. De tal manera, ja sota el seu primer Pla de Política Lingüística de 1991 era possible aquesta opció, possibilitat que es va mantindre en el següent Pla de Política Lingüística en 1998, que suposava un nou instrument per a l'impuls d'un canvi generalitzat del funcionament lingüístic de la Universitat.[16]

Tots dos plans es van formular des de l'òptica del bilingüisme que la normativa autonòmica havia possibilitat, per la qual cosa el resultat era l'existència de grups amb assignatures impartides únicament en valencià o en castellà, tant optatives com troncals i obligatòries.[17] Per tant, no hi havia amb caràcter general una duplicitat de grups en les dues llengües, com ocorre en el sistema de línies. Un avantatge no menor d'aquest model, abans i ara, és que no comporta en cap cas un cost econòmic addicional, a la qual cosa caldria afegir que les dimensions de moltes de les titulacions impartides no han possibilitat ni que es consideraren desdoblaments. Tan sols, temporalment i excepcionalment, hi ha hagut una línia en valencià, precisament en la llicenciatura en Dret, durant alguns cursos acadèmics a partir del 2006/2007 en el grup de matí, mentre que el grup de vesprada s'impartia en castellà. Aquesta ha sigut l'única vegada que una assignatura troncal de Dret Administratiu, la part

---

16 Així mateix, la Xarxa Vives disposa d'un Pla de política lingüística propi per a les seues universitats, document que reuneix els criteris generals de política lingüística consensuats per 22 universitats, i conté polítiques d'ús, formació i qualitat en matèria de llengua per a la seua promoció, prestigi, normalització i acreditació.

17 APARICI, Artur, CASTELLÓ, Rafael, XAMBÓ, Rafael, QUEROL, Vicent, GARCÍA, Eloïna i SEGURA, Maties, ob. cit., pp. 22-23. Com es diu en aquest estudi, aquesta opció per un ensenyament sense línies té sentit en un escenari de simetria real de les dues llengües o, com suposava llavors la direcció de la Universitat Jaume I, quan s'espera una ràpida i amplíssima bilingüització del conjunt del teixit social i, per consegüent, la superació en un termini relativament curt del conflicte lingüístic. La realitat, en canvi, és que seguim en un context de bilingüisme asimètric, de forta desigualtat de totes dues llengües.

general, ha comptat amb grup propi en valencià, sense que s'apreciara un descens significatiu en la matrícula en favor del grup de la vesprada, la qual cosa sembla evidenciar que, en l'àmbit de la Universitat Jaume I, l'horari és un dels factors clau en el moment de triar grup i no tant la llengua d'impartició.

3.2. Multilingüisme, docència en valencià i seguretat lingüística

Posteriorment, en el sentit que s'ha esmentat el principi, el plantejament de la docència en valencià va evolucionar cap al multilingüisme.[18] Aquest es refereix a la utilització de més de dues llengües en l'esfera institucional o social. Des d'aquesta perspectiva, les universitats amb llengua minoritària que transiten des del bilingüisme cap al multilingüisme s'han plantejat el repte de promoure, d'una banda, l'ús equilibrat de la llengua minoritària al costat de la llengua estatal i, d'una altra, el coneixement i ús de l'anglès com la llengua que necessiten els titulats per a respondre a les demandes d'un món globalitzat,[19] o per a atraure estudiantat estranger. De tal manera, amb el multilingüisme es tractaria de passar d'incorporar les llengües als plans d'estudis a la idea d'utilitzar diverses llengües en la docència, combinant el

---

18 Com assenyala BALDAQUÍ-ESCANDELL, Josep-Maria, "La Llei d'ús i ensenyament del valencià i la configuració del sistema educatiu plurilingüe valencià", *Caplletra*, núm. 68, 2020,p. 162, per exemple, la Llei 4/1983 parteix d'una concepció estricta del concepte de bilingüisme, que consisteix a tindre una competència similar en dues llengües i idèntica a la d'un parlant natiu, concepte de bilingüisme que no es correspon amb la visió que té actualment l'educació plurilingüe, que concep la competència lingüística de la persona plurilingüe d'una forma més complexa i dinàmica.

19 LARRINAGA RENTERIA, Ane, "Identidades académicas en cambio en el seno de la Universidad multilingüe", *Papeles del CEIC*, núm. 2, 2016, p. 7, i ALCÓN SOLER, Eva, "La universidad multilingüe" *Revista de Docencia Universitaria*, núm. 9 (3), 2011, p. 121, qui assenyala que és una solució a la tensió que ha generat en alguns casos l'acceptació de l'anglès com a llengua franca en les universitats.

reconeixement de l'anglès com a llengua instrumental amb el de les llengües oficials.[20] En aquest sentit, la Universitat Jaume I estableix en els seus Estatuts que una de les seues finalitats és «impulsar el multilingüisme en el marc de la docència i la investigació» (article 5.f).

Aquesta perspectiva es va implementar amb el primer Pla Pluriennal de Multilingüisme (2011-2014), que configurava un marc multilingüe per a assegurar la projecció cap a Europa sense renunciar al valencià. El caràcter multilingüístic del Pla suposava que abastava el conjunt d'objectius i accions per a millorar el coneixement i ús de llengües prioritàries, valencià, espanyol i anglès, així com l'impuls d'altres llengües.

Al costat d'aquest Pla, en aqueix moment veuen la llum també alguns documents dirigits a la comunitat universitària que reflecteixen la línia mantinguda per la Universitat, i que són l'antecedent de l'actual Estratègia de Convivència Lingüística. Entre aquests, és rellevant la Guia de la Docència Multilingüe, que conté elements com ara la llengua vehicular a l'aula i la seguretat lingüística, la formació i l'acreditació de l'estudiantat i del professorat, el suport i el reconeixement de la docència multilingüe i els models de plans de multilingüisme de graus i departaments. També ho és el Manual d'usos lingüístics, document sobre els usos de les diverses llengües en la Universitat, en els vessants interns i externs i en els àmbits administratiu, formatiu, cultural i acadèmic, amb especial referència a la docència universitària. En aquests documents s'apostava perquè el valencià fora la llengua de preferència en la docència i que augmentara progressivament fins a arribar a aconseguir la igualtat lingüística amb el castellà.

Seguint en la implementació d'aquest plantejament, a continuació, un segon Pla Pluriennal de Multilingüisme 2016/2018 va

---

[20] ALCÓN SOLER, Eva, ob. cit., p. 123, per a qui un pla de multilingüisme ha de veure's com un benefici, la qual cosa només s'aconseguirà d'aqueixa manera.

establir com a objectiu avançar en l'acreditació dels coneixements i l'extensió de l'ús del valencià com a llengua pròpia, que hauria de ser la llengua preferent de la Universitat, i que actualitzava aquells dos documents. D'altra banda, apostava també per avançar en els coneixements i l'ús de l'anglès com a llengua de treball, així com en la introducció d'altres llengües estrangeres. També s'analitzava la situació en què es trobava la docència en valencià després de l'aplicació de l'anterior Pla, amb un examen dels seus resultats, als quals després ens referirem.

Durant aquest procés cap al multilingüisme s'ha tingut també en compte, més si cap, l'entorn sociolingüístic i les característiques de la universitat. No debades, el major obstacle que troben aquestes iniciatives és el dels recursos disponibles, perquè es requereix un pressupost elevat per a dur a terme un pla de formació en llengües per a professorat i estudiantat, així com el seguiment i avaluació sistemàtica de l'ús de llengües vehiculares en la docència.[21] En conseqüència, en tots dos casos, quant a l'estratègia del valencià en la docència, el multilingüisme no va suposar cap alteració del model adoptat en principi per la Universitat Jaume I, sense l'existència de grups o línies en valencià. No obstant això, un canvi significatiu és que d'aqueixa decisió es responsabilitzava les comissions de grau i els departaments, que havien de planificar per a cada titulació les llengües de la docència per a garantir el plurilingüisme de l'estudiantat en almenys les tres llengües prioritàries. És evident que, així i tot, necessàriament havien de comptar amb la implicació del professorat amb una suficient capacitació lingüística.

Referent a això, és important assenyalar que el principi de seguretat lingüística s'ha revelat sempre fonamental, perquè suposa respectar la llengua o les llengües vehiculars de la docència tal com s'han publicitat pels canals establerts en la Universitat, com a part del contracte amb l'estudiantat que s'estableix per a cada assignatura. Com s'explica en aquest últim Pla, la seguretat o ga-

---

21 Com assenyala ALCÓN SOLER, Eva, ob. cit., p. 123.

rantia lingüística és la transparència informativa en els usos lingüístics docents i el compromís de respectar-los, perquè vincula tant el professorat com l'estudiantat (llengua que s'ha d'usar en els materials docents elaborats pel professorat i, almenys, en els enunciats dels exàmens, la guia docent i les pràctiques de l'assignatura).[22] De tal manera, és una garantia per a estudiants en un context multilingüe, però també per al professor davant qualsevol conflicte que poguera plantejar-se.[23] Per això, en els documents referits s'estableix la forma de conducta davant les diverses situacions que poden donar-se a les aules relacionades amb la llengua de la docència.[24]

3.3. L'actual política institucional de convivència i promoció lingüística

En la línia del que estem exposant, el Pla d'Acció de Govern de la Universitat Jaume I 2019-2022 proposava promoure que tota la

---

22 Encara que, com s'establia en el *Manual d'usos lingüístics*, amb la finalitat de garantir el dret de l'estudiantat d'expressar-se en qualsevol de les llengües oficials, pot fer els exàmens, intervencions en classes, tutories, etc., tant orals com escrites, tant en valencià com en castellà, amb independència de la llengua establida en l'oferta acadèmica. Es tracta d'una concreció del dret de dirigir-se i ser atesos per l'Administració en valencià, així com presentar treballs escrits i fer els exàmens en valencià, com determina la Llei d'ús i ensenyament del valencià (articles 10, 13 i 16).

23 Com evidència SEGURA SABATER, Maties, "Drets lingüístics, seguretat lingüística i subsidiarietat lingüística a la Universitat Jaume I", en *Les llengües minoritzades en l'ordre postmonolingüe*, Universitat Jaume I, Castelló, 2017, p. 213, la seguretat lingüística permet també que el professorat puga mantindre l'opció lingüística anunciada sense exposar-se a qüestionaments, i així mateix ajuda la Universitat a evitar conflictes derivats de la falta d'informació sobre la llengua vehicular de la docència.

24 En aquest sentit, l'article 33.c) de la recent Llei orgànica del Sistema Universitari, estableix entre els drets de l'estudiantat en relació amb la seua formació acadèmica el de conéixer els plans docents de les assignatures en les quals preveja matricular-se i ser informat de la llengua d'impartició.

comunitat universitària coneguera el valencià i l'utilitzara —per la qual cosa establia com un dels seus objectius estratègics incrementar l'oferta docent en valencià—, i incentivar al mateix temps el coneixement de llengües com un repte per a la internacionalització de la Universitat. Per a això, va apostar per una nova forma de convivència lingüística, de manera que, a partir d'aqueix moment, la política institucional sobre les llengües de la Universitat Jaume I segueix la senda marcada pels anteriors plans, però amb plantejaments en alguns aspectes diferents. D'una banda, cerca reforçar el seu compromís amb el valencià com a llengua pròpia i llengua acadèmica i, per una altra, harmonitzar la convivència de les altres llengües acadèmiques en la docència, la gestió i en el conjunt de la comunitat universitària amb l'activació del principi de subsidiarietat lingüística. D'acord amb aquest, el valencià és la llengua prioritària i se n'ha de fer-se ús en contextos institucionals i acadèmics sempre que no siga absolutament necessari l'ús d'una altra llengua.[25]

Com a concreció d'aquesta nova política, el Claustre va aprovar el novembre de 2018 el disseny d'una nova estratègia de llengües que s'articula sobre quatre elements: l'Estratègia de Convivència i Promoció Lingüística, el Protocol d'actuació "Les llengües de la docència", el Document de nivells lingüístics del personal docent i investigador de la Universitat Jaume I per a impulsar la docència en valencià o en anglès i el Reglament d'usos lingüístics.

Al seu torn, el mateix any, el Model Educatiu de la Univeritat Jaume I,[26] que mostra l'estratègia diferenciada de la Universitat en l'àmbit educatiu, estableix una sèrie de principis que qualifica d'estratègics i fonamentals. Entre aquests es troba el «Compromís

---

25 Podeu veure sobre la subsidiarietat lingüística SEGURA SABATER, Maties, ob. cit., pp. 2014 ss., qui assenyala que, segons aqueix principi, per defecte, la llengua preferent sempre hauria de ser la pròpia de la comunitat lingüística.

26 Aprovat per Consell de Govern el 13 de maig de 2016 i el 31 de gener de 2019.

amb la llengua pròpia i amb el multilingüisme», de manera que la Universitat continua apostant per la potenciació, com a eines de comunicació, de docència i de treball, del valencià (llengua pròpia i oficial), l'espanyol (llengua oficial), l'anglès i totes les llengües d'interès científic i social (per la importància que poden tindre en alguns àmbits), amb l'aplicació del principi de la subsidiarietat lingüística, com a eina de resolució de les possibles situacions lingüísticament conflictives i de preservació de les funcions de la llengua pròpia.

Posteriorment, l'actual Pla d'Acció de Govern de la Universitat Jaume I 2023-2026 es reafirma en aqueix compromís lingüístic de dotar la comunitat universitària dels recursos lingüístics necessaris en el desenvolupament de la carrera administrativa, acadèmica i investigadora, per la qual cosa inclou com a objectiu estratègic millorar el repertori lingüístic de la comunitat universitària. Estableix que hi ha d'haver un balanç harmònic entre l'assoliment de competències lingüístiques en llengües estrangeres i les accions de promoció de la llengua pròpia de l'UJI, de manera que la Univeritat estiga connectada amb el seu entorn i context lingüístic i, alhora, tinga una vocació internacional. En aquest sentit, anuncia que es treballarà perquè l'ús del valencià com a llengua de la ciència i de la docència es perceba com una oportunitat que enriqueix acadèmicament la comunitat universitària.

A) L'Estratègia de Convivència i Promoció Lingüística i el Protocol d'actuació

L'Estratègia de Convivència i Promoció Lingüística (Ecopol)[27] es va dissenyar per a promoure actituds favorables cap a les llengües i la seua utilitat per a transferir coneixement i comunicar, tenint en compte la complexitat i diversitat de l'ús i coneixement de les llengües a la Universitat Jaume I. Té com a finalitat fomentar el multilingüisme actiu que, d'una banda, reforce el compromís

---

[27] Aprovada pel Consell de Govern el 20 de juny de 2019.

de la institució amb el valencià com a llengua pròpia i llengua acadèmica i, d'una altra, harmonitze la convivència de les altres llengües acadèmiques en la docència, la gestió i en el conjunt de la comunitat universitària. Considerant el diferent estatus sociolingüístic del valencià i de les llengües de treball, estableix un marc diferenciat per al seu tractament, amb distints protocols. Assenyala que s'han d'adoptar mesures que augmenten l'estatus de la llengua minoritzada per a poder arribar a una igualtat efectiva, amb l'adopció de diverses mesures, centrades tant en la incentivació com en maneres de facilitar la docència en valencià.

Com una peça fonamental d'aqueixa Estratègia, el Protocol d'actuació "Les llengües de la docència" de maig de 2019, en el qual es determina què s'ha de fer en casos de conflicte lingüístic, assenyala alguns conceptes clau quant a la garantia i promoció de la docència en valencià. En primer lloc, la igualtat lingüística, que determina que la Universitat ha d'incrementar l'ús de la llengua pròpia com a llengua de preferència en la docència i incentivar polítiques que garantisquen i augmenten progressivament el mínim de crèdits en valencià que es fixe en cada titulació, fins a arribar a aconseguir la igualtat lingüística amb l'espanyol. Al mateix temps, es continua establint necessària la seguretat o garantia lingüística, en els termes que ja hem vist.

En aquest marc, tampoc ara el model és el d'establir línies o grups en valencià, per la qual cosa, en el sentit ja establert anteriorment, determina que la decisió sobre quines són les llengües vehiculares de les assignatures correspon a les comissions gestores de grau, i els departaments han de designar el professorat que ha de fer-se càrrec de l'elaboració de la guia docent i de la impartició de l'assignatura, d'acord amb la llengua vehicular establida. No obstant això, cal dir que tampoc es pretén que la docència de la corresponent assignatura siga tota en la mateixa llengua, sinó que es planteja també com l'ús de diverses llengües en una mateixa assignatura. En qualsevol cas, el model continua depenent del voluntarisme i la implicació del professorat capacitat. Per a això, se seleccionen titulacions dins del Programa d'impuls a la docència en valencià mitjançant una convocatòria semestral, de manera que puguen sol·licitar diverses accions, moltes de les quals centrades en el professorat que ha d'impartir la docència en valencià, però que també pot comportar el finançament de crèdits amb aquesta finalitat. D'aquesta manera, els vicedeganats de grau han de sol·licitar ser seleccionats en el programa i indicar les accions en què desitgen participar i especificat el professorat hi participarà, qui haurà de comprometre's expressament amb l'impuls i la millora de la docència en valencià.

B) El Reglament d'usos lingüístics

L'objecte del Reglament d'usos lingüístics[28] —que substitueix l'anterior Manual d'usos lingüístics de 2011– és regular els usos institucionals i administratius del valencià i del castellà en l'àmbit de la Universitat Jaume i garantir els drets lingüístics de la comunitat universitària, així com el d'altres llengües acadèmiques en els àmbits de la docència i la investigació (article 1). Estableix així que el valencià, com a llengua pròpia de la Universitat Jaume I, és la llengua d'ús general i prioritari de la institució en les relacions internes i externes de la institució, encara que en els àmbits de la docència i la investigació el valencià comparteix usos amb altres llengües acadèmiques (article 4).

Respecte a la docència universitària, disposa que l'ús de les llengües en la docència es regeix per les disposicions dels documents referits en l'apartat anterior, l'Ecopol i el Protocol d'actuació. De tal manera, d'acord amb els seus articles 6 i 9:

— La llengua o llengües en les quals s'imparteixen les assignatures de grau o cursos de màster ha de respectar el que s'establisca en la memòria de verificació del títol. La llengua vehicular de les assignatures dels graus ha de publicar-se en el Sistema d'Informació Acadèmica abans del període de matrícula. Es podrà considerar la flexibilitat lingüística

---

[28] Aprovat pel Consell de Govern el 15 de juliol de 2021.

a l'aula sempre que no perjudique la introducció del valencià i/o de l'anglès en la docència.

— Una vegada oberta la matrícula, la llengua vehicular indicada en el Sistema d'Informació Acadèmica no es pot modificar i ha de mantindre's durant tota la duració de l'assignatura, excepte per causa de força major entesa com a tal per la corresponent comissió de grau, de titulació o de màster, atès que es considera com un contracte tàcit entre la Universitat i l'estudiantat.

— Les guies docents i altra documentació informativa de caràcter acadèmic dirigida a l'estudiantat i al públic en general i publicada en el web, ha d'estar redactada en les dues llengües oficials i en anglès, excepte aquelles assignatures que en la memòria de verificació tinguen una única llengua d'impartició.

— Amb la finalitat de garantir el dret de l'estudiantat a expressar-se en qualsevol de les llengües oficials, pot realitzar els exàmens, les intervencions en classe o les tutories, els treballs, les exposicions orals o escrites, tant en valencià com en castellà (o en anglès) amb independència de la llengua establida en l'oferta acadèmica dels estudis de grau i màster.

— Han de posar-se els mitjans tècnics necessaris per a formar el professorat en coneixement del valencià i d'altres llengües acadèmiques. Es podran proposar accions en els graus i màsters amb la finalitat d'augmentar l'ús del valencià i de l'anglès o d'altres llengües estrangeres en la docència.

D'altra banda, la Universitat ha d'informar de totes les qüestions referents a l'ús de les llengües en l'administració i la docència a totes les persones que vulguen integrar-se en la institució de manera temporal o permanent (per exemple, aquesta informació s'inclourà en la documentació relativa als programes d'intercanvi i estades de professorat estranger), perquè es desenvolupe amb total normalitat (article 11).

4. LA CAPACITAT LINGÜÍSTICA DEL PROFESSORAT

Com abans s'ha dit, la capacitació lingüística del professorat és essencial per a poder garantir una suficient docència en valencià. En una situació de llengua minoritzada, això implica que hi ha d'haver un nombre de docents que puga impartir la seua docència en valencià.[29] En el sistema de la Universitat Jaume I, a més d'estar capacitat, així haurà de decidir-lo i comunicar-lo a la corresponent comissió de titulació perquè puga planificar la docència en aqueixa llengua.[30]

Atesa la gran desigualtat entre castellà i valencià quant a la capacitació lingüística del professorat, les universitats han establert diversos mecanismes per a garantir-la o, en el seu cas, promoure-la. En el primer aspecte, principalment s'ha establert un determinat nivell de coneixement de la llengua com a requisit previ o mèrit en el moment de la selecció del professorat. En el segon, s'utilitzen diverses mesures per a fomentar o incentivar que el personal docent adquirisca la competència lingüística necessària o, quan ja la tinga, opte per impartir efectivament la seua docència en la llengua pròpia.[31]

A la Comunitat Valenciana han sigut en els estatuts universitaris o en la normativa que els desenvolupa on s'han regulat el coneixement del valencià com a requisit o com a mèrit, opcions

---

29 En aquest sentit, APARICI, Artur, CASTELLÓ, Rafael, XAMBÓ, Rafael, QUEROL, Vicent, GARCÍA, Eloïna i SEGURA, Maties, ob. cit., pp. 224-225, de manera que el professorat té la clara percepció que dins d'una regulació institucional més o menys imprecisa, la iniciativa i la responsabilitat ha de partir sempre dels mateixos professors o professores.

30 Assenyala EXPÓSITO GÓMEZ, Enriqueta, ob. cit., pp. 169-170, la desconnexió entre la llibertat de càtedra amb l'ús d'una llengua per part dels docents, ja que l'exercici d'aquella ha d'estar referit exclusivament a la matèria de la disciplina que haja d'impartir, mentre que l'ús de la llengua depèn d'una opció que faça el docent en el marc de les lleis autonòmiques, els estatuts i les polítiques universitàries, però no és un dret inherent a la llibertat de càtedra.

31 ARZOZ SANTIESTEBAN, Xabier, ob. cit., pp. 1182-1183.

complementades després amb diverses accions. Així ho fan els Estatuts de la Universitat Jaume I, que assenyalen que un dels deures del personal docent i investigador és «conèixer la llengua pròpia de la Universitat Jaume I» (article 98.2.c). De fet, entre els mèrits dels concursos d'accés del personal docent i investigador ha de constar el coneixement de la llengua pròpia (articles 102.3 i 105.2). Com a actual concreció d'aquestes previsions, es diu en l'Ecopol que és necessari integrar al valencià dins de la carrera docent i investigadora del professorat, per la qual cosa el coneixement de la llengua pròpia, i de l'anglès, es valorarà juntament amb el d'altres llengües en les contractacions.

4.1. El coneixement de la llengua com requisit o com mèrit

A partir d'aquestes previsions, el primer aspecte s'ha anat desenvolupant mitjançant el Document de carrera docent i investigadora, que estableix els principis pels quals s'ha de regir la Universitat per a la dotació, contractació i promoció del personal docent i investigador, i concreta els requisits que ha de complir per a poder desenvolupar de manera satisfactòria les funcions que li són pròpies. Té entre els seus objectius impulsar el plurilingüisme en el seu personal, amb l'augment i millora del coneixement de les dues llengües oficials i l'anglès. Aquest document ha evolucionat amb el temps, i la versió vigent[32] té una menció especial al requisit lingüístic en cadascun dels procediments de promoció de les diverses figures de professorat.

Atès que amb caràcter general no és un requisit d'accés, sinó un mèrit dels concursos, per a garantir que el professorat tindrà les competències lingüístiques requerides s'estableix que les persones candidates que hagen sigut seleccionades en les places convocades de professorat contractat i en els concursos d'accés als cossos docents universitaris, hauran d'obtindre el nivell lingüístic en valencià

32 Aprovat pel Consell de Govern el 30 de març de 2012, i modificat el 26 de gener de 2023.

i en anglès recollit en l'Ecopol en un termini de cinc anys des del seu nomenament (disposició addicional primera). Aquest requisit serà necessari per a optar a les reduccions previstes en el Programa de suport a les activitats d'investigació i d'innovació i transferència, i altres accions que es puguen recollir en aquella Estratègia. Durant aquest temps, es dotarà de formació i assessorament aquest personal perquè puga aconseguir aquest repte lingüístic.

Per a completar el relacionat amb aqueix requeriment lingüístic, l'Ecopol ha sigut desenvolupada pel Document de nivells lingüístics del personal docent i investigador de la Universitat Jaume I per a impulsar la docència en valencià o en anglès.[33] Aquest document determina els nivells lingüístics òptims que ha de posseir el professorat per a facilitar el coneixement i ús del valencià, i també inclou els nivells recomanables per a poder vehicular la docència en aquesta llengua, i una sèrie de criteris per a poder reconèixer la consecució a efectes interns d'aquests nivells.[34] Es considera que aquest reconeixement intern contribuirà a normalitzar, d'una banda, la impartició de classes en valencià i, d'una altra, ajude a la promoció i ús de la llengua pròpia. De tal manera:

— Quant al coneixement del valencià del personal docent i investigador, és recomanable que tinga acreditat, com a mínim, un nivell C1 del Marc europeu comú de referència (MECR). Aquest nivell s'ha d'aconseguir, com consta en el Document de Carrera Docent, durant els cinc anys posteriors a la promoció a una figura contractual indefinida o de funcionariat.

— Respecte als nivells lingüístics per a vehicular la docència en valencià, assenyala que el professorat universitari ha de posseir un nivell òptim de coneixement de la llengua en

33 Aprovat pel Consell de Govern el 24 de febrer de 2020.

34 Per la qual cosa no sols es consideren les certificacions oficials expedides a aquest efecte, sinó que tinga també en compte altres circumstàncies i situacions sobrevingudes del professorat en relació amb l'ús vehicular d'ambdues llengües.

què imparteix la docència, que ha de referir-se obligatòriament a les dues llengües oficials, considerant l'entorn sociolingüístic. En aquest sentit, els nivells mínims que ha de tindre el professorat per a fer docència en valencià ha de ser també un nivell C1 del MECR.

D'altra banda, el Reglament dels concursos de selecció de professorat ajudant doctor i associat,[35] estableix que en les convocatòries de les places es podran incloure, a proposta dels departaments, requisits específics de coneixement de valencià que haurà de complir la persona adjudicatària de la plaça, que haurà de ser com a mínim d'un nivell C1 per a valencià (article 3). En qualsevol cas, entre els criteris generals d'avaluació que han d'aplicar les comissions de selecció de professorat ajudant doctor i associat, s'estableixen necessàriament els coneixements de valencià, de la mateixa manera que en els barems específics en moltes ocasions es valora més la docència realitzada en valencià.

4.2. Incentius a l'ús del valencià en la docència

Quant al segon aspecte abans esmentat, a fi de prestar suport a la docència en valencià en les titulacions, al llarg del temps s'han elaborat diversos programes amb sistemes d'incentius i reconeixement per al professorat en el marc dels plans de política lingüística i de multilingüisme. Per exemple, per a incentivar la participació del professorat en la docència multilingüe s'han establert mecanismes de reconeixement inicial de l'esforç del professorat mitjançant la reducció de la seua càrrega docent, així com per a reconèixer la seua participació contínua en el sistema d'incentius del professorat.

És el cas del referit Programa d'impuls a la docència en valencià, que preveu diverses accions com ara cursos de llenguatge específic per al professorat per àmbits, cursos de dubtes lingüístics en valencià, matrícula gratuïta al professorat del grau que par-

35 Aprovat en Consell de Govern el 24 d'abril de 2020.

ticipa en un curs de nivell C2, finançament de la matrícula del professorat implicat en les proves d'acreditació de nivell C2 de valencià i assessorament lingüístic i traducció i correcció de material docent en valencià.

Així mateix, en altres documents s'estableixen altres incentius, com, per exemple, que en les taules de baremació del sistema d'incentius propi es valore el doble la docència en valencià, de manera que es comptabilitzen dos punts per cada curs acadèmic en el qual s'haja impartit la docència totalment en valencià i un punt per cada curs acadèmic en el qual no s'haja impartit cap crèdit en valencià. D'igual manera, la Normativa d'avaluació de l'activitat docent del professorat[36] també valora especialment la docència impartida en valencià.

5. EVOLUCIÓ I SITUACIÓ ACTUAL

Les dades que ve publicant l'Observatori Lingüístic de la Universitat Jaume I[37] mostren que des que es va crear la Universitat es manté una situació d'estancament en la progressió d'augment de la docència en valencià,[38] sense que es perceba que hagen causat un efecte determinant les diverses polítiques lingüístiques implementades. De tal manera, el percentatge d'ensenyament en valencià en les titulacions, sense comptar els crèdits d'àrees lingüístiques, ha sigut entorn del 20 %. Per tant, el model s'ha mantingut des d'un principi, però no s'ha traduït en un augment progressiu de la docència en valencià.

Cal considerar sobre aquest tema que amb el primer Pla de multilingüisme de 2011 s'havia fixat com a objectiu lingüístic aconseguir la normalització de l'ús del valencià en la docència i la igualtat de les dues llengües oficials. Aquesta distribució equitativa de

36 Text consolidat aprovat pel Consell de Govern el 26 de novembre de 2019.

37 https://www.uji.es/serveis/ol/, on poden consultar-se els informes de diversos cursos.

38 Vegeu SEGURA SABATER, Maties, ob. cit., pp. 210-211.

l'oferta docent s'havia d'aconseguir en un termini de cinc anys. No obstant això, ja en l'informe anual del curs 2011/2012 per al Pla es va rebaixar l'expectativa d'aconseguir la igualtat de les llengües en aqueix termini, i es proposava que en un horitzó de cinc anys s'aplicara un increment anual de la docència en valencià, passant del 20 % dels crèdits de docència en valencià en aqueix moment fins a assolir un 35 %, i, en un termini de deu anys, que la docència no impartida en alguna llengua estrangera en les diverses titulacions de la Universitat es distribuïra de manera equitativa en l'oferta docent impartida en cadascuna de les llengües oficials.

Amb el segon Pla de multilingüisme es va reformular novament aqueix objectiu, de manera que es va fixar que en finalitzar el curs 2017/2018 s'havia d'haver augmentat la docència en valencià fins a arribar al 25 %, però es va situar realment al final en un 20,86 %. Igualment, com es pot observar en la taula adjunta, aquell percentatge tampoc s'ha arribat a aconseguir amb l'actual Estratègia, ja que des del curs 2018/2019 ha fluctuat des del 19,59 % al 21,15 %.

Taula 1. Evolució de la docència en valencià a la Universitat Jaume I des del curs 2010/2011 fins a l'actualitat.

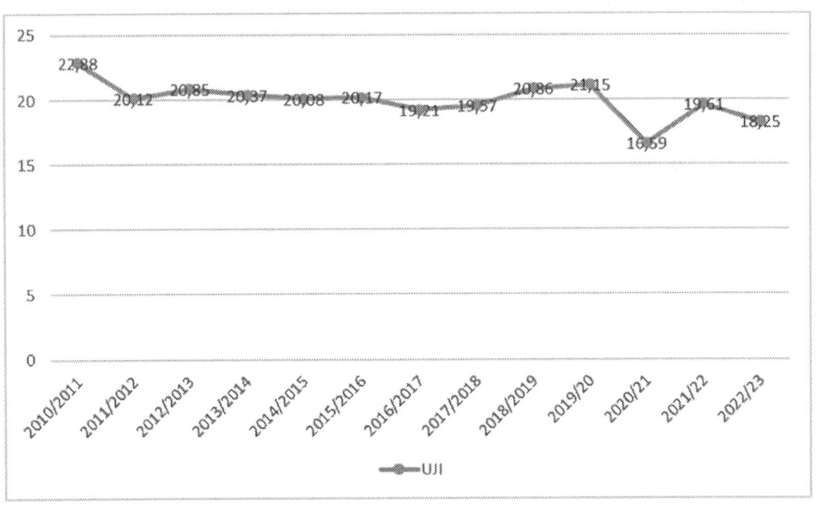

Font: Universitat Jaume I i elaboració pròpia.

Quant al percentatge de la docència en valencià en els graus amb una important presència de les assignatures de l'àrea de Dret Administratiu, com són Dret, Gestió i Administració Pública i Criminologia i Seguretat, les dades disponibles a partir de 2010 evidencien aquest fet. En el grau en Gestió i Administració Pública la seua presència és significativament superior al grau en Dret, encara que aquesta diferència no sempre és tal si atenem el nombre de crèdits impartits, que és similar, mentre que en el grau en Criminologia i Seguretat, amb percentatges semblants a Dret, el nombre de crèdits impartits és bastant menor.[39] En qualsevol cas, tots els graus impartits en la Facultat de Ciències Jurídiques i Econòmiques presenten un percentatge inferior a la mitjana de la Universitat pel que fa a la docència en valencià.

Taula 2. Evolució de la docència en valencià en l'UJI i en els graus en Dret, Gestió i Administració Pública i Criminologia i Seguretat, cursos 2010/2011 a 2022/2023.

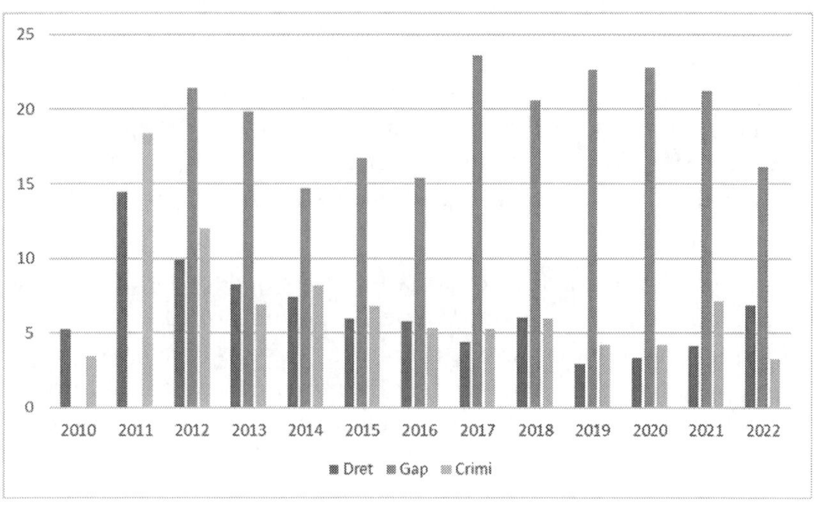

Font: Universitat Jaume I i elaboració pròpia.

[39] Per exemple, el curs 2022/23 Dret oferia en valencià 41,69 crèdits, mentre que Gestió i Administració Pública es quedaba en 39,04 crèdits. Criminologia I Seguretat, bastant per davall, oferia 13,06 crèdits.

Encara que els esforços han sigut continus, la realitat mostra que no han donat els resultats perseguits respecte al professorat de l'àmbit de les ciències jurídiques, on la docència en valencià segueix sent baixa. Les dades mostren una limitada evolució de la seua docència en graus pel Departament de Dret Públic, el més nombrós dels tres departaments de Dret, de manera que el curs 2020/2021 el percentatge de docència en valencià va ser del 2,01 %, el curs 2021/2022 del 3,07 %, i en el curs 2022/2023, del 5,72 %. És significatiu que, sent el percentatge de personal docent del Departament amb una acreditació igual o superior al C1 en valencià entorn del 10 %, la qual cosa suposa un percentatge de capacitat docent del departament superior a aqueixa xifra, la docència en valencià del departament es mantinga bastant per davall d'aquesta,[40] Entre el professorat de Dret Administratiu, pel seu perfil, la xifra de qui posseeix la capacitació necessària és encara major, mentre que la docència en valencià a hores d'ara també és clarament molt inferior.

D'altra banda, la gran part de les àrees de coneixement dels departaments de Dret no han vingut impartint docència en valencià. Sí que ho ha fet Dret Administratiu, encara que el curs 2021/2022 tenia nou crèdits, mentre que en el curs 2023/2024 tan sols dos crèdits i mig, en ambdós casos en el grau de Gestió i Administració Pública.

Tot l'anterior s'ha d'interpretar en el marc del sistema voluntarista propi de la Universitat Jaume I, que sempre s'ha considerat l'adequat en atenció a la seua dimensió i mitjans. Per això, han de plantejar-se noves accions d'incentiu per a augmentar el percentatge del professorat implicat en la docència en valencià —com ara, un major còmput de crèdits, la possibilitat de triar horaris,

---

40 Per exemple, en el curs 2016/17 el percentatge de docència en valencià del departament va ser del 4,77 %, mentre que el percentatge de PDI amb acreditació igual o superior al nivell C1 de valencià era del 9,38 %, i el percentatge de capacitat docent del departament que suposa aquest professorat de l'11,21 %.

etc.—, que faça que el professorat capacitat s'incline per la docència en valencià. A més, que, com s'ha dit, no ha de referir-se necessàriament a assignatures completes, sinó que pot fer-se mitjançant la introducció de la llengua en aquestes juntament amb el castellà i, eventualment, l'anglès, la qual cosa es veu afavorida pel continu increment de la disponibilitat de diversos materials i recursos idonis de suport a la docència en valencià, des de manuals[41] fins a recursos electrònics o vocabularis.[42] D'una altra manera, potser no serà possible, si atenem la consolidada insuficiència financera de les universitats valencianes, que impedeix en els graus jurídics fins i tot alguna cosa tan necessari com el desdoblament de subgrups de pràctiques mitjançant el reconeixement d'una mínima experimentalitat, que potser també podria pal·liar en alguna mesura aquesta situació si si en alguns dels subgrups la llengua docent fora el valencià.

BIBLIOGRAFIA

ALCÓN SOLER, Eva, "La universidad multilingüe", *Revista de Docencia Universitaria,* núm. 9 (3), 2011, pp. 119-127.

APARICI, Artur, CASTELLÓ, Rafael, XAMBÓ, Rafael, QUEROL, Vicent, GARCÍA, Eloïna i SEGURA, Maties, *Els usos lingüístics en les universitats públiques valencianes,* (dirs. Artur APARICI i Rafael CASTELLÓ), Acadèmia Valenciana de la Llengua, València, 2011.

---

41 Per exemple, AA.VV., *Dret Públic de la Comunitat Valenciana,* Publicacions de la Universitat Jaume I, 2016, o el recent de Juli PONCE, *Manual de Fonaments del Dret Administratiu i de la Gestió Pública,* Tirant lo Blanch, 2022.

42 Com ara el *Vocabulari Jurídic* elaborat per l'Acadèmia Valenciana de la Llengua (https://www.avl.gva.es/documents/31987/65425/Vocabulari_juridic), el *Diccionari juridicoadministratiu,* editat per la Universitat d'Alacant en 2000, el *Vocabulari de dret administratiu: català/castellà,* realitzat per Albert ITUREN OLIVER i editat per la Universitat de València en 2005, o, recentment, el portal de recursos de llenguatge jurídic Compendium.cat, creat pel Consell de l'Advocacia Catalana (https://compendium.cat/).

ARZOZ SANTISTEBAN, Xabier, "Universidad y pluralismo lingüístico", en *Comentario a la Ley Orgánica de Universidades,* (dir. Julio V. GONZÁLEZ GARCÍA), Civitas, Cizur Menor, 2009, pp. 1125-1192.

BALDAQUÍ-ESCANDELL, Josep-Maria, "La Llei d'ús i ensenyament del valencià i la configuració del sistema educatiu plurilingüe valencià", *Caplletra,* núm. 68, 2020, pp. 149-176.

EXPÓSITO GÓMEZ, Enriqueta, "Els professors universitaris, la llibertat de càtedra i l'ús de les llengües pròpies", *Revista de Llengua i Dret,* núm. 23, 1995, pp . 129-170

LARRINAGA RENTERIA, Ane, "Identidades académicas en canbio en el seno de la Universidad multilingüe", *Papeles del CEIC,* núm. 2, 2016, paper 163.

LASAGABASTER HERRARTE, David, "Políticas multilingües y sus resultados en el ámbito universitario europeo", en *La Universidad Multilingüe,* (eds. Eva ALCÓN i Francesc MICHAVILA), Tecnos, Madrid, 2012, pp. 111-129.

MILIAN I MASSANA, Antoni, "Marc internacional, constitucional i estatutari dels drets lingüístics en l'ensenyament no universitari, en *Els drets lingüístics en el sistema educatiu. Els models de Catalunya i les Illes Balears,* Institut d'Estudis Autonòmics, Barcelona, 2013, pp. 11-55.

RUIZ VIEYTEZ , Eduardo J., "El futuro de las lenguas minoritarias europeas: un análisis normativo", *Cuadernos Europeos de Deusto* , núm. 4, 2022, pp. 36-67.

SEGURA SABATER, Maties, "Drets lingüístics, seguretat lingüística i subsidiarietat lingüística a la Universitat Jaume I", en *Les llengües minoritzades en l'ordre postmonolingüe,* (eds. Esther MONZÓ NEBOT i Juan JIMÉNEZ-SALCEDO), Universitat Jaume I, Castelló, 2017, pp. 209-220.

Capítol 3

Des d'unes consideracions pròpies sobre l'ensenyament en valencià a les universitats fins l'exemple concret del dret administratiu en l'escenari de demanda competitiva

FERNANDO DE ROJAS MARTÍNEZ-PARETS*

SUMARI: 1. UNES REFLEXIONS PARTICULARS SOBRE ENSENYAMENT, DRETS I POLÍTICA LINGÜÍSTICA. 2. LLENGUA I UNIVERSITAT, COM ES REPARTEIXEN ELS PAPERS. 3. LA LLENGUA ANALITZADA I VALORADA DINS DEL PANORAMA UNIVERSITARI VALENCIÀ. 3.1. Allò previ i indispensable. 3.2. Polítiques diferents, problemes comuns. 4. ELS CASOS CONCRETS I EL CAS DEL DRET ADMINISTRATIU. 5. ALGUNES CONCLUSIONS. BIBLIOGRAFIA I REFERÈNCIES.

1. UNES REFLEXIONS PARTICULARS SOBRE ENSENYAMENT, DRETS I POLÍTICA LINGÜÍSTICA

No crec que les polítiques lingüístiques formatives hagen de plantejar-se en base a criteris, percepcions ni consideracions personals, com no passa amb altres matèries de caràcter curricular. Ara bé, qualsevol política lingüística implica també un esforç

* Professor del Àrea de Dret Administratiu-UMH

identitari[1] i com diu Ninyoles[2] fer política lingüística és també fer política.

Cal rebutjar en esta formulació de l'expressió "fer política" els enteniments partidistes i excloents, ideologitzats, sinó ans al contrari prendre-la en la seua accepció més pròpia i autèntica, aquella que defineix el diccionari[3], que no és sinó "de l'organització i de l'administració d'una societat en els seus assumptes col·lectius".

Dit això, podem convenir que les polítiques d'identitat no haurien de ser polítiques "de part", és a dir, polítiques d'uns contra d'altres, d'una part de la societat imposant-se sobre l'altra. Diem això en una societat, la valenciana, que és en bona part bilingüe, com es reconeix a l'Estatut Valencià article 6.2, encara que a l'article 6.1 es reconeix un altre fet important, que és que el valencià és la llengua pròpia de la Comunitat Valenciana. Les expressions utilitzades en la nostra carta autonòmica han de ser llegides amb molta atenció, cosa que els juristes sabem, clar, però no tant alguns personatges públics, certs activistes, creadors d'opinió i fins i tot alguns polítics en el seu esdevenir circumstancial, perquè si tenim prou clar què hi ha a la nostra norma fonamental podem estalviar els discursos més esbiaixats, que ja és, d'inici, un estalvi considerable.

No cometré l'error de fer ací un anàlisi d'allò que alguns consideraran bàsic, superat, aprovat i fins i tot redundant (que no procedeix ara ni ací, vaja) perquè segur ha sigut analitzat moltes vegades, per juristes i no juristes, però per al meu raonament propi em val un breu repàs. El cas és què l'article sis al qual fèiem

1 PUJOL BERCHÉ, M. "Política lingüística: lengua, cultura e identidad, el ejemplo de Cataluña" *Amnis* (online) 2013 URLU: http://journals.openedition.org/amnis/2061

2 NINYOLES, R. "España como país plurilingüe: Líneas de futuro", Bastardas, Albert & Boix, Emili (Dir.), *¿Un estado, una lengua ? La organización política de la diversidad lingüística.* Edit. Octaedro. Barcelona, 1994.

3 Diccionari Normatiu Valencià. Acadèmia Valenciana de la Llengua. Veu: política.

esment de l'Estatut comença reconeixent que "La llengua pròpia de la Comunitat Valenciana és el valencià", perquè és la llengua nostra i la que ens identifica, la qual cosa no lleva que el castellà siga també oficial i siga també idioma d'este país. En segon lloc, una realitat que és irrebatible, i que també es troba reflectida al mateix article indirectament: en el nostre territori una part de la societat és bilingüe i una altra no, i la que no ho és, és castellanoparlant.

Qualsevol política d'ensenyament, de qualificació i de formació que tinga en compte el fet lingüístic, haurà de partir, doncs, d'estes bases o consideracions de construcció prèvies, essencials. Soc partidari d'acostar posicionaments que pugen arribar a un enteniment sinó comú i total, si majoritari. Eixe posicionament passa per que la part de la societat bilingüe puga desenvolupar una societat a on el valencià siga element matriu, propi i ple, així com que la part no bilingüe de la societat puga acostar-se lo més possible a una convivència en la qual el castellà no entre en conflicte amb el valencià ni impedisca eixa plenitud, ja que al cap i a la fi el valencià és el patrimoni propi i identificatiu del conjunt, de l'ésser, de la societat valenciana.

Ni el fet de què una part de la societat valenciana siga bilingüe i una altra no (article 6.7 de l'Estatut), ni el fet de que el castellà siga idioma oficial junt amb el valencià i a més a més siga la llengua comuna de l'Estat i de les seues estructures (article 6.2) pot significar que el valencià no ocupe, plena i realment, tots els espais socials, legals i institucionals. Ara bé, este anàlisi no és sinó un recull d'obvietats ja assentades —al menys sobre el paper— i no aporta res si no avancem introduint altres consideracions que ens conduïsquen un poc més enllà en els raonaments i més a prop del tema que volem tractar.

En primer lloc, hi ha una percepció que, no per negar, deixa d'existir en la societat —encara que no en el món de les normes— i que és vital: la del debat sobre si la llengua comuna, la castellana, indubtablement més generalitzada, que val tant al nostre propi àmbit local, com a l'autonòmic, del país, però també a l'esglaó més ample, ço és, a l'estatal o nacional, i que de manera evident regna aclaparadorament a una immensa majoria de recursos quotidians, digitals, mercantils, socials, contractuals o recreatius, en un món cada vegada més làbil, fluid i interconnectat, no ha de tindre, de manera natural o per economia d'esforços, uns espais molt més amples i fins i tot arribar a on la pròpia llengua nostra no tindria forçadament perquè arribar, un argument que s'obté —defensen— amb el pragmatisme a la mà. Eixe discurs és un plantejament bàsic al qual cal respondre, perquè existeix fora del territori valencià i dins del territori valencià, entre castellanoparlants i fins i tot entre valencianoparlants. Resoldre'l és resoldre la qüestió bàsica a partir de la qual plantejar un fum de reptes, problemes, diatribes, conflictes, plantejaments, desitjos i polítiques públiques, grans i menudes, incloent la decisió i resolució de fer real i efectiu l'ensenyament del valencià als graus, postgraus, doctorats i a la formació dels nostres universitaris com a professionals.

Un altre taló d'Aquil·les al qual cal donar resposta és el de com percep el públic, el ciutadà, l'ensenyament universitari, ja que hi ha també una consideració de que no és equiparable a l'ensenyament escolar i del batxillerat perquè aquest proveu d'una formació general, essencial, de substrat cultural i habilitats compartides pel comú de la ciutadania, a on el valencià forma part d'eixe àmbit d'inculturació i integració, mentre que l'ensenyament universitari va majorment adreçat a obtindre unes capacitacions professionals i coneixements tècnics i pràctics de caràcter majorment científic a desplegar globalment. Pot algú sostindre, per tant, que el valencià no siga pròpiament, al menys en la major part de les matèries de coneixement i titulacions, un vehicle útil al qual enformar-se en les ensenyances universitàries i de postgrau; un esforç extra (clar, si efectivament suposa un esforç extra) tant dels docents com sobre tot dels investigadors i l'alumnat que en canvi sí es dedica sovint a l'anglés, per cert per estes mateixes raons d'utilitat i projecció.

Un dubte a este respecte, com hem assenyalat, és si canvia però, quan tant l'estudiant com el professorat tinguen com a llengua vehicular el valencià i s'acosten més fàcilment a les matèries i al seu estudi i anàlisi precisament en esta llengua, amb la qual cosa ja introduïm el concepte de la lliure elecció de llengua vehicular d'ensenyament tant en l'oferta com, sobre tot i més important, en la demanda, que hauria de ser qui manara i configurara, per tant, allò que es trobe en la universitat. Situació que ens du en conseqüència al càlcul de quin volum consideraria la institució o les autoritats reguladores com adient per a exigir forçosament que el pla d'estudis incloga el castellà, el valencià o l'anglès o qualsevol de les tres o totes tres.

Avance alguns arguments que han quedat irresolts amb estes qüestions. El primer és que hem d'atendre no només als drets lingüístics dels castellanoparlants i els valencianoparlants, que en els fons és també com si diguérem que hem d'atendre als que exerceixen de monolingües, açò és, no només als que no són de zones valencianoparlants sinó, sobretot, molt segurament, als que no han adquirit o no han volgut adquirir el nivell lingüístic que els permet desenvolupar-se en els estudis superiors en valencià, als que trien per tant el castellà com a llengua vehicular en el seu voluntari (no ho oblidem) recorregut universitari, com també, clar, dels bilingües (que si deixem l'anglès i altres fora de l'equació vol dir dels valencianoparlants) sinó que també hem d'atendre al fet propi, a la identitat, perquè la llengua valenciana és, a més a més de vehicle d'informació i cultura, vehicle d'identitat i la identitat no se pot forçar, però tampoc no se pot ignorar, arraconar, ni abandonar en cap moment o en cap empresa de la col·lectivitat humana que la posseeix. La universitat valenciana no pot prescindir del valencià precisament perquè és valenciana; és una simple qüestió de partida que pot sonar buida però no ho és (si volem construir plenament societat valenciana i cultura valenciana la universitat de cap manera pot quedar al marge, tot el contrari), el que passa és que amb això no resolem la qüestió final de com aplicar i com atendre al valencià dins la universitat.

He referit també eixa percepció que ix espontàniament de que, la pròpia extensió del castellà (i en realitat molt més de l'anglès, encara que certa part dels mateixos defensors d'esta òptica o punt de vista espanyolista no volen reconèixer-lo perquè el que en realitat emmascaren és un argument o construcció argumental que oposar a la valenciana) el fa la llengua d'ús pràctic per a molts més recursos professionals i de la nova comunicació digital i globalitzada —i sospite que en part esta qüestió rau baix el decreixement del valencià entre el jovent tant en oci com en relacions laborals i socials, malgrat haver augmentat el seu coneixement[4]—, només que ad eixa concepció de les coses podrem oposar, a més de la necessitat de conrear, fer créixer i donar caliu a un esperit identitari que supere la vis pragmàtica, una adequada explicació de que el valencià és d'allò més útil a nivell professional i de desenvolupament laboral per al nostre mercat en moltes àrees del coneixement com per exemple l'enginyeria agrícola, el dret, arts, audiovisual, ambiental, carreres de tall funcionarial, o aquelles totes que creen cultura, etc.

En la mateixa línia aniria la resposta ad això que hem referit sobre l'ensenyament universitari concebut com un sistema de capacitació especifica professional, tècnica i científica. És a dir, hi ha molts espais o àrees de coneixement acadèmic o científic a on, precisament, la capacitació professional i la formació en habilitats i coneixements específics implica també, entre d'altres, el desenvolupament normal i els recursos suficients com per a utilitzar el valencià com a vehicle de l'activitat professional futura. És qüestió, per tant, de trobar els nínxols a on —independentment de la raó final decisiva de la demanda—, l'ús de la llengua, siga del valencià, del castellà o de l'anglès, afegeixen un interès a l'aprenentatge i a les capacitats de que dota un àrea de coneixement o matèria de formació. Un desapassionat anàlisi pot dur a que el valencià, el castellà i l'anglès responguen, cas per cas, a les neces-

4 Enquesta de Coneixement i Ús Social del Valencià 2021. Conselleria d'Educació, Cultura i Esport https://ceice.gva.es/documents/161863132/174616028/enquesta+%C3%BAs+del+valencia%CC%80+2021_web.pdf/6a3e6836-f136-bffc-8593-0381eedc297b?t=1674558043543

sitats de pragmatisme que hui imperen i prevalen. No imaginem a un expert en computació i entorns digitals que no estiga habilitat en anglés i igual passa amb el valencià i castellà en altres casos. No es tracta de que "con el castellano se va a todos lados", com tampoc amb l'anglès, que ens serviria per a una professionalització universal, sinó de quines habilitats formatives convenen ací i ara.

2. LLENGUA I UNIVERSITAT, COM ES REPARTEIXEN ELS PAPERS

Hem aproximat algunes reflexions personals, de caire més o menys general, fins quedar a la vora mateixa de l'espai de l'ensenyament universitari, però no tinc dubte de que ho he fet amb bona cosa de superficialitat i menys de mèrit, ara bé, la matèria concreta en té reconeguts analistes que, encara que no traurem exhaustivament, sí utilitzarem alguns exemples per a que ens aprofiten per a seguir raonant al respecte.

Així, Castelló i Esteve publicaren un conegut article sobre l'ús del valencià a les nostres universitats[5] en el qual diuen que l´ús del valencià en institucions, mitjans de comunicació i universitats són evidents indicadors de la salut d'una llengua, a més a més de que "A les universitats es formen professionals que ocuparan llocs rellevants a l'espai públic, i per això és tan important que la presència de les llengües estiga distribuïda amb principis d'igualtat",[6] apreciacions prou encertades i preuades per la digna i útil posició a on deixen la nostra llengua però que els du a estimar, tot seguit, que cal exigir una plena competència lingüística a tots els professionals i a entendre textualment que "el valor de la llengua no és tant un valor identitari, que també pot ser-ho, com un valor social". La meua apreciació divergeix però, en tant crec que la component identitària és la clau des de la qual entendre el que

---

5 CASTELLÓ COGOLLOS, R. ESTEVE I GÓMEZ, A. "L´ús del valencià a les universitats valencianes" *Revista Saó* núm. 438. València

6 Vid. Supra. Pàgina primera de l'article.

una llengua (i més una llengua que pateix situacions de diglòssia davant una altra llengua que se defineix de mundial o universal,-[7]com li passa al valencià quan es topa amb el castellà), siga personalment defensada, electa i estimada pels seus parlants, perquè és expressió d'ells mateixos, pel què representa[8], perquè ajunta al

---

7 El concepte llengua mundial o idioma global s'utilitza per a definir una llengua parlada internacionalment que a més és apresa per molta gent com a segona llengua. Una llengua mundial no ve caracteritzada únicament pel nombre de parlants (nadius o secundaris), sinó també per la seua distribució geogràfica, el seu ús en organitzacions internacionals o el seu ús en relacions diplomàtiques. Respecte a això, la majoria de les llengües del món estan dominades per llengües d'origen nacional europeu. Baker & Jones *Encyclopedia of bilingualism and bilingual education.*

8 Estant prou d'acord amb l'opinió de Ramón López Facal quan diu que "Los nacionalistas no parecen comprender ni aceptar que nación, Estado y lengua no tienen por qué coincidir necesariamente; es más, casi nunca ocurre esa especie de conjunción trinitaria" no és menys cert que la nació —o al menys la identitat— defensa i alimenta vitalment la llengua pròpia i diferenciada i aquesta, al temps, és signe i senyal eminent d'aqueixa. Sempre he sentit com envejable el procés de construcció basc i com arrela amb força, persona per persona, família per família, vall a vall, records i mitologies per mig, el fet de ser basc, tot i que l'euskera, llengua amb les seues evidents dificultats d'aprenentatge, es recolza fortament en eixa percepció i auto-noció del que s'és i no es deixa sostindré només en drets sociolingüístics ("Lengua e identidad en el País Vasco: del franquismo a la democràcia". DE PABLO, S. en *Les discurs sour les langues d'Espangne* Dir. LAGARDE, C. Presses Universitaires de Perpignan. 2009), de manera que una llengua fragmentada i al fil de la més absoluta minimització ha anat pujant a poc a poc fins al 35% dels habitants del País Basc, el 10% a Navarra i el 26% en la zona francesa d'Iparralde. Així i tot, el més envejable és que aquells que s'identifiquen com a bascs són partidaris del bilingüisme, de la defensa de l'idioma propi, de que ocupe un espai inatacable, siguen o no parlants d'euskera (*Euskera, actitudes y opiniones,* Hizkuntza Politikarako Sailburuordetza, 2015), i eixa actitud ve del sentiment i orgull propi. Els valencians, lingüísticament, ens trobem en una posició notablement millor en general (encara que a zones com el sud de la línia Biar-Busot caldria, de tant en tant, ficar punts suspensius en algunes urbs) però precisament necessitem conrear eixe substrat de mitologies, orgull, es-

fet comunicatiu el fet volitiu, que és qui pot vaccinar-la de càlculs sovint intencionats i en els quals pot eixir perdent. Necessitem que ser valencià siga una pertinença o ser de prestigi i la llengua expressió pròpia i aparellada a esta identitat prestigiada, operativa, amb seguretats pròpies.

És en eixe context del ser valencià com un tret prestigiat que el fet professional, universitari, acadèmic, d'avanç en el coneixement —i també "d'ocupació rellevant de l'espai públic" com diuen Castelló i Esteve— no pot sostraure's del fet i empremta d'una llengua perfectament habilitada per a eixe menester des de fa segles, fins i tot abans que altres en el temps, i d'un futur col·lectiu professional (el dels valencians siga com a equip de treball siga com a rotgle, reconeixement mutu, xarxa o lobby) amb marca pròpia i vincles que el cohesionen i enforteixen, dels quals la llengua és signe identificatiu, com també ha de ser-ho la seua competitivitat i projecció en el mercat en castellà i anglès, al menys no en menor mesura, obviament.

El lloc per a estes reflexions no sé dir si està afortunadament o dissortadament lliure, obert, ens està permès i és patrimoni de la societat perquè la situació del valencià a les universitats, en l'espai de la normativitat, no és una situació realment regulada, ni a favor, ni en contra, sinó deixada a la seua autonomia. És cert que potser seria d'agrair un marc de mínims, jo crec que sí caldria marcar un espai bàsic. El cas és que ja en 1983 la famosa Llei d'Ús i Ensenyament del Valencià dedicà un títol, el segon, al valencià en l'ensenyament i la seua obligatòria incorporació a tots els nivells de l'ensenyament, però va deixar expressament fora als plans acadèmics universitaris (article 18), posició que és la mateixa que es segueix al Decret 79/1984, de 30 de juliol que reglamenta la llei, fet que no s'esmena en les successives regulacions que hi empara esta norma, ni tampoc canvià amb la Llei 4/2018 pel que es regula el plurilingüisme en el sistema educatiu valencià. Resta la

---

sència, pertinença i història, que ha de fer que ser valencià siga una opció de prestigi i per tant la seua llengua no siga una opció més.

matèria, per tant, a les pròpies universitats i a les seues normatives purament internes i de fet, marca en eixe sentit una línia de governació i de "política" interna de la institució, com podem vore en algunes noticies alguna vegada.[9]

L'esmentat article de Saó de Castelló i Esteve ens reflexa exactament esta mateixa situació normativa, o que també podríem titllar d'externa a la llei, a on les universitats han d'establir les seues pròpies polítiques en quant a l'ensenyament de les llengües, i ací està la crítica dels dos autors que reaccionen dient que "Les universitats públiques, tot i autònomes, formen part de l'entramat institucional públic de la societat valenciana", afirmació en la qual no puc estar més d'acord i que no crec que puga xocar amb la concepció moderna de l'autonomia universitària sinó és amb una pura intenció de presentar perniciosa batalla; realment l'afirmació casa exactament amb allò que dèiem de què el valencià ha de ser-hi a les nostres universitats en primer lloc i molt decisivament pel fet en sí de que són valencianes.

És legítim reclamar també, com ells fan, que la universitat assumisca "la responsabilitat social del lideratge, amb una proposta pròpia", un desig necessari i just, però no estic d'acord amb la conclusió a que els du esta afirmació, ja que diuen que una política basada en la demanda és renunciar a esta responsabilitat de lideratge, quan se pot valoritzar, oferir i promoure en certes matèries i no considerar-lo convenient per les raons que siguen en altres, se pot promoure amb avantatges el recurs al valencià però potser no siga adequat restringir l'ús d'altres llengües ni menys forçar a tots per un camí que no és acceptat, se pot defensar i difondre però això no ha d'equivaldre a no basar-se finalment en allò que siga la demanda com a referència final.

---

9 Així, un exemple, esta noticia de la Universitat de València a on se diu que el curs 2021-2022 tenen com a objectiu oferir un 50% de valencià en les seues titulacions https://valenciaplaza.com/la-universitat-de-valencia-aprueba-el-objetivo-de-dar-el-50-de-la-docencia-en-valenciano-en-2021

Diversos problemes són analitzats a aquest article que he referit, com per exemple que el coll de botella pràctic per a tindre una universitat més activa en l'ús del valencià és el PDI, més que el PAS i els estudiants, problema que s'ha de resoldre ja que l'obligació de la institució universitària ha de ser proveir d'un suficient nombre de professorat emmotlat al servei que es demane i les seues eines hauran de ser aquelles requerides pel mercat laboral, per la ciència, per la societat i pels alumnes, així que la seua lògica preferència personal com a docent no pot barrar les possibles solucions. En eixe sentit vull esmentar la referència que es fa a l'estudi d'esta revista sobre l'anglès en la universitat, ja que el que es veu és que hi ha en les universitats una certa lentitud en acoblar-se a una demanda creixent i que valencià i anglés poden créixer junts i alhora, la qüestió per tant és espentar i provocar una demanda en valencià tan activa —o més si volem— que la d'anglès i una universitat amb capacitat de lideratge per a remenar l'estany lingüístic i amb una obvia capacitat de resposta a un mogut panorama trilingüe o multilingüe.

En tota esta scrum o melé lingüística hi ha un problema que moltes vegades resta tapat, en els seients posteriors, abordat de manera tècnica i formalista: és el de la qualificació necessària per a exercir l'ensenyament en certs àmbits acadèmics, de grau, pràctiques, postgrau, treballs finals, avaluacions, etc. Potser siga este un dels punts que més atemoreixen als professors i professores de les nostres universitats, fins i tot valencianoparlants, com també, al contrari, casos d'una bona qualificació tècnica que tot seguit és ignorada en la pràctica bescanviant el rumb de classes que figuren programades en valencià per a esdevindré en continguts hegemònicament en castellà, que també passa.

Assenyalàvem eixa resistència del PDI cap a la disposició d'ocupar la seua activitat docent en valencià, no siga que una de les raons a tindre en compte estiga precisament en la seua habilitació i qualificació oficial que els permeta ensenyar vàlidament les seues matèries en la nostra llengua. Sempre m'ha cridat l'atenció que ningú no ens ha examinat de llengua castellana en l'exercici de la nostra tasca acadèmica i docent o investigadora, no recorde haver tingut que aclarir en una prova l'ús dels pronoms, ni un anàlisi verbal, ni fer exercicis de sintàctica i em perdonareu però soc dels que creu que el lèxic i la ortografia s'aprenen llegint, escrivint, practicant, contínuament... i si això funciona en castellà, potser paregut hauria de passar en valencià, dic jo, però no és així amb el valencià (ni en anglès, però bé, el valencià és una llengua oficial nostra) de manera que la situació respecte del castellà en este sentit és diferent: el valencià s'ha de provar, i no s'ha de provar simplement el seu ús pràctic, que en realitat és massa sovint —massa—, el que menys es demostra controlar i estar capacitat, sinó superar tècnicament, lingüísticament, com a disciplinada assignatura de la qual cal passar el llistó de l'avaluació de regles i problemes. No són pocs professors valencianoparlants els que s'acosten a esta situació amb una certa incomoditat, amb inseguretats, amb la sensació de que poden surar els errors més que la comunicació aconseguida.

No ficarem el cap en el clot com els estruços, el valencià i el castellà no estan en situacions intercanviables, semblants, pràcticament homogènies, de cap manera, eixa és una certesa i si parlem del món acadèmic pot ser menys encara, ara bé, no és menys cert que el que necessitem no són altres habilitats diferents a les que tenim en castellà, de correcció essencial, de vocabulari, comunicatives i poc més. I això és una cosa en la qual podem, raonablement, comprovar, assistir, facilitar i reconèixer una habilitació més raonable: segurament des d'un bon plantejament podríem produir un bon sistema pràctic.

Una altra de les qüestions pràctiques molt importants amb la finalitat de esplaiar l'embut és el de disposar de materials de treball adequats, accessibles, senzills en la seua validesa per al programa d'ensenyament que se vol posar en marxa; materials són manuals, glossaris i vocabulari, referents bibliogràfics, textos de pràctiques o estudi, etc. Esta mancança es soluciona amb inversió i voluntat, inversió econòmica per a produir, per a difondre, per a escampar i posar a l'abast de tots, i inversió de voluntat per a recompensar curricularment i reconèixer el valor i l'esforç, utilitat i importància de comptar amb este material i generar-lo o proveir-lo.

3. LA LLENGUA ANALITZADA I VALORADA DINS DEL PANORAMA UNIVERSITARI VALENCIÀ

3.1. Allò previ i indispensable

L'Acadèmia Valenciana de la Llengua va publicar una molt encertada i convenient monografia dirigida per A. Aparici i R. Castelló amb diversos autors que du per títol *Els usos lingüístics a les universitats públiques valencianes*[10] a on trobem un acurat anàlisi de què està passant (o què estava passant fa una dècada) a les universitats valencianes, al "cosmos" de les universitats valencianes, que en prou reflexa també què està passant a la societat valenciana. No es tracta a esta publicació només de dades, de suma organitzada de la informació i plantejaments que es presenten en la realitat —que també—, sinó com deia, d'una anàlisi, diagnòstic i voluntat de "curar", d'una posició a favor de resoldre i donar solucions positives a un estat que, no podem negar, no és equitatiu entre el valencià i el castellà, que ni tan se val és sà i que deixa un sabor un tant amarg a qualsevol amatent al perviure de la nostra llengua, ja no tant pel fet numeral en sí, per la correlació de forces, sinó també —i molt— per la baixesa i menyspreu que encara romamen i subjauen ben vius en certs arguments que s'esgrimeixen per a rebaixar al valencià sempre, a unes posicions subjugades, com d'escassa dignitat. Açò es reflexa singularment en el Capítol IV, sobre els discursos socials en torn a l'ús del valencià a on trobem testimonis que a tots ens sonen i ens poden doldre com el discurs unitarista-excloent, el localista, darwinista, monolingüe, etc. No ens ocuparem del què diuen estos discursos, no podríem fer-ho

---

10 APARICI, A. CASTELLÓ, R. (dir.) XAMBÓ, R. QUEROL, V. GARCIA, E. SEGURA, M. *Els usos lingüístics a les universitats públiques valencianes* Edicions AVL. Col·lecció Recerca 13. València ciutat 2011.

sense entrar a un desenvolupament que no ens podem permetre ni és l'objecte, baste dir que el palmito de posicions i actituds cap a la llengua arreplegat és ample i segur que el lector reconeix totes i se'n adona que no són només ni especialment una collita del món universitari.

Al final de la lectura de l'esmentat capítol el que et queda, a més a més d'un sentiment, potser de greuge, és la certesa de que contínuament, del que estem parlant, no és sinó d'un xoc (que no hauria de ser tal!) entre identitats, entre el dret a que el valencià siga element viu, potent, present, nostrat, indubtable, que ocupe tots els espais de la nostra existència com a col·lectivitat en sí, i una altra concepció que en canvi ens nega l'existència o si la reconeix és serva, subjugada i caricaturitzada. Per això és tan important haver conreat una consciència, una ètica respecte de lo propi, un prestigi immanent al fet de ser part d'una cultura i una entitat important, digna, per a que quan toca exercir en el camp del pragmatisme, ineludible, de la conveniència professional i individual, pròpia ja d'este cicle formatiu i este temps i este món actual, el valencià no desaparega com a eina vehicular i manera d'enformar-nos com a actors al món.

Ens porta esta reflexió també a l'escenari de les idees que, tant o més que els balanços de dades, drets i eines legalistes enregistrades en modernes cartes socials, ens duen directament al fons de la problemàtica i a la medul·la del conflicte, que pot observar-se en certes idees que ens dibuixa Ninyoles al *Llibre blanc de l'ús del valencià*; i és que no podem oblidar que les normes que ens donem per regular el trànsit de les conductes, les directrius que arbitren les polítiques públiques, que no són sinó normes que pretenen encarrilar en part les evolucions de la societat, els vials per ordenar fins a un punt el comportament vigent, per a poder fer això han d'enformar-se i acoblar-se a la mentalitat real de la societat receptora, al temps corrent i al signe de la societat i en eixe sentit este autor ens recorda que si els anys 80' del segle XX van ser anys de reivindicació positiva i re-valorització de nous esquemes socials, de muda i modernitat, el final dels 90' ens va portar una major apatia en eixe sentit, un canvi a valors més materials i pragmàtics, de competició i jo m'atreviria a afegir que el segle XXI, per la seua banda, ens ha immergit en una poderosa corrent tecnològica, hedonista i globalitzada a on el cultiu de lo propi necessita de molta fermesa i valors ben construïts, competents.

Per tant, una pregunta a resoldre, per a tindre el valencià com a conscient i actiu vehicle acadèmic, però també professional i social, és com hem vestit i construït la idea de la nostra llengua al sí de la nostra societat i els nostres individus. La construcció d'este basament, d'esta decisió volitiva, no pot raure en clixés senzills, en un o dos bons principis només, en una etapa concreta de la nostra formació com a parts de la societat, sinó que entendrem que ha de ser un argumentari ben instal·lat, amb diferents vessants i respostes, capaç d'haver estimulat una resposta suficient que abaste des de lo tel·lúric, lo mític, lo sentimental, lo arrelat, fins al prestigi, la selecció, el corporativisme social, la pertinença a un cos, el recolzament mutu, arribant finalment a valors com la pluralitat, tolerància, complexitat, desenvolupament, reivindicació, coexistència: tot un panorama en definitiva que és necessari nodrir des de la infància, des de lo primitiu, des de lo màgic i sentimental, fins als punts finals de la nostra conformació com a éssers productius, com a operadors en un món que és material, tècnic i global, esglaó en el qual les universitats hem de ser capaces de respondre a la demanda.

3.2. Polítiques diferents, problemes comuns

A l'extens estudi *Els usos lingüístics a les universitats públiques valencianes* se li poden traure molts perfils i interessants anàlisis, perquè és prou complet, un dels que trobem és el de les polítiques de normalització del valencià a les universitats (Capt. I. 2) i enllà podem vore entre d'altres coses una diatriba que es planteja entre el sistema de fer línies en valencià (Universitat de València UV, Universitat Politècnica de la València UPV, Universitat d'Alacant UA), el d'oferir en valencià aquelles assignatures que cada professor puga dins del seu Pla d'Ordenació Docent (POD) que adoptà la Universitat Jaume I UJI i la de no oferir cap docència universitària en valencià (Universitat Miguel Hernández UMH).

Bé, a esta qüestió d'estudi trobem que es conclou més o menys que els sistemes de línies (que tenen diverses variants), però també el sistema de la UJI, més lliure i amb capacitat d'expansió potencial, sobretot a una universitat jove, amb professorat nou, inserta en un espai amb una estimable pervivència lingüística del valencià, acaben totes dos topant amb un sostre de cristall (no molt distanciat) que es situa entorn al 25% de màxim.[11]

Molt interessant en este sentit és la safata d'arguments que retrata molt breument tot seguit el mateix apartat de l'estudi, que diu textualment:

"En general, hauríem de concloure que l'ús social normal d'una llengua minoritzada té una lògica de funcionament que difícilment pot encaixar dins el model lògic d'oferta/demanda i té molt més a veure, en canvi, amb el grau de bilingüisme real de la població, en aquest cas la universitària, i amb el grau d'intolerància i resistència a l'ús de la llengua minoritzada dels monolingües castellanoparlants. Tant l'oferta com la demanda estan fortíssimament condicionades per les relacions de poder entre les dues llengües (o entre els grups socials que hi donen suport). A la vista de

[11] A APARICI. A, CASTELLÓ. R *Els usos lingüístics a les universitats públiques valencianes* Pàg. 26: "Pel que fa a l'oferta docent de crèdits en valencià i en altres llengües, les xifres que es mostren9 a la taula 3 reflecteixen el sostre al qual s'ha arribat vint-i-cinc anys després de la promulgació de la LUEV. Per a ser més exactes, cadascuna de les quatre universitats que dispensen docència en valencià han fluctuat en algun any anterior en xifres superiors o inferiors en dos o tres punts percentuals respecte a les dades que figuren en aquest curs que mostrem; els percentatges enregistrats, però, ens indiquen bastant fidelment el llindar en el qual es mouen des de l'any 2000. Els daltabaixos anuals són conseqüència de les variacions que es produeixen en la mida de les plantilles de professorat i en l'oferta d'assignatures, fent ballar poc o molt les proporcions. L'UJI, per exemple, ha enregistrat un 24,7% de professorat que fa classe voluntàriament en valencià el curs 2009/10, el seu sostre màxim"

la informació facilitada pels serveis lingüístics de les universitats referida a la distribució per departaments i titulacions, es pot dir que en el paisatge general de la docència universitària valenciana hi ha algunes valls permeables en distints graus a la introducció del valencià i grans serralades en posicions que oscil·len des de la indiferència a la resistència passiva o a la intolerància." És a dir, per molt que els autors neguen, es fa notori que l'oferta però sobretot la demanda són les condicions infranquejables a resoldre, perquè hi ha una minsa demanda i pitjor encara, una notòria indiferència —quan no rebuig— a rebre els coneixements i competències en valencià per una majoria i com ells mateixos reflexen en un eloqüent gràfic, la qüestió no és tant quants alumnes sabrien desenvolupar-se raonablement bé en valencià com quants volen eixe perfil d'aprenentatge, perquè ací l'escletxa és molt evident.

Quan, a més a més, apunten en este anàlisi al tema de les tesis doctorals (que no és sinó part de la dinàmica acadèmica) ix abruptament una reflexió demolidora dels autors, quan diuen: "Per més que les universitats, mitjançant els serveis lingüístics, donen diversos tipus de suport als que fan tesis o publiquen en valencià, si el criteri d'elecció de la llengua en què s'ha de publicar és aquella que és més convenient a l'autor des d'un punt de vista curricular o credencialista, difícilment s'optarà pel valencià." Vist això, cal dir que no pareix que siga ni llunyanament acceptable però, intentar canviar el criteri de conveniència dels autors —estarem d'acord— i de cap manera seria admissible ni tan se val voler influir de manera condicional, fent biaix.

Com que davant aquest fet però, no es planteja perquè i en quin sentit es produeix eixa discriminació de conveniències, al menys d'alguns dels elements que poden suportar-la i donar-li caliu (que seria preguntar directament el perquè de la postura amb suficient detall i profunditat als estudiants i professors de totes i cada una de les nostres universitats), al menys caldria observar en quins àmbits es fa majoritària aquesta decisió de deixar estar el tema del valencià com a vehicle interessant quan ens plantegem la instrucció del nostre futur investigador, professional o acadèmic-formatiu i jo crec que ací ens trobaríem amb plantejaments pràctics en molt bona part, bé per exemple de ciències a on cal compartir lo més possible la comunicació amb equips de diverses procedències, bé d'oportunitats de mercat i de treball en xarxes les més amples possibles a on altres interessos pesen més que haver adquirit la competència en valencià. Dit això, la qüestió, per contrarestar, seria en primer lloc centrar les polítiques en pro del valencià en aquells espais del coneixement en els quals estes darreres consideracions d'oportunitat no prevalguen i fins i tot posar en valor altres prevalences per guanyar nous espais que ens deixen trencar els sostres de cristall i les dinàmiques pràctiques inevitables.

A falta de dades pròpies sobre este punt i com a bons indicadors podríem mirar què explicita el mateix estudi dirigit per Aparici i Castelló sobre la investigació, que al cap i a la fi és una aplicació finalista i competitiva en certa mesura dels coneixements dels que ens dota la docència, tant per al PDI per suposat, que vol rendibilitzar al màxim els seus esforços, com per part de l'alumnat que dibuixa així les primeres línies del seu interès professional o d'especialització.

En este sentit trobem algunes dades curioses (Capítol VI, apartat: pràctiques lingüístiques en la investigació[12]): en primer lloc una preferència notable per l'anglès com idioma electe d'investigació, publicació i recerca, fins al punt de competir amb el castellà amb facilitat en quant a allò que declaren els investigadors, encara que la realitat és que eixa competició encara la guanya en la realitat el castellà —tot i que en una franca pugna—, apareixent l'anglés com un recurs d'indubtable prestigi que s'estableix majorment en les publicacions científiques i articles o papers, mentre el castellà hi és a ponències i llibres. El valencià a penes ocupa uns marges del 5% entre la producció del PDI. Esta és, per tant, la realitat de la correlació de forces entre el vehicle, la utilitat i la ciència, que per tant el que reclama és fer més xics i disminuir

12 Idem Supra. Página 245.

espais del castellà a favor d'una autèntica potenciació de l'anglés i reflexa que el valencià ha de buscar-se els seus propis circuits i les seues pròpies defenses immunitàries en este escenari, aspecte este que ja hem abordat abans insistentment i que no pot reposar ni en posicions forçades, que al final no funcionen mai, ni en una moderna ciència de drets socials que inclou el dret lingüístic i que al final no en té un reclam majoritari, per la qual cosa satisfà els plantejaments ideològics i teòrics, però sempre quedarà en orris.

4. ELS CASOS CONCRETS I EL CAS DEL DRET ADMINISTRATIU

Crec que alguns podem pensar fins ací, per tant, que el valencià ha de crear-se els seus propis arguments i raons per a estar present i no desaparèixer en el món competitiu de la formació especialitzada, científica, remunerativa, de comunicació professional, que és al cap i a la fi del que parlem quan parlem d'universitat, perquè, a més a més, de que —vullgam o no— en bona part es tracta en este nivell ja d'una valoració competitiva, utilitarista i d'economia d'esforços que al final reposa en el públic, que són els que han de fer possible o no que una política lingüística funcione o es frustre, també és cert que cal crear, com hem dit, espais propicis i propis per a que el valencià tinga importància i interès objectiu i material o també, per suposat, un interès immaterial i el fet d'haver creat un relat propi suficientment fort, convincent i aplicable que el col·loque com a objecte d'interès. No hauria d'entendre's que es fa pregó d'esta solució per al valencià singularment, compte, sinó sense cap dubte per a totes les llengües, és a dir, que el mateix criteri és aplicable per exemple al castellà i anglès, per suposat.

En moltes matèries podríem trobar els ingredients i camins propis per a fer prosperar este plantejament, ja ho sabem, ja que hi ha moltes branques del coneixement i del seu desenvolupament que estan lligades a l'accessibilitat, connexió i maneig de fonts i recursos que també són i estan en la nostra llengua ja no només com una mera opció del menú, sinó per raons substancials, però sobretot que fan que el valencià es perceba com un mitjà que acurte el camí i facilite el treball, com un recurs lingüístic que et fa guanyar en espectre i eficàcia en tant actor d'un àmbit professional o potser et done especialitat o accés i comunicació amb el teu entorn, això per no referir a habilitats directament necessàries, que per suposat també les hi ha; així, qui dubta que un historiador ha de saber la llengua del seu objecte històric, però també un infermer per a atendre amb més confiança i connexió als seus pacients, o un enginyer agrònom que majorment vullga moure's per les nostres explotacions agràries.

Pensem també que tots tenim tendència a minimitzar esforços i estalviar complicacions, això vol dir que hi ha qui és valencianoparlant, però com que la llengua ja és part del seu bagatge i li servirà de vehicle quan siga convenient, centra els seus esforços i interessos en l'adquisició de coneixements tècnics o especialitzats o en tot cas, en l'adquisició d'una nova llengua com és l'anglès, que li permetrà promoure noves oportunitats d'importància professional o personal.

Segurament hi haurà qui puga sospitar que este tipus de camins o solucions són retalls, com si plantejarem una perspectiva idiomàtica per al valencià circumscrita al detall, o pitjor encara, producte de la menysvaloració, quan ningú no nega que la nostra llengua servisca per a estudiar biotecnologia, física quàntica, dret mercantil o ciències actuarials, per a publicar articles en revistes de primer quartil o fer videoconferències de treball, però el cas és que si no la fortifiquem i la fem resistent en àmbits concrets en que gaudisca d'avantatge competitiu no estarem fent de la política lingüística valenciana una estratègia intel·ligent i pragmàtica.

Un exemple en este sentit podria ser com ens plantegem el Dret Administratiu per a intentar dibuixar una oferta d'estudi en valencià (ací sempre parlem d'oferir, d'intentar, de proposar, perquè la darrera paraula no la tenim nosaltres, sinó aquells als quals servim, així com quina és l'efectivitat del nostre producte final, si funciona i dona els resultats demanats o no).

Des d'este punt de vista hem de considerar que si entenem que amb el Dret Administratiu el que estudiem és l'esfera jurídica local i autonòmica, des de l'Estatut i el que significa, l'estructura del nostre autogovern, les raons i fonamentacions de les nostres competències i organització, les nostres pròpies institucions (que no haurien de deixar de banda, per cert, una explicació històrica i de legitimació suficient com a comunitat històrica i no només referir als punts de sustentació jurídics), que allò que estudiem són les lleis d'ordenació valencianes, els nostres esglaons administratius, les grans polítiques públiques sobre els nostres recursos, medis, dominis, l'anàlisi dels espais competencials i el nostre patrimoni, la seua protecció, si caiem en el compte que estem aprenent el funcionament del nostre procediment, les particularitats del nostre sistema comparat amb altres Comunitats, la importància dels drets dels valencians com a col·lectivitat però també dels drets individuals dels nostres paisans i paisanes front als poders públics, de les vies d'actuació i reclamació, de l'ordenació dels interessos generals i comunitaris administrats per nosaltres mateixos, de l'actuació i tràmits a seguir com a administrats i/o com a funcionaris o servidors de les nostres Administracions, si entenem tot això, aleshores, el Dret Administratiu en valencià i el saber actuar en valencià davant les nostres instàncies públiques pareix que en té una lògica ben compacta, quan a més a més, no hauria de restringir-se a un estudi de dogmàtica jurídica i coneixements tecnocràtics sinó de defensa dels nostres esquemes d'autogovern, de la legitimitat pròpia, dels drets valencians, de les nostres fórmules organitzatives, de la fonamentació i funcionalitat de l'esfera jurídica pública valenciana i de la seua tasca en pro de l'interès general autonòmic, del país, de la Comunitat.

No pot discutir-se a estes altures que servir directament i atendre a la població valenciana i actuar en institucions valencianes ha de significar majorment, al menys baix un prisma molt general, poder oferir el servici en valencià per part de l'Administració i en eixe sentit adquirir els coneixements del nostre Dret Públic i Dret Administratiu ja directament en valencià és una opció de trellat, quasi diríem que de comú i que ha de sobreeixir sobre altres.

Cal traure ací, en el discurs executiu d'esta idea, el record d'allò que ja esmentarem en relació amb la disposició del material pertinent per a esta opció d'aprenentatge, que ha de ser útil, accessible i suficient, que és necessari procurar que hi haja professorat suficient amb unes habilitats de valencià adequades a la comunicació i transmissió del coneixement, la qual cosa és missió de la pròpia universitat que ha d'oferir també solucions habilitadores d'estes competències (i no enrocar-se en altres requisits més enllà) i finalment en procurar facilitar una demanda i un interès entre els que són receptors finals del servici.

Perquè allò que hem de concloure és què, en realitat, el criteri que és just i competitiu per al valencià ha de ser-ho per a les demés llengües, vull dir, que serà la capacitat de generar unes raons i unes conveniències pròpies les que haurien de determinar si podem ordir uns plantejaments útils i si som capaços de generar una demanda de formació en valencià, castellà o anglés (de qualsevol de les tres i sense apriorismes ni línies roges en cap de les tres llengües) i que, una vegada fet això, ja tindríem el criteri que ens ha de servir —no com a únic factor final de decisió, açò és important de remarcar, però sí com a guió referencial i línia de pensament, de disseny— per a dibuixar el mapa d'allò que s'ofereix en cada cas i que (també és important insistir), no hem de interpretar mai de manera excloent ni reduccionista, sinó que suposarà, segurament, una oferta amb diferents variants a triar, amb possibilitats i intensitats variables i fins i tot en diversos moments.

Remarcar, per tant, que no diem per al valencià en definitiva cosa alguna que no apliquem i pregonem del castellà, ni de l'anglès, en les mateixes condicions i consideracions.

Com que en el detall sovint van apegats els èxits i els fracassos, considerem també que la manera de desplegar esta idea pot condicionar absolutament el seu èxit, per la qual cosa hem de vore si la sistemàtica per a on millor passa és per un sistema també de "lliure" configuració de l'oferta, que crec que si, de manera que exactament com en el model que vam referir a l'inici, el de la UJI, siga el propi professorat el que en la conformació del seu POD oferisca assignatures en valencià i assignatures en anglés, o en castellà, amb la particularitat de que es regule, és a dir que s'estipule normativament, que assumir docència en castellà, valencià i anglès tinga diferents valoracions i qualificacions per al "còmput" del professor, afavorint aqueixes opcions més necessitades de reforç i que més encoratgen quadres d'oferta plurals. Ara bé, la utilització de mesures de foment només haurien de servir al professorat en la mesura en que ajuden a arrencar i facilitar unes dinàmiques, però no institucionalitzar-les i embossar-les per se, perquè al final perden el seu sentit de competitivitat i raó de ser i esdevenen canongies, per la qual cosa han de garantir uns cursos d'aplicació determinats o determinables però no unes línies d'oferta indefinides, sempiternes, sinó aquelles suficients com per a anar enganxant alumnat i creant una inèrcia i demostrant una utilitat, una capacitat generativa, la qual també dependrà de la intel·ligència i capacitat de mostra i captació que empre la universitat en eixa empresa i en eixe compromís qualitatiu, de manera que haurà de donar molta importància als mecanismes de publicitat, exposició, reunions pedagògiques i explicatives, capacitat de reclam, horaris i condicions d'avaluació que atraguen a l'alumnat, a l'estudiantat. És en este punt —sí, és cert—, que trenquem la igualtat de les llengües davant l'oferta i demanda per a propiciar un mercat a on el valencià (i crec que també l'anglès) puguen tindre una discriminació positiva, una promoció privilegiada i una diferència competitiva per a tindre la oportunitat de crear-se i aconseguir una espais propis.

5. ALGUNES CONCLUSIONS

1) La responsabilitat de les polítiques públiques —amb tot el que això comporta de responsabilitats institucionals, articulació legal i política i posicionament públic— no ha d'evitar ni menysprear els qüestionaments que es generen al carrer i a l'opinió pública respecte dels usos de les llengües, al menys quan abasten una incidència suficient en el tema, i ha de procurar-se donar respostes, solucions, explicacions i alternatives. En eixe sentit assenyalava, per

exemple, que el xoc entre el valencià i el castellà, quan aquest últim es pregona com a llengua universal i farcida de recursos, minorava espais per al valencià baix el punt de vista del pragmatisme, així com també que hi ha una certa percepció pública en què l'ensenyament universitari va majorment adreçat a obtindre unes capacitacions professionals i coneixements tècnics i aplicatius de caràcter majorment científic a desplegar globalment per a les quals lo més útil és fer prevaldre l'anglès o el castellà. Estes i altres qüestions no poden quedar llançades al buit. El temps actual jutja sota el criteri de l'economia i el pragmatisme i cal tindre respostes en eixe mateix espectre conceptual.

2) A la mateixa vegada cal vaccinar la nostra llengua de pressions de caràcter pràctic i reforçar el compromís sentimental, humà, tel·lúric i col·lectiu del què significa pertànyer a la identitat valenciana; aprofundir molt més en este factor i recrear-lo insistentment és base indispensable i refereix a les qüestions essencials, als fonaments mateixos del perquè, que són per tant identitaris. Les eines que reposen en drets cívics o consideracions socials o en cartes jurídiques no són l'essència ni el seu discurs, sinó només mecanismes d'acció confluents. En eixa sintonia el valencià ha d'estar a les universitats perquè són institucions protagonistes del món formatiu i cultural valencià.

3) Pot ser ens resulte molt difícil sostraure'ns del fet de que la llengua d'ús pràctic per a molts més recursos professionals i de la nova comunicació digital i globalitzada són l'anglès, el castellà, segurament en interessos comercials el xinés, alemany, etc... Esta podria ser una explicació de perquè entre les noves generacions augmenten les habilitats de coneixement del valencià però baixa l'ús en molts contextos, és utòpic pensar en revertir això però efectivament un fort sentit de rotgle, lobby i d'identitat poden ajudar a salvar eixa tessitura. És la identitat allò que permet als parlants estimar, defensar i elegir una llengua per damunt dels esculls de les circumstàncies, no ho oblidem.

4) Les polítiques públiques lingüístiques poden intentar influir en la demanda d'una llengua —si l'aconsegueixen o no ja és qüestió del seu realisme i encert, cosa que rarament s'obtindrà si s'aborden des de una òptica ideologitzada— però no se pot ignorar que la demanda és l'element clau i l'objectiu últim, per tant, la demanda mana i si no ho és tot, és quasi tot.

5) La demanda és també l'element de mesura de l'efectivitat d'una política pública i per tant l'oferta esdevindrà condicionada per la seua capacitat de mobilitzar una demanda, satisfer-la i ajustar el seu producte ad allò que es reclama i necessita pel públic, que és així tant l'emissor final com alhora el receptor terminal de les accions que espenten els responsables públics, són el referent. Això no vol dir que totes les accions d'oferta hagen d'adreçar-se a aconseguir demandes majoritàries, però sí necessitats reals. Cal, a més a més, evitar que les polítiques lingüístiques es convertisquen en elements d'ideologia polaritzables, sinó en tot cas en factors d'identitat compartibles i comprensibles.

6) En l'actual context legal, la obligació de proveir de servicis, vehicles de coneixement i opcions d'aprenentatge curricular és de les universitats públiques, incloent en eixe disseny, prestació i oferta al valencià o a l'anglès, al xinés o a l'idioma informàtic. No hem de confondre'ns i fer recaure eixa responsabilitat directament en el professorat universitari. No haurien d'exigir-se als professors per a la docència i desenvolupament de la seua acció acadèmica en valencià habilitats diferents de les que s'exigeixen en castellà per a exactament lo mateix (al cap i a la fi amb dos són dues llengües oficials del país), això no llevaria la necessitat de comprovar les habilitats de comunicació i transmissió real dels seus coneixements, en primer lloc i, a més a més, cobrir la necessitat de facilitar els elements materials per a poder desenvolupar una assignatura i estudiar-la —tant en suport del professor com en ús de l'alumne—, eixe esforç extra,

que no es troba fàcilment al mercat, cal recompensar-lo acadèmicament, tant en la docència com en la investigació i en la confecció de materials, pel simple principi de que allò més escàs és més valuós i car.

7) La primera opció per a generar una oferta de valencià seria la de casar una demanda amb l'opció del PDI d'oferir dins del seu POD docència, pràctiques o programes en valencià i després, si resta demanda significativa sense cobrir, que la universitat arbitre les mesures necessàries per a donar eixe servici.

8) Cada llengua ha de crear-se els seus propis arguments i raons per a estar present i no desaparèixer en el món competitiu de la formació especialitzada, científica, remunerativa i de la comunicació professional, que és el que representa la universitat per al públic, entesa com a servici i utilitat. En eixe sentit el valencià, com els altres idiomes, ha de saber generar els seus espais propicis i ha de generar un interès propi suficient (això o haver generat un relat bastant fort i arrelat entre les persones que el deixe al marge del sistema d'utilitats), perquè s'entra en una lliure valoració competitiva, utilitarista i d'economia d'esforços de la que cap llengua hauria de sostraure's en este nivell de formació, que no és el de compartir i crear un substrat cultural comú i una cultura col·lectiva. Amb eixe criteri competitiu algunes assignatures i matèries serien més propicies a una o una altra llengua, de manera que eixe criteri seria el prevalent; el Dret Administratiu pot ser objecte d'un enfocament que siga l'encertat per a atraure l'ensenyament en valencià si es fa des d'un prisma determinat.

BIBLIOGRAFIA I REFERÈNCIES

APARICI, A. CASTELLÓ, R. (dir.) XAMBÓ, R. QUEROL, V. GARCIA, E. SEGURA, M. *Els usos lingüístics a les universitats públiques valencianes* Edicions AVL. Col·lecció Recerca 13. València ciutat, 2011.

BAKER & JONES, Encyclopedia of bilingualism and bilingual education. Edit. Multilingual Matters. University of Wales, 1998.

CASTELLÓ COGOLLOS, R. ESTEVE I GÓMEZ, A. "L´ús del valencià a les universitats valencianes" *Revista Saó* núm. 438. València.

DE PABLO, S. "Lengua e identidad en el País Vasco: del franquismo a la democràcia" *Les discurs sour les langues d'Espangne* Dir. LAGARDE, C. Presses Universitaires de Perpignan, 2009.

Diccionari Normatiu Valencià. Acadèmia Valenciana de la Llengua (online).

Enquesta de Coneiximent i Ús Social del Valencià 2021. Conselleria d'Educació, Cultura i Esport.

Euskera, actitudes y opiniones, Hizkuntza Politikarako Sailburuordetza, 2015.

NINYOLES, R. "España como país plurilingüe : Líneas de futuro", Bastardas, Albert & Boix, Emili (Dir.), *¿Un estado, una lengua ? La organización política de la diversidad lingüística.* Edit. Octaedro. Barcelona, 1994.

PUJOL BERCHÉ, M. "Política lingüística: lengua, cultura e identidad, el ejemplo de Cataluña" *Amnis* (online) 2013.

VALENCIA PLAZA. NOTICIA 9/11/2020 https://valenciaplaza.com /la-universitat-de-valencia-aprueba-el-objetivo-de-dar-el-50-de-la-docencia-en-valenciano-en-2021.

Capítol 4

El valencià com a llengua pròpia i d'ús normal a la Universitat de València

Reyes Marzal Raga*

SUMARI: 1. LA COBERTURA DELS ESTATUTS DE LA UNIVERSITAT DE VALÈNCIA. 2. EL DESENVOLUPAMENT DELS ESTATUTS DE LA UNIVERSITAT DE VALÈNCIA COM A EXPRESSIÓ DE L'AUTONOMIA UNIVERSITÀRIA. 2.1. La Carta dels drets i deures dels estudiants de la Universitat de València. 2.2. El Reglament d'Usos Lingüístics de la Universitat de València. A. L'adequació dels usos institucionals a la competència estatal i les conseqüències de la doctrina del Tribunal Suprem sobre l'article 15.3 de la Llei 39/2015, d'1 d'octubre, del procediment administratiu comú de les Administracions Públiques. B. Els usos institucionals i acadèmics del valencià. 2.3. La planificació estratègica i operativa dels òrgans de govern de la Universitat de València. 2.4. Normativa específica en matèria de personal docent i investigador. A. El coneixement del valencià als processos de selecció i provisió del professorat. B. L'ensenyament en valencià com a eix per a l'avaluació de la qualitat docent. 2.5. L'activitat de foment. Especial referència a la competència del Servei de Política Lingüística. A. L'impuls en l'activitat d'acreditació del valencià: la signatura del conveni per a la creació de la Comissió Interuniversitària d'Estandardització d'Acreditacions de Coneixements de Valencià (CIEACOVA). B. La prestació de diversos serveis i recursos per a l'aprenentatge del valencià. C. Mesures transversals de foment del valencià. D. La campanya "Igualtat lingüística": una eina per a posar límits a la jerarquia lingüística. 3. EL PLA D'INCREMENT DE LA DOCÈNCIA EN VALENCIÀ COM A BASE DE LA POLÍTICA LINGÜÍSTICA. 3.1. La necessitat del Pla d'increment de la docència en valencià per a l'assoliment de la distribució "equitativa" de les llengües oficials en la docència i en la seguretat lingüística de la comunitat educativa. 3.2. L'oferta docent per al curs acadèmic (OCA) com a document garant del compliment dels criteris del Pla d'increment de la docència en valencià. 3.3. Els diversos criteris de l'OCA com a base per a la distribució equitativa de la docència impartida en les dues llengües oficials. A. L'aplicació dels criteris del Pla d'increment sobre les assignatures dels ensenyaments oficials. B. L'aplicació dels criteris del Pla d'increment sobre l'encàrrec docent: capacitació del professorat, competències dels Departaments i conseqüències de l'incompliment. C. L'aplicació dels criteris del Pla d'incre-

* Professora Titular de Dret administratiu. Universitat de València.

ment sobre els processos de selecció i promoció del professorat. 3.4. Reforçament de les competències dels diversos òrgans universitaris en matèria lingüística. 4. LA SUPERACIÓ DEL PLA D'INCREMENT DE LA DOCÈNCIA EN VALENCIÀ AMB LA FORMULACIÓ D'ACORDS INSTITUCIONALS MÉS AMBICIOSOS I CONSENSUATS. BIBLIOGRAFIA.

1. LA COBERTURA DELS ESTATUTS DE LA UNIVERSITAT DE VALÈNCIA

El reconeixement del valencià com a llengua oficial de la Universitat de Valencia, en correspondència amb les disposicions de l'Estatut d'Autonomia de la Comunitat Valenciana[1], es troba inicialment a l'article 6é del Decret 172/1985, de 28 d'octubre,

---

[1] La redacció estatutària inicial de l'article 7é, continguda a la Llei Orgànica 5/1982, d'1 de juliol, per la qual s'aprova l'Estatut d'Autonomia de la Comunitat Valenciana reconeixia el valencià i el castellà com a idiomes oficials de la Comunitat Autònoma, així com el dret a conèixer-los i usar-los sense discriminació per raó de la llengua, comminant la Generalitat Valenciana a garantir l'ús normal i oficial de les dues llengües així com a adoptar les mesures necessàries per a assegurar el seu coneixement. L'actual redacció del article 6é, d'acord amb la Llei Orgànica 1/2006, de 10 d'abril, de Reforma de la Llei Orgànica 5/1982, d'1 de juliol introdueix l'expressió "llengua pròpia" de la Comunitat Valenciana per al valencià, que és l'idioma oficial a la Comunitat Valenciana, igual que ho és el castellà, que és l'idioma oficial de l'Estat. Reitera el reconeixement del dret a conèixer i a usar ambdós idiomes, però afegeix el dret a "rebre l'ensenyament del, i en, idioma valencià", al temps que commina la Generalitat garantirà l'ús normal i oficial de les dos llengües, i adoptar les mesures necessàries per tal d'assegurar-ne el coneixement.

4. Ningú no podrà ser discriminat per raó de la seua llengua. 5. S'atorgarà especial protecció i respecte a la recuperació del valencià. 6. La llei establirà els criteris d'aplicació de la llengua pròpia en l'Administració i l'ensenyament. 7. Es delimitaran per llei els territoris en els quals predomine l'ús d'una llengua o de l'altra, així com els que puguen ser exceptuats de l'ensenyament i de l'ús de la llengua pròpia de la

del Consell de la Generalitat Valenciana, pel qual s'aproven els Estatuts de la Universitat de València (Estudi General de València)[2]. L'elaboració d'aquest text va ser objecte d'un encès debat universitari, que va culminar amb l'aprovació del text pel Claustre amb data de 10 de maig de 1985[3]. Aquest text va ser remès a la Generalitat Valenciana per al preceptiu control de legalitat[4] , i en apreciar certes inadequacions a les disposicions de la Llei Orgànica 11/1983, de 25 d'agost, de Reforma Universitària (LRU) i a l'Estatut d'Autonomia, el Consell va resoldre no aprovar el text remès per la Universitat i emplaçar al Claustre a estudiar les objeccions jurídiques[5]. Finalment, el Consell de la Generalitat va aprovar un text d'Estatuts mitjançant el Decret 172/1985, de 28 d'octubre, introduint diverses modificacions a la proposta estatutària de la Universitat de València, pel que ací interessa i d'entre

---

Comunitat Valenciana. 8. L'Acadèmia Valenciana de la Llengua és la institució normativa de l'idioma valencià".

2 Decret 172/1985, de 28 d'octubre, del Consell de la Generalitat Valenciana, pel qual s'aproven els Estatuts de la Universitat de València (Estudi General de València), publicat al DOGV de 16 de desembre, i reformat per diverses disposicions, ninguna de les quals afecta al contingut de l'article 6e. En concret, es poden consultar les referides modificacions al Decret 45/2001, de 27 de febrer (DOGV d'1 de març), el Decret 71/1990, de 26 de abril (DOGV de 9 de maig), al Decret 165/1989, de 13 de novembre (DOGV del 20), al Decret 48/2000, de 17 d'abril (DOGV del 19), al Decret 43/1993, de 22 de març (DOGV del 30), al Decret 75/1994, de 12 d'abril (DOGV del 19) i al Decret 167/1996, de 10 de setembre (DOGV del 23).

3 L'opinió d'alguns dels protagonistes de l'elaboració dels Estatuts i el debat acadèmic que el va acompanyar es recull en BAYARRI MORENO, Francesc, "Converses articulades", *Per l'autonomia universitària. Commemoració dels 15 anys dels Estatuts de la Universitat de València*, GUIA i MARIN, Josep (Coord.), Universitat de València, 2001, pp. 48-97. Entre les diverses intervencions, cal posar en relleu les corresponents a certs professors de la Facultat de Dret, com ara Jesús Olavarría, en defendre millores tècniques per al text estatutari definitiu d'aleshores.

4 La proposta d'Estatuts de la Universitat de València aprovada pel claustre va ser remesa a la Generalitat Valenciana el 30 de maig de 1985.

5 Acord del Consell de la Generalitat Valenciana de 22 de juliol de 1985.

d'altres, les relatives a la doble denominació de la llengua pròpia com a llengua catalana i com a valencià, o la valoració del coneixement de la llengua pròpia de la Universitat[6]. Aquest canvis governamentals van ser objecte d'impugnació judicial, favorable a la Universitat de València en primera instància; però finalment el Tribunal Suprem van confirmar el Decret autonòmic recorregut en no apreciar vulneració del dret a l'autonomia universitària (article 27.10 CE) pel fet que el Govern valencià haguera introduït modificacions a la proposta d'Estatus aprovada per la Universitat de València, més enllà de les adients millores tècniques[7].

---

6 En concret, al Decret 172/1985 es van introduir canvis en alguns termes dels articles 5, 6, 7, 168 i 186 de la proposta de text aprovada per la Universitat de València. En els articles 5, 6 i 7 es van substituir les següents expressions: "cultura nacional" per "cultura de la seua nacionalitat"; "problemes del País Valencià" per "problemes valencians"; "País Valencià" per "Comunitat Valenciana". A l'article 168 a) –referit als concursos– es va suprimir el paràgraf "en els quals figurarà la valoració positiva del coneixement de la llengua pròpia de la Universitat de València". I a l'article 186.1 es va completar la frase introduint la paraula "legal" per a referir-se a la "regulació legal específica", i també es va suprimir com a obligació del personal d'administració i serveis la de "conèixer les llengües oficials de la Universitat de València". Una valoració molt favorable de les millores tècniques introduïdes pel Consell de la Generalitat en MOLINER NAVARRO, Rosa, "La singularitat d'uns Estatuts", *Per l'autonomia universitària..., op. cit.*, pp. 38 i sgt.

7 Es pot consultar la Sentència del Tribunal Suprem nº 3871, de 28 d'octubre de 1984 (ECLI:ES:TS:1994:19785), estimatòria del recurs d'apel·lació interposat per la Generalitat Valenciana contra la Sentencia nº 261, de 17 de juny de 1987, dictada per la Sala Segona de lo Contenciós-Administratiu de l' Audiència Territorial de València (recurs 447/1986), en que no es va admetre la violació de l'autonomia universitària en acceptar els canvis introduïts pel Govern valencià a la proposta d'Estatuts de la Universitat de València que, entre d'altres qüestions, va suposar la supressió del paràgraf "en els quals figurarà la valoració del coneixement de la llengua pròpia de la Universitat de València", o va afegir la paraula "legal" al article 186, entre les paraules "regulació i específica". Tampoc es va entendre contraria a l'autonomia universitària la supressió de l'obligació del personal d'Administració i serveis de conèixer les

Els vigents Estatuts de la Universitat de València, aprovats per Decret 128/2004, de 30 de juliol[8], també reconeixen les llengües oficials de l'Estatut d'Autonomia de la Comunitat Valenciana, introduint per primera vegada l'expressió "llengua pròpia" per al valencià (article 6é), terme que no es recollia als Estatuts aprovats per Decret 172/1985. Amb aquests nou text estatutari, imposat per l'entrada en vigor de la Llei Orgànica 6/2001, de Universitats (LOU), s'explicita la condició del valencià com a llengua pròpia a la si de la Universitat de València i tanmateix, des d'una vessant organitzativa, s'introdueixen canvis en la denominació del servei i de la comissió que s'ocuparà de les qüestions lingüístiques, que deixarà d'anomenar-se de "normalització lingüística" per a passar a ser de "política lingüística"[9], expressant així una voluntat d'avanç

"llengües oficials en la Universitat de València", assenyalant que "tot lo referent als idiomes oficials de la Comunitat Valenciana ha de contindre la precisió que aquests idiomes són el valencià i el castellà (art. 7é de l'Estatut d'Autonomia de la Comunitat Valenciana, sense que càpiguen expressions o paràgrafs ambigus). La mencionada Sentència també recordava que, en relació amb les llengües oficials de la Comunitat Valenciana, ja va tindre ocasió de pronunciar-se en la seua Sentència de 20 de novembre de 1992 (recurs d'apel·lació núm. 1.473/1989) en la qual es va precisar que la llengua diferent del castellà que es parla a la Comunitat Autònoma de València és la llengua valenciana, i després, en l'onzè fonament de Dret es va dir: "que la llengua té altres dimensions a més de la científica i acadèmica; té una clara dimensió política (és un cresol d'història, tradicions, art i sentiments que expressa les aspiracions d'un poble) que, en com assumida pel Dret, adquireix valor jurídic". I es va afegir que "la solució donada pel Dret a eixa realitat (a saber, que la llengua pròpia de la Comunitat València és el valencià i que així ha de dir-se), ha de ser respectada i salvaguardada per tots, també per la Universitat".

8 Estatuts de la Universitat de València, aprovats per Decret 128/2004, de 30 de juliol, del Consell de la Generalitat (DOGV 3-8-2004) i modificats per Decret 45/2013, de 28 de març de 2013 (DOCV 2-4-2013).

9 Respecte dels Estatus de la Universitat de València de 1985, MOLINER NAVARRO, Rosa, "La singularitat d'uns Estatuts", op. cit., p. 44, apunta que no totes les universitats inserides en un context lingüístic propi han recollit en els seus Estatuts un instrument com el Servei Normalització

cap a una actuació transversal al més alt nivell, ço és, una política específica tal com hi ha una "política científica" o "de personal"[10].

El Decret 128/2004, de 30 de juliol, pel que s'aproven els Estatuts de la Universitat de València també va suscitar discrepàncies amb el Govern valencià i a la fi, certs preceptes van ser anul·lats per Sentència del Tribunal Superior de Justícia de la Comunitat Valenciana nº 789/2005, de 18 d'octubre[11], ratificada per Sentència del Tribunal Suprem de 13 d'octubre de 2008[12], en apreciar en aquest cas que els canvis introduïts pel Govern valencià vulneraven l'autonomia universitària. Es per això que als Estatuts es mantenen alguns preceptes en la redacció inicial del text estatutari proposada per la Universitat de València, en concret la literalitat de l'article 6é, en reconèixer el valencià com a llengua pròpia de la Universitat, i tanmateix que als efectes d'aquests Estatuts hom admet com a denominacions seues tant l'acadèmica, llengua catalana, com la recollida en l'Estatut d'Autonomia, valencià. Per mantenir aquesta denominació dual, el Tribunal Suprem va recollir la doctrina constitucional que acull la dimensió acadèmica de la llengua com a manifestació de l'autonomia universitària, per la qual cosa no es va apreciar cap contradicció d'aquest precepte estatutari amb l'Estatut d'Autonomia o altra llei de les Corts valencianes (SSTC 130/1991 i 75/1997). I de la mateixa manera, el Tribunal Suprem va confirmar la re-

---

Lingüística, encaminat a complir el compromís de la Universitat de València en el desenvolupament i la normalització de la llengua pròpia. Tan sols ho han fet la Universitat Autònoma de Barcelona, la Universitat de les Illes Balears i la Universitat del País Basc.

10 Així ho assenyala ESTEVE i GÓMEZ, Alfons, "Medidas para a promoción da lingua propia na Universidade de Valencia", *Lingua e docencia universitaria: V Xornadas sobre Lingua e Usos,* A Coruña, 12-14 de novembro de 2008, MOSQUERA CARREGAL, Xesús Manuel i PINO RAMOS, Sara (Coord.), 2009, p. 121.

11 Sentència del Tribunal Superior de Justícia de la Comunitat Valenciana nº 789/2005, de 18 d'octubre (ECLI:ES:TSJCV:2005:5943).

12 Sentència del Tribunal Suprem de 13 d'octubre de 2008 (ECLI:ES:TS:2008:5656).

dacció proposada per a l'article 9é, pel que fa a la cooperació amb "les universitats de la resta de l'àrea lingüística catalana". Per contra, d'altres preceptes van ser anul·lats i per tant es va mantindre la redacció governamental imposada pel Consell. És el cas de les referències a País Valencià, anul·lades per ser contràries a la denominació oficial de Comunitat Valenciana; de l'exigència del coneixement del valencià com a mèrit a incloure indiscriminadament en la relació de llocs de treball, cosa que sí podria admetre's per a determinats llocs de treball en què aquest coneixement es justificarà però no per a tots; o de la prevalença dels textos redactats en valencià per al cas de discrepància amb el escrits en castellà, que va ser anul·lada en ser una matèria de competència estatal referida a les bases del procediment administratiu comú (article 149.1.18 CE)[13].

Des d'aleshores es fixen les primeres bases d'una "política lingüística" universitària que supera la idea de normalització lingüís-

13 Alguns d'aquests preceptes estatutaris van ser reproduïts anys després en altres Estatuts de les Universitats públiques de la Comunitat valenciana, i igualment anul·lats jurisdiccionalment. És el cas dels Estatuts de la Universitat Jaume I de Castelló, aprovats per Decret 116/2010 de 27 d'agost del Consell, d'acord amb allò que disposa la Sentència del Tribunal Suprem 4964/2008, de 23 de setembre (ECLI:ES:TS:2008:4964). Respecte de la Universitat d'Alacant, la Sentència del Tribunal Superior de Justícia de la Comunitat Valenciana de 20 de juny de 2005, va estimar el recurs interposat contra el Decret 73/2004, de 7 de maig, del Consell, pel qual es va aprovar l'Estatut de la dita universitat, i es reconeix el dret al fet que el Consell aprove i publique l'article 2.k) de l'Estatut de la Universitat d'Alacant d'acord amb el text original enviat per esta, on es reconeix la denominació acadèmica de català, exclosa pel Decret d'aprovació dels Estatus en contravenció del dret d'autonomia universitària. Pel que fa a la preferència del text en valencià respecte del text en castellà és d'interès la Sentència del TSJCV 262/2001, de 22 de febrer (ECLI:ES:TSJCV:2001:1644), en que davant la discordança entre el text dels Estatuts publicat en castellà i en valencià es dona preferència al text en castellà.

tica[14], i el que és més important, una política lingüística que no té precedents a d'altres Universitats públiques de la Comunitat Valenciana i que amb un desenvolupament normatiu constant encara que amb certa demora inicial, va engegar un procés per a la consolidació del valencià com a llengua pròpia d'ús normal a la Universitat de València.

2. EL DESENVOLUPAMENT DELS ESTATUTS DE LA UNIVERSITAT DE VALÈNCIA COM A EXPRESSIÓ DE L'AUTONOMIA UNIVERSITÀRIA

Per a l'aplicació de les esmentades previsions estatutàries en matèria de política lingüística, la Universitat de València ha desenvolupat una extensa i variada tasca en exercici de l'autonomia universitària constitucionalment reconeguda, dret que molt al contrari que en altres àmbits educatius, ha permès un sòlid desplegament de l'ús del valencià, que ha estat confirmat per la pràctica universitària però també per la jurisprudència. L'aprovació de diversos reglaments es conjuga amb una variada activitat de foment i amb el posicionament institucional d'un òrgan estatutari, el servei de política lingüística, al que s'encomana un ventall de competències per a garantir i afavorir l'ús del valencià a totes les activitats de la Universitat.

---

14 Sobre l'expressió "política lingüística", PARDINES, Susanna i TORRES, Nathalie, *La política lingüística al País Valencià. Del conflicte a la gestió responsable,* Fundació NEXE, Col·lecció Demos, 1, 2011, p. 15, expliquen que es reserva per a designar l'activitat política —institucional o no institucional, conscientment exercida o inconscientment provocada— sobre l'ús de les llengües. D'altra banda, l'expressió "normalització lingüística" es refereix al procés per mitjà del qual un idioma aconsegueix accedir a totes les funcions socials fins aleshores reservades a una llengua dominant, i es produeix en situacions de conflicte lingüístic, amb una llengua subordinada i en procés de substitució per una altra de dominant, quan l'objectiu consisteix en capgirar el procés de substitució i no en reforçar-lo (p. 16).

2.1. La Carta dels drets i deures dels estudiants de la Universitat de València

A l'any 1993 es va aprovar la *Carta dels drets i deures dels estudiants de la Universitat de València* on es reconeixen els drets lingüístics de l'estudiantat[15], en correspondència amb les disposicions contingudes a la Llei 4/1983, de 23 de novembre, d'ús i ensenyament del valencià (LUEV)[16]. Pel que fa a la docència, l'apartat 31 de la *Carta* reconeix com a dret lingüístic de l'estudiantat el dret a l'elecció de la llengua en què rebre la docència, desenvolupant aquest dret garantint que es puga elegir d'entre les dues llengües oficials aquella en què es vol cursar els estudis i rebre, per tant, l'ensenyament en la llengua pròpia de la Universitat de València, que la institució ha de posar a l'abast de l'alumnat. L'efectivitat d'aquest dret requereix de l'adopció de tot un seguici de disposicions de caire fonamentalment acadèmic, com ara les referides a l'elaboració de l'oferta de curs acadèmic (OCA) per part del

---

15 Carta dels drets i deures dels estudiants de la Universitat de València, aprovada per Acord de la Junta de Govern de la Universitat de València de 19 de setembre de 1993, i modificada per Acord de la Junta de Govern de 30 d'abril de 1998.

16 Als apartats 12 a 18 de la *Carta dels drets i deures dels estudiants de la Universitat de València* es formulen en correspondència amb diversos articles de la LUEV. A més de reconèixer el valencià com a llengua pròpia de la Comunitat Valenciana i, en conseqüència, tots els ciutadans tenen dret a conèixer-la i a usar-la oralment i per escrit, tant en les relacions privades com en les relacions amb les instàncies públiques (article 2 LUEV); es dirà que l'ús del valencià produeix plens efectes jurídics, igual que si emprassen el castellà, sense que puga derivar-se de l'exercici del dret a expressar-se en valencià qualsevol forma de discriminació o exigència de traducció (article 3 LUEV), i en cap cas ningú no podrà ser discriminat pel fet d'usar qualsevol de les dues llengües oficials (article 4 LUEV). Sobre l'impacte de la LUEV, OCHOA MONZÓ, Josep, FERRAN, Isabel i ALCARAZ, Manuel, "La Llei d'Ús i Ensenyament del Valencià, en via morta", *Revista de Llengua i Dret*, 41, 2004, pp. 105-140.

òrgans universitaris competents[17]. Però també d'altres decisions amb un component de política lingüística i de compromís institucional amb la llengua, com ha estat l'anomenat Pla d'increment de la docència en valencià de la Universitat de València, aprovat per l'Acord del Consell de Govern 129/2012, de 26 de juny[18], on aquest dret lingüístic s'expressa sota la idea de "seguretat lingüística", no només de l'estudiantat sinó també del professorat[19], i que més endavant analitzem amb detall.

2.2. El Reglament d'Usos Lingüístics de la Universitat de València

Més recentment, per Acord del Consell de Govern de 30 de setembre de 2014 (ACGUV 167/2014), la Universitat de València va aprovar el Reglament d'Usos Lingüístics, amb l'objectiu d'assolir l'ús normalitzat de la llengua pròpia, de manera que el valencià es puga desenvolupar en totes les funcions sociolingüístiques com a llengua de cultura moderna[20]. Aquesta disposició normativa es fruït d'un previ estudi dut a terme per diversos experts sota el títol *Els usos lingüístics a les universitats públiques valencianes*, on es va concloure que "és necessària una reglamentació institucional de suport a la llengua subordinada, que a més a més és la llengua pròpia. Si es deixa que el conflicte es resolga en el lliure joc interindividual sempre s'usarà el castellà"[21]. És per això que com a

17 Reglament de l'oferta de curs acadèmic, aprovat en Consell de Govern de 2 de març de 2005 (ACGUV 43/2005).

18 Pla d'increment de la docència en valencià de la Universitat de València, aprovat en Consell de Govern de 26 de juny de 2012 (ACGUV 129/2012), i modificat en Consell de Govern de 22 de desembre de 2016 (ACGUV 308/2016).

19 D'obligada lectura és la tesi de TASA FUSTER, Vicenta, *Drets lingüístics i ordenament constitucional. Seguretat lingüística vs jerarquia lingüística. Un estudi comparat de Suïssa i Espanya*, Tesi doctoral, Universitat de València, 2016.

20 Reglament d'Usos Lingüístics de la Universitat de València, aprovat per Acord del Consell de Govern de 30 de setembre de 2014 (ACGUV 167/2014).

21 APARICI, Artur i CASTELLÒ, Rafael (Dirs.), *Els usos lingüístics a les universitats públiques valencianes*, Acadèmia Valenciana de la Llengua, 2011.

eina per assolir els objectius de promoció i consolidació del valencià com a llengua pròpia, i amb l'objectiu de donar un impuls a la configuració d'un marc multilingüe tant de les activitats acadèmiques com institucionals i administratives, la Universitat de València va decidir aprovar un conjunt de criteris per als usos lingüístics del valencià que, segons explicita el Reglament, vol rescabalar la posició del valencià com a llengua "subordinada" front al castellà, utilitzant així un terme (llengua subordinada) que avui en dia es formula, amb un llenguatge més renovat i actual, amb l'expressió "jerarquia lingüística" per indicar la idea de l'existència de llengües superiors i inferiors[22].

Aquest Reglament d'usos lingüístics esdevé norma transcendental per a la consolidació de l'ús normal del valencià a la Universitat de València, en reconèixer que "el valencià és la llengua pròpia de la Universitat, i com a tal és la llengua d'ús general i prioritari tant en l'activitat institucional com en l'acadèmica i administrativa" (article 5), cosa que es complementa amb el requeriment per a promoure polítiques que garantisquen i augmenten progressivament l'ús del valencià en els treballs de fi de grau, els

---

Aquest estudi es va dur endavant a petició de la Universitat de València i d'altres institucions.

22 Sobre aquesta qüestió es pot consultar la posició de TASA FUSTER, Vicenta, "Ideologia, jerarquia lingüística i jurisprudència constitucional a Espanya", *Revista de Llengua i Dret*, 76, 2021, pp. 22-39. Accessible des de: https://doi.org/10.2436/rld.i76.2021.3663. També es pot vore TASA FUSTER, Vicenta, "Els reptes de les polítiques públiques lingüístiques", *Hoja de ruta para el desarrollo estatutario valenciano,* MARZAL RAGA, Reyes (Dir.), Tirant lo blanch, 2023, on afirma que el consens general espanyol formalitzat en la Constitució, els estatuts d'autonomia, les lleis lingüístiques, i sobretot per la jurisprudència del Tribunal Constitucional ha establit un sistema de jerarquia lingüística, que s'ha vist agreujat amb la STC 31/2010 del Tribunal Constitucional contra l'Estatut d'Autonomia de Catalunya; i aquesta jerarquia lingüística i la voluntat involutiva de reduir els espais de les llengües pròpies no hegemòniques i el sentit de la seua oficial està erosionant profundament els consensos primigenis i escindint les societats en matèria lingüística.

treballs de fi de màster i les tesis doctorals (article 29), així com tot un seguici de preceptes referits als usos institucionals del valencià. Excedeix del nostre interès aprofundir amb aquesta normativa, però no podem deixar d'assenyalar algunes qüestions d'interès.

A. L'adequació dels usos institucionals a la competència estatal i les conseqüències de la doctrina del Tribunal Suprem sobre l'article 15.3 de la Llei 39/2015, d'1 d'octubre, del procediment administratiu comú de les Administracions Públiques

Des d'una perspectiva institucional, a més de fixar l'ús del valencià per a la denominació oficial dels departaments, centres i serveis, així com en la denominació oficial de les assignatures, de les qualificacions, dels cursos i de les titulacions oficials i no oficials, hi ha tota una bateria de preceptes vinculats a l'actuació administrativa de la Universitat de València, la redacció dels quals ha d'interpretar-se d'acord amb la recent jurisprudència. Em refereix a la Sentència del Tribunal Suprem anul·latòria del Decret 61/2017, de 12 de maig, del Consell, que regula els usos institucionals i administratius de les llengües oficials en l'Administració de la Generalitat valenciana, en considerar que els documents elaborats en llengua cooficial, en aquest cas en valencià, no poden sortir efectes fora del territori autonòmic encara que es tracte d'universitats o altres Administracions de "la resta de l'àrea lingüística catalana"[23]. La competència estatal en matèria de procediment administratiu comú (article 149.1.18 CE) explicitada a l'article 15.3 de la Llei 39/2015, de 1 d'octubre, del Procediment administratiu comú de les Administracions Públiques pel que fa a l'ús de la llengua pròpia en els procediments administratius que

[23] Cal vore l'anàlisi de BOIX PALOP, Andrés, "La regulació de l'ús institucional del valencià al si de les Administracions públiques valencianes: regulació normativa i conflictes jurisdiccionals al voltant de les normes sobre la utilització interna i institucional de la llengua pròpia després del Decret 61/2017 de la Generalitat", *Càtedra de Drets Lingüístics*, Universitat de València, 2019.

hagin de sortir efectes fora del territori autonòmic impedeix que les Comunitats Autònomes, com també les Universitats, regulen aquest ús[24]. És per això que hi ha determinades previsions del Reglament d'Usos Lingüístics que, al meu parer, han de ser inaplicades com a conseqüència d'aquesta doctrina jurisprudencial fixada pel Tribunal Suprem. En concret, em refereix a disposicions com les que estableixen que "les comunicacions que la Universitat de València adrece als mitjans de comunicació de l'àmbit lingüístic català s'han de fer en aquesta llengua" (article 17); que "com a norma general, la Universitat de València ha d'usar la llengua pròpia en les relacions amb les universitats valencianes i amb les de la resta de l'àrea lingüística catalana a què fa referència l'article 9 dels Estatuts (a*rticle 19); o que* "les comunicacions que la Universi-

[24] Poden consultar-se les Sentències del Tribunal Suprem nº 634/2020, de 2 de juny (ECLI:ES:TS:2020:1557), i nº 999/2020, de 14 de juliol (ECLI:ES:TS:2020:2403), en què es fixa la doctrina cassacional respecte de l'article 15.3 de la Llei 39/2015, de 1 d'octubre, del Procediment administratiu comú de les Administracions Públiques, d'acord amb la qual és competència de l'Estat la regulació del procediment en allò que disposa la traducció al castellà dels documents redactats en una llengua cooficial d'una Comunitat Autònoma si han de sortir efectes fora del àmbit territorial d'aquesta Comunitat. Aquesta doctrina jurisprudencial dirà que: "[...] l' art. 15.3 de la LPAC, dictat en l' àmbit de la competència exclusiva de l' Estat per regular el procediment administratiu comú, ex art. 149.1.18 CE, proporciona la regla única i suficient respecte al règim general de traducció al castellà dels documents, expedients, parts dels mateixos o resolucions, redactats en una llengua cooficial d' una Comunitat autònoma, quan hagin d' assortir efectes fora de l' àmbit territorial de l' esmentada Comunitat Autònoma, en tant disposa que no serà necessària la seva traducció al castellà en el cas que la llengua cooficial en què estiguin elaborats els documents sigui també la llengua cooficial a la Comunitat Autònoma en què hagin de assortir efectes. La regulació autonòmica en la disposició reglamentària impugnada manca per conseqüent de cobertura competencial i ha de ser anul·lada". Aquesta argumentació, així com la doctrina d' interès cassacional ha de ser reiterada ara, atesa la identitat de la mateixa amb l' aquí suscitada, i en conseqüència el recurs de cassació ha de ser desestimat". La traducció al valencià d'aquest paràgraf és meua.

tat de València adrece al públic en general dins de l'àrea lingüística catalana s'han de redactar almenys en aquesta llengua. Les comunicacions individualitzades adreçades a residents de l'àrea lingüística catalana s'han de fer en aquesta llengua, sense perjudici del dret dels ciutadans i ciutadanes de demanar que es faça en castellà. Així mateix, la Universitat de València ha d'utilitzar el valencià amb les persones i les institucions de fora de l'àrea lingüística que s'hagen adreçat a la Universitat en aquesta llengua" (a*rticle 20). Aquestes disposicions en què el Reglament d'Usos admet la utilització del valencià fora de la Comunitat Autònoma, tot i que siga a l'àrea lingüística catalana, contradiuen l'esmentada doctrina jurisprudencial en tant que l'equiparació de valencià/català només ha estat admesa "a efectes acadèmics" com a manifestació del dret d'autonomia universitària.*

Tampoc admet la mencionada doctrina jurisprudencial cap pronunciament autonòmic respecte de la contractació pública, en entendre que tota exigència lingüística als contractistes és discriminatòria, que també tenen drets lingüístics i no només els ciutadans que han de ser respectats i que s'entén que quedarien violats per obligar-los a relacionar-se amb l'Administració o amb els ciutadans en valencià. És per això que les disposicions del Reglament d'Usos referides a les obligacions de les empreses concessionàries que assumeixen els serveis universitaris, a les quals s'exigeix que garantisquen com a mínim l'atenció passiva al públic en valencià, tant oralment com per escrit, i que els materials escrits destinats al públic (menús, llistes de serveis, etc.) siguen en valencià (article 23) són contraris a Dret i per tant inaplicables. De fet, si consultem les diverses licitacions de la Universitat de València per al servei de cafeteries i criteris per adjudicar la concessió es pot comprovar que en cap lloc apareixen aquestes obligacions lingüístiques.

Pel contrari, altres disposicions del Reglament d'Usos en què també es reconeix l'ús normal del valencià en la documentació interna de caràcter administratiu de la Universitat de València (article 10), així com en l'atenció oral (article 18) resulten conformes amb aquesta doctrina jurisprudencial, a més a més, pel fet de reconèixer explícitament l'aplicació de la normativa bàsica estatal sobre drets dels ciutadans.

B. Els usos institucionals i acadèmics del valencià

Llevat dels preceptes que hem assenyalat al apartat anterior, el Reglament d'Usos Lingüístics expressa ben a les clares la posició institucional de reconeixement i garantia del valencià com a llengua pròpia d'ús normal a la Universitat de València.

Pel que fa als usos acadèmics, on la jurisprudència del Tribunal Constitucional i de la jurisdicció ordinària ha acceptat la doble nomenclatura valencià/català, el Reglament d'Usos fixa com a objectiu l'increment de l'ús de la llengua pròpia com a llengua per a la docència, així com la promoció de polítiques que assolisquen la igualtat lingüística[25], remetent per a la seua concreció a les disposicions del Pla d'increment de la docència en valencià i als criteris per a l'elaboració de l'oferta dels ensenyaments oficials (article 25) que més endavant analitzem; i també a un conjunt de mesures de foment impulsades fonamentalment pel Servei de Política Lingüística. També subratlla la funció informativa del Servei de Recursos Humans (PDI) respecte dels requisits lingüístics referits a l'accés a la funció pública i als drets i deures de tots els membres de la comunitat universitària (article 26), així com el dret de l'estudiantat a expressar-se en qualsevol de les llengües oficials amb independència de la llengua establerta en l'oferta acadèmica dels estudis de grau i de màster (article 28).

El valencià també es reconeix en tota la documentació acadèmica de caràcter institucional (programes, guies docents, memòries, projectes, informes, etc.), que s'ha de redactar almenys en valencià, dirà l'article 27 del Reglament, com també als títols i altres documents acreditatius dels estudis expedits per la Universitat de València, tot respectant la legislació vigent, que

---

[25] TASA, Vicenta i BODOQUE, Anselm, *La igualtat de les llengües a l'administració: un problema per resoldre,* Generalitat Valenciana, València, 2019.

requereix la seua expedició en valencià, castellà i, si escau, en anglès (*article 30).*

2.3. *La planificació estratègica i operativa dels òrgans de govern de la Universitat de València*

Les disposicions normatives que hem mencionat i d'altres que més endavant assenyalem han estat recolzades pel ferm compromís dels òrgans de govern universitari en aprovar diversos Plans Estratègics de la Universitat de València, així com els corresponents Plans Operatius per als objectius estratègics adients.

La planificació estratègica és una eina que les Universitats han incorporat per tal de fixar objectius que permeten adaptar-se o donar resposta a les demandes canviats de la societat, i en conseqüència obtindré un avantatge competitiu respecte d'altres Universitats, identificant les seues prioritats[26]. Pel que fa a aquest tipus d'activitat, el I Pla Estratègic de la Universitat de València per al període 2008-2011 recollia l'incentiu a l'ús del valencià en totes les activitats de la institució, com a llengua pròpia i element distintiu identitari, dirigit a afavorir la seua presència a la societat[27].

---

[26] Una anàlisi comparada dels Plans estratègics de les Universitats públiques, no específicament referits a l'ús de les llengües, es pot consultar a GARCÍA ARACIL, Adela, "La planificación estratégica en las universidades públicas en España: un análisis de sus objetivos", *Revista de Pedagogía de la Universidad de Salamanca,* 19, 2013, pp. 111-132. Accessible des de https://doi.org/10.14201/14689. Respecte del I Pla Estratègic de la Universitat de València, l'autora assenyala que, junt a d'altres Universitats com la de Alacant, esta més orientat a la missió de "docència" i no tant a la missió d'investigació i transferència del coneixement. Respecte de la Universitat Jaume I de Castellón, l'autora conclou que es troba en una posició intermèdia (p. 127).

[27] Per eixample, es pot comprovar a aquest I Pla Estratègic com dintre de la "Estratègia 1: Dissenyar una oferta acadèmica orientada a les demandes dels estudiants i el seu entorn", es recull la "Línia 70. Incentivar l'ús del valencià en totes les activitats de la institució com a llengua pròpia i com element distintiu de la nostra identitat i per afa-

Però tot i reconèixer la importància d'aquests primer document estratègic, no va ser fins l'aprovació del II Pla Estratègic 2012-2015 que es va formalitzar una vertadera estratègia de política lingüística a la Universitat de València. Tal com diu aquest document, el II Pla es caracteritza pel seu arrelament i compromís amb el territori que l'embolica, i d'entre d'altres fites contempla la de "millorar el compromís amb el desenvolupament del multilingüisme en el si de la comunitat universitària, tot potenciant la nostra llengua"[28]. La visió de la Universitat de València que recull aquest document estratègic explicita la voluntat de "ser un referent cultural en la societat valenciana, amb especial atenció a la seua cultura i la seua llengua", per la qual cosa es formula un "compromís identitari" que assenyala l'especial atenció a la protecció i la promoció de la llengua que li és pròpia. Tanmateix, en l'àmbit intern, la Universitat de València vol promoure mesures estratègiques en defensa de la llengua i cultura pròpies, que constitueixen el nucli de la seua identitat. Els valors de solidaritat i cooperació també es projecten sobre les altres Universitats valencianes, i sobre les pertanyents a l'àrea lingüística catalana integrades en la xarxa de l'Institut Joan Lluís Vives[29].

---

vorir la seua presència a la societat". El document, que està redactat en castellà en el web de la Universitat de València, es pot consultar a la direcció electrònica: https://www https://www.uv.es/uvweb/servei-analisi-planificacio/ca/planificacio-estrategica/plans-estrategics/pla-estrategic-2008-2011-1285868475957.html.uv.es/uvweb/servei-analisi-planificacio/ca/planificacio-estrategica/plans-estrategics/pla-estrategic-2008-2011-1285868475957.html (últim accés, 17/01/2023).

28 Acord del Consell de Govern de la Universitat de València de 30 de juliol de 2012 (ACGUV 181/2012), pel qual s'aprova el II Pla Estratègic de la Universitat de València 2012-2015. El document es pot consultar a la direcció electrònica: https://www.uv.es/uvweb/universitat/ca/universitat/pla-estrategic-uv/pla-estrategic-2012-2015/documents-1285853705123.html (últim accés, 17/01/2023).

29 La Xarxa Vives d'Universitats representa i coordina l'acció conjunta de 22 universitats de Catalunya, la Comunitat Valenciana, les Illes Balears, Andorra i Sardenya, així com d'altres territoris amb vincles geogràfics, històrics, culturals i lingüístics comuns, per tal de crear un espai univer-

En aquest II Pla Estratègic de la Universitat de València 2012-2015 hi ha diversos objectius estratègics que tracten de potenciar la docència multilingüe, i en especial la docència en valencià, assenyalant no només les mesures per a complir amb aquest objectius sinó també els òrgans responsables de cadascuna d'elles. Però, tot i apostar clarament per l'ús "equitatiu" del valencià, cal subratllar que l'estratègia de política lingüística es projecta també sobre altres llengües que potencien les competències de l'estudiantat, segons podem veure en els següents quadres que s'inclouen en el referit document estratègic i ací reproduïm a títol d'eixample per a la millor comprensió de l'abast dels objectius estratègics.

Objectiu de Responsabilitat social RsE02	**Millorar el compromís amb el desenvolupament de competències multilingües en el si de la comunitat universitària, tot potenciant la nostra llegua.**	
nia d'actuació estratègica	**Responsable**	**Mesura**
Assegurar i incrementar la docència en aquelles llengües que potencien les competències dels estudiants. Aquesta línia pretén que la UV potencie el desenvolupament de competències multilingües autocentrades entre els seus titulats.	Vra. d'Estudis i Política Lingüística	*- Nombre de crèdits oferts en valencià/total crèdits oferts.* *- Nombre de crèdits en altres idio total de crèdits oferts.*

R — Objectiu de Recursos humans Rh05	**Millorar la motivació del PAS i PDI de manera que es traslladе a una major productivitat i qualitat dels seus resultats.**	
Línia d'actuació estratègica	**Responsable**	**Mesura**
6 Pla per a assegurar i potenciar el perfil multilingüe autocentrat del PDI.	Vra. d'Estudis i Política Lingüística	*- Nombre de PDI amb coneixement valencià acreditat/Total PDI* *- Nombre de PDI amb coneixement en altres idiomes acreditat/Total PDI*

S — Objectiu de Suficiència Su07	**Disposar d'infraestructures suficients i adequades per al desenvolupament de les nostres activitats.**	
Línia d'actuació estratègica	**Responsable**	**Mesura**
2 Assegurar, amb els recursos disponibles, l'assessorament multilingüe per a donar suport a la traducció i l'ús correcte de les llengües utilitzades en cada un dels àmbits de la UV (docència, administració, investigació, cultura, transferència).	Vra. d'Estudis i Política Lingüística	*- Nombre de paraules traduïdes-revisades/Capacitat traducció-revisió del Servei de Política Lingüística (en nombre de paraules).*

Font: Extracte del II Pla Estratègic de la Universitat de València 2012-2015

---

sitari que permeta coordinar la docència, la recerca i les activitats culturals i potenciar la utilització i la normalització de la llengua pròpia.

Es tracta, doncs, d'una proposta de política universitària a la si de la Universitat de València molt més ambiciosa en matèria lingüística que la continguda al document estratègic corresponent al període 2008-2012, i on a més es fixaran les bases per al III Pla Estratègic de la Universitat de València 2016-2019, així com dels corresponents Plans Operatius dissenyats per als quatre àmbits d'actuació universitària: Ensenyament, Investigació, Transferència i innovació, i Vida de Campus i Participació[30]. És per això que, tot i reconèixer la posició del valencià com a llengua pròpia, als Plans Operatius dels III Pla Estratègic s'accentua l'interès per impulsar el multilingüisme, en línia amb les demandes d'una societat cada vegada més globalitzada. Així, per exemple, si parem l'atenció al contingut del vigent Pla Operatiu 2020, intitulat "De transició", en l'àmbit de l'ensenyament podem advertir una línia d'actuació estratègica vinculada al objectiu de Responsabilitat social de la Universitat de València. I aquesta estratègia, junt a la potenciació de la competència del PDI i PAS en les dues llengües oficials, s'acompanya amb l'objectiu d'increment de la oferta acadèmica en anglès.

R	Objectiu de Responsabilitat social RsE02	Desenvolupar el multilingüisme en el si de la comunitat UV, tot potenciant la nostra llengua				
	Línia d'actuació estratègica	Responsable	Coordinador	Fase operativa		
				Estudi	Implant.	Aval.
1	Potenciar la capacitat de la Universitat d'incrementar la seua oferta acadèmica en anglès.	Vicerectorat d'Estudis i Política Lingüística	Servei de Política Lingüística			
2	Potenciar la competència de PDI i PAS en les dues llengües oficials.	Vicerectorat d'Estudis i Política Lingüística	Servei de Política Lingüística			

Font: Extracte del Pla Operatiu 2020,"De transició", de la Universitat de València

Aquest objectiu de multilingüisme es complementa amb el disseny d'una oferta de postgrau adequada a les necessitats d'una in-

30 El contingut d'aquest Plans Operatius corresponents al III Pla Estratègic de la Universitat de València es pot consultar al web: https://www.uv.es/uvweb/servei-analisi-planificacio/ca/planificacio-estrategica/plans-operatius/plans-operatius-2016-2019-1285946497819.html (últim accés 07/02/2023).

vestigació de qualitat i ocupabilitat que potencie la internacionalització dels programes de doctorat, la qual cosa fa palès un avanç en les polítiques de multilingüisme a la Universitat de València, tot i respectant l'oferta docent en la llengua pròpia d'acord amb el Pla d'Increment de la docència en valencià, que seguidament analitzem, i la resta de normativa estatutària.

E	Objectiu d'Eficàcia EfE03	Dissenyar l'oferta de postgrau adequant-la a les necessitats d'una investigació de qualitat i a l'ocupabilitat				
	Línia d'actuació estratègica	Responsable	Coordinador	Fase operativa Estudi	Implant.	Aval.
1	Desenvolupar una oferta de màster d'acord amb els recursos docents disponibles en la UV.	Vicerectorat d'Estudis i Política Lingüística	Servei d'Estudiants	■		
2	Potenciar la internacionalització dels programes de doctorat.	Vicerectorat d'Estudis i Política Lingüística	Escola de Doctorat		■	
3	Dissenyar una oferta de títols propis sensible a les necessitats socials i econòmiques del nostre entorn.	Vicerectorat d'Estudis i Política Lingüística	Servei d'Estudiants		■	

Font: Pla Operatiu 2020,"De transició", de la Universitat de València

D'altra banda, als àmbits d'Investigació, de Transferència i innovació, i de Vida de Campus i Participació continguts al mencionat Pla Operatiu 2020, la política lingüística referida al valencià es dilueix amb les diverses línies d'actuació estratègica en aquests àmbits, que no recullen cap menció específica al valencià però tampoc exclouen el seu impuls i reconeixement com a eina per a aquestes esferes d'actuació de la Universitat. Així, per eixample, entre les diverses estratègies i des de diferents vessants trobem l'objectiu de suport a les relacions universitat-societat, la qual cosa vincula la Universitat de València al territori que l'envolta i per tant a l'ús de la llengua que li és pròpia, encara que no es continga una explícita referència a l'ús del valencià en aquest objectiu estratègic[31].

31 Aquestes estratègies es poden consultar al Pla Operatiu 2020 "De transició", accessible des de: https://www.uv.es/sap/docs/pla_operatiu/2020_pla_operatiu.pdf (últim accés 07/02/2023). Pel que fa a l'àmbit d'Investigació, p. 14. Pel que fa a l'àmbit de Transferència i innovació, pp. 19, 20 i 21. I pel que fa a l'àmbit de Vida de Campus i Participació, p. 28.

Com es pot deduir del què s'ha dit fins ara, hi ha una evolució en la planificació estratègica de la política lingüística de la Universitat de València, inicialment molt més bolcada en el reconeixement del valencià a totes les vessants de l'activitat universitària i en concret en la docència, que més recentment s'ha vist complementada per les polítiques de multilingüisme, molt concretament d'impuls de l'anglès, sense perjudici de mantindre el valencià com a llengua pròpia d'ús normal.

2.4. Normativa específica en matèria de personal docent i investigador

D'acord amb les diverses categories de professorat i la competència estatal respecte dels Cossos funcionarials de professorat universitari o la competència autonòmica respecte del professorat sotmès a règim de Dret laboral, la política lingüística aplicable al personal docent es projecta sobre diversos àmbits, que seguidament analitzem[32].

A. El coneixement del valencià als processos de selecció i provisió del professorat

L'exigència del coneixement del valencià als processos de selecció i provisió de places docents ha de respectar la doctrina constitucional envers la consideració d'aquesta capacitació lingüística com a requisit, que només ho podrà ser en aquells supòsits en què així es justifique per raó de la docència a impartir. En altre cas, el valencià serà mèrit a valorar en el corresponent procés[33]. És per això que el Reglament de selecció del personal

---

32 D'acord amb l'article 47 de la Llei Orgànica 6/2001, d'Universitats (LOU), el personal docent i investigador de les Universitats públiques estarà format per funcionaris dels cossos docents universitaris i pel personal contractat, que respon a diverses categories.

33 Sobre el valencià com a mèrit o com a requisit als Estatus de la Universitat de València de 1985, MOLINER NAVARRO, Rosa, "La singularitat ...", p. 41.

docent i investigador de la Universitat de València[34] estableix amb caràcter general que, en atenció a les necessitats docents, en totes les convocatòries es pot incloure perfil lingüístic valencià a les places convocades (article 3.2). I més endavant, respecte del personal contractat, reitera aquesta possibilitat (article 16), precisant ambdós supòsits que aquest requisit específic es podrà acreditar aportant el certificat de coneixement de nivell C1. Però aquesta regulació genèrica del requisit lingüístic continguda al Reglament de personal docent i investigador es remet per a la seua concreta aplicació a allò que disposa el Pla d'Increment de la Docència en Valencià (Disposició addicional tercera), la qual cosa, com es dirà més endavant, ens conduirà a una distinció entre les diverses categories professorals d'acord amb la qual el valencià només és requisit general per a les places de professorat contractat doctor, tant per als processos de selecció com de promoció a la categoria funcionarial de professor titular d'universitat. Per a la resta de categories docents, l'exigència d'aquest requisit lingüístic es farà dependre de les necessitats docents de l'àrea de coneixement corresponent requerides per a atendre la docència ofertada en aquesta llengua, d'acord amb allò que disposa el Pla d'increment de la docència en valencià[35], per la qual cosa en altre cas el valencià serà mèrit a valorar. Amb tot, l'exigència d'aquest requisit lingüístic als processos de selecció i promoció no suposarà, per a qui obtinga la plaça, un dret de vinculació exclusiva a l'activitat docent en la llengua que ha determinat la selecció, ni limitarà la competència de la Universitat per assignar-li distintes obligacions

---

34 Reglament de selecció del personal docent i investigador de la Universitat de València, aprovat per Acord del Consell de Govern de 27 de maig (ACGUV 114/2003), amb les modificacions introduïdes per Consell de Govern de 2 d'abril de 2019 (ACGUV 57/2019) i de 29 d'abril de 2022 (ACGUV 85/2022).

35 Tingues en compte que el Reglament de Selecció de personal investigador doctor de caràcter indefinit, aprovat per Consell de Govern de 31 de maig (ACGUV 114/2016), no recull cap especificació respecte del perfil lingüístic, per la qual cosa s'ha de estar també a les disposicions del Pla d'increment de docència en valencià.

docents, sempre que estiga garantida l'atenció de la docència en aqueixa llengua per altre professorat del Departament.

D'altra banda, cal remarcar que el nivell de coneixement del valencià exigit és el C1, corresponent a la suficiència de coneixements de l'idioma d'acord amb el Marc Comú Europeu de Referència per a les llengües (MCER)[36], i es pot acreditat mitjançant els títols i certificats expedits per la Universitat de València o d'altres declarats equivalents[37].

Pel que fa al moment en que s'ha de aportar l'acreditació del requisit lingüístic, s'ha d'estar al criteris fixats per al desenvolupament de la carrera docent del Personal Docent i Investigador de la Universitat de València, aprovats per al curs acadèmic corresponent. Així, a títol d'eixample, per al curs 2022-2023, l'Acord de Consell de Govern de 10 de març de 2022[38] establia un règim

36 Cal remarcar que al Reglament regulador del procediment selectiu de professorat contractat doctor amb caràcter interí, aprovat per Acord del Consell de Govern de 29 de novembre de 2016, per al cas de perfil lingüístic amb altra llengua que no siga el valencià, el nivell s'acreditarà aportant el certificat de coneixement del nivell B2 (article 3)

37 Segons la Disposició addicional quarta del Reglament de selecció del personal docent i investigador de la Universitat de València, referit a l'equivalència de títols acreditatius dels coneixements lingüístics, "als efectes de la baremació dels coneixements de valencià o altres llengües i, en el seu cas, del compliment del requisit lingüístic, s'aplicaran les equivalències establertes en l'acord del Consell de Govern 189/2009, de 3 de novembre de 2009, sobre equivalències entre certificats de coneixements de valencià que actualment expedeix la Universitat de València i altres certificats, títols i diplomes, així com en la Taula d'equivalències d'acreditació de llengües L2 de la Universitat de València, aprovada per l'acord de Consell de Govern 169/2013, de 27 de setembre de 2013, o normes que els modifiquen". Aquest disposició ha estat modificada per Acord del Consell de Govern de 10 de juliol de 2018, modificat amb data 23 de juliol de 2021, pel que s'aprova la taula d'equivalències d'acreditació de llengües L2 de la Universitat de València (ACGUV 156/2018).

38 Criteris per al desenvolupament de la carrera docent del Personal Docent i Investigador de la Universitat de València per al curs 2022-2023,

per a la promoció del professorat ajudant doctor a professorat contractat doctor o titular d'Universitat, que havia de justificar el compliment del requisit lingüístic abans de la finalització del termini de presentació de les sol·licituds de promoció, encara que també admetia la sol·licitud de promoció condicionada a l'acreditació del requisit fins el 31 d'agost de 2022 o, en tot cas, abans de la finalització del seu contracte. Per a les sol·licituds de promoció del professorat contractat doctor a places de professorat titular d'Universitat, la concurrència del requisit s'havia d'acreditar abans de la finalització del termini de presentació de les sol·licituds de promoció[39].

B. L'ensenyament en valencià com a eix per a l'avaluació de la qualitat docent

Altre dels àmbits en què la Universitat de València atén a la docència en valencià ha estat l'avaluació de la qualitat de la tasca docent, d'acord amb el Reglament del procediment d'avaluació de l'activitat docent del professorat de la Universitat de València[40]. Aquest procediment d'avaluació quinquennal de la qualitat de la docència ha estat homologat als criteris fixats per l'Agencia Nacional d'Avaluació i Acreditació (ANECA) continguts al Programa anomenat Docentia, adreçat a garantir la capacitació i competència del professorat universitari a través d'una avaluació de l'activitat docent.

---

aprovats per Acord de Consell de Govern de 10 de març 2022 (ACGUV 42/2022).

39 En els mateixos termes es pronunciava la Disposició Addicional Segona de l'Acord de Consell de Govern de 9 de març de 2021, pel que s'aproven els Criteris per al desenvolupament de la carrera docent del personal docent i investigador de la Universitat de València, aplicables per al curs 2021/2022 (ACGUV 30/2021).

40 Reglament del procediment d'avaluació de l'activitat docent del professorat de la Universitat de València, aprovat per Acord del Consell de Govern de 17 de desembre de 2019 (ACGUV 230/2019).

Aquest Programa es desenvolupa a dintre de la Universitat de València mitjançant el *Manual per a l'avaluació de l'activitat docent del Professorat de la Universitat de València* (Programa Docentia), aprovat per Acord de 17 de desembre de 2019[41]. Pel que fa a l'ús de l'idioma en general, el Programa atén al compliment de la llengua que figura en l'encàrrec docent per assolir l'avaluació favorable en el nivell bàsic, la qual cosa atendrà a l'absència d' incidències registrades respecte a la llengua assenyalada en l'oferta. Però l'ús del valencià té un apartat específic pel que fa al desenvolupament de la docència (apartat 3.2 del Manual), on es valora la docència impartida en la llengua pròpia de la Universitat de València atenent al nombre de crèdits impartits per curs, exceptuant els crèdits que s'imparteixen en les filologies corresponents.

La importància d'una avaluació favorable no es concep únicament com un incentiu econòmic per al professorat, d'acord amb allò previst en la normativa vigent per al component docent quinquennal (Reial Decret 1.086/1989, de 28 d'agost, sobre retribucions del professorat universitari). També es tindrà en compte per a la baremació dels candidats a certs premis o mesures honorífiques, així com als diferents processos associats a la contractació i la promoció del professorat, a l'assignació d'anys sabàtics, a l'aprovació d'estades i borses de treball, a la distribució anual de la docència d'acord amb la reglamentació del règim intern dels departaments o a l'assignació econòmica als Departaments acadèmics.

En definitiva, hi ha tot un conjunt de mesures de reconeixement del valencià com a llengua per a la docència de qualitat, molt necessàries per a posicionar la llengua pròpia a l'ensenyament universitari.

---

41 Manual per a l'avaluació de l'activitat docent del Professorat de la Universitat de València (Programa Docentia), aprovat per Acord de 17 de desembre de 2019 (ACGUV 229/2019).

2.5. *L'activitat de foment. Especial referència a la competència del Servei de Política Lingüística*

L'activitat de foment del valencià a la Universitat de València s'articula mitjançat diversos instruments jurídics i es projecta sobre molts diversos àmbits. És un fet continuat al llarg dels últims anys la convocatòria d'ajuts de tot tipus (subvencions, beques, incentius econòmics...) per a empentar l´ús i reconeixement del valencià en totes les actuacions de la Universitat. Però des d'una vessant organitzativa, com s'ha dit, cal remarcar que el Servei de Política Lingüística assumeix una posició transcendental per al foment del valencià. Ja els Estatus de la Universitat de València aprovats per Decret 128/2004 reconeixen aquest posicionament en disposar la creació d'un servei de política lingüística per acomplir amb l'objectiu d'assoliment de l'ús normalitzat de la llengua pròpia (article 6.3). El desenvolupament estatutari de les competències atribuïdes a aquest servei demostra la seua importància i el creixent protagonisme que assumeix no només pel que fa al valencià sinó també a d'altres llengües, en coherència amb els objectius de plurilingüisme reconeguts com a política estratègica.

A. L'impuls en l'activitat d'acreditació del valencià: la signatura del conveni per a la creació de la Comissió Interuniversitària d'Estandardització d'Acreditacions de Coneixements de Valencià (CIEACOVA)

Un del àmbits en què el Servei de política lingüística desenvolupa la seua funció de foment es troba en la capacitació lingüística de tota la comunitat universitària, i no només del personal docent i investigador. És per això que la Universitat de València, junt a d'altres Universitats de la Comunitat Valenciana[42], va sig-

42 Junt a la Universitat de València, a hores d'ara en formen part de la CIEACOVA la Universitat Politècnica de València, la Universitat d'Alacant, la Universitat Jaume I de Castelló, la Universitat Miguel Hernán-

nar amb data 22 de setembre de 2015 un conveni per a constituir la Comissió Interuniversitària d'Estandardització d'Acreditacions de Coneixements de Valencià (CIEACOVA). Una de les competències d'aquesta Comissió interuniversitària és la d'aprovar un model de prova i de certificat comuns i homologables per la Junta Qualificadora de Coneixements de Valencià[43] que, entre d'altres objectius, permeta acreditar el requisit o mèrit de coneixement del valencià per al processos de selecció i promoció de places docents. Amb tot, s'ha de dir que hi ha tot un seguici de certificats, títols o diplomes que també permeten acreditar el coneixement i capacitació del valencià, i que la Universitat de València reconeix segons l'Acord de Consell de Govern de 24 d'abril de 2018 (ACGUV 66/2018)[44].

D'altra banda, també hi ha un reconeixement acadèmic per la realització de cursos de valencià organitzats pel Servei de Política Lingüística o pel Centre d'Idiomes de la Universitat de València, que de ser curs presencial complet tindrà un reconeixement de 3 crèdits ECTS, o bé de 1,5 crèdits ECTS si es tracta de cursos no presencials de durada anual[45].

---

dez d'Elx, la Universitat Cardenal Herrera-CEU i la Universitat Catòlica de València-Sant Vicent Màrtir.

43 Ordre 7/2017, de 2 de març de 2017, de la Conselleria d'Educació, Investigació, Cultura i Esport, per la qual es regulen els certificats oficials administratius de coneixements de valencià de la Junta Qualificadora de Coneixements de Valencià, el personal examinador i l'homologació i la validació d'altres títols i certificats.

44 Certificats de coneixement de valencià que expedeix el Servei de Llengües i Política Lingüística de la Universitat de València i les equivalències d'altres títols, diplomes i certificats, segons l'Acord de Consell de Govern de 24 d'abril de 2018 (ACGUV 66/2018). També es pot consultar la Normativa sobre reconeixement de competències en la llengua pròpia de la Universitat de València en les titulacions universitàries, aprovada pel Consell de Govern de 22 de desembre de 2009 (ACGUV 242/2009).

45 Així ho fixa l'article 4 del Reglament de reconeixement acadèmic per la participació en activitats culturals, esportives, estudiantil, solidàries i de

B. La prestació de diversos serveis i recursos per a l'aprenentatge del valencià

El Servei de Política Lingüística també du endavant una tasca de formació lingüística en favor de tota la comunitat educativa, especialment del valencià. Hi ha tota una oferta de cursos específics en valencià, tan per al PDI com per al PAS, junt a moltes altres activitats de foment: la creació de grups de conversa o la programació d'activitats per a l'aprenentatge autònom en els centres d'aprenentatge de llengües (CAL); les tutories de valencià personalitzades per al PDI i PI i tot un seguici de recursos docents (informàtics, bibliogràfics, audiovisuals ..) per a l'aprenentatge de llengües i la promoció dels valors de la igualtat lingüística i del plurilingüisme. Una menció especial mereix la funció d'assessorament lingüístic, amb la resolució de dubtes i qüestions sobre llenguatge d'especialitat, administratiu i de llengua general, així com la correcció en valencià de textos i materials adreçats a la docència i a la divulgació científica, o de textos administratius, institucionals, culturals i de gestió[46].

També hi ha un conjunt d'activitats més lúdiques per a l'aprenentatge del valencià, com l'anomenada "Tastallengües", que permet practicar qualsevol idioma en un context informal, acompanyat de menjars i begudes típiques de cada cultura i de música tradicional valenciana. I també programes d'acolliment lingüístic com el "Valencian Workshops", per facilitar la integració plena de l'estudiantat internacional.

---

cooperació, aprovat pel Consell de Govern de 29 de novembre de 2010 (ACGUV 215/2010).

46 Cal posar en valor el fet que el Servei de política lingüística de la Universitat de València, junt a d'altres serveis de les Universitat valencianes ha contribuït en l'elaboració dels "Criteris lingüístics per als usos institucionals de les universitats valencianes", amb l'objectiu de contribuir a determinar un estil homogeni i adequat en valencià als usos formals propis de la institució universitària. El document està accessible al web: https://www.uv.es/uvweb/servei-politica-linguistica/ca/servei-llengues/recursos-1286001214301.html (últim accés, gener de 2023).

Així, doncs, el ventall de recursos didàctics que el Servei de política lingüística posa a disposició de la comunitat educativa és molt extens i està sotmès a contínua millora. Centrant l'atenció en l'àmbit jurídic mereix especial reconeixement l'elaboració d'un vocabulari de Dret, fruit de la col·laboració d'un equip de professors de les facultats de Dret de la Universitat de Barcelona i de la Universitat de València, junt amb tècnics dels serveis lingüístics de les dues universitats[47]. I també, a l'any 2022 es va encetar una activitat consistent en elaborar un conjunt de vídeos dirigits a millorar l'ús de la llengua, mitjançat l'aplicació "Ben dit!", on la terminologia jurídica té una especial rellevància didàctica[48].

C. Mesures transversals de foment del valencià

A més del serveis i recursos que hem anomenant, el Servei de política lingüística convoca diversos premis per a impulsar la docència en tots els seus nivells, la investigació i la difusió científica en valencià[49]. També aprova convocatòries específiques d'ajudes, tant per a incentivar l'acreditació del nivell de domini de llengües en la comunitat universitària com per a la realització d'activitats de promoció del valencià que contribuïsquen a dinamitzar l'ús

47 LLABRÉS, Antoni i PONS, Eva (Coords.), *Vocabulari de Dret*, Universitat de València, Universitat de Barcelona, 2010. Document electrònic accessible des del web: https://www.uv.es/llengues/vocabulari_dret/Vocabulari_dret.htm.

48 Es tracta d'un conjunt de vídeos breus que van directes a la qüestió (paraules, expressions, recursos...), elaborats pel professorat amb l'ajut del Servei de Llengües i Política Lingüística de la Universitat de València i MediaUni.

49 Entre d'altres, es recurrent la convocatòria dels Premis Fernando Sapiña per a la incentivació de la docència en valencià i anglès premiant l'elaboració i difusió de materials docents en aquestes llengües; dels Premis Mavi Dolç i Gastaldo per a la incentivació de l'ús del valencià i la qualitat lingüística en les tesis doctorals, els Premis Xavier Gómez i Font per a la incentivació de l'ús del valencià i l'anglès i la qualitat lingüística en els treballs de final de grau i màster o els Premis Josep Martínez Bisbal a l'ús del valencià en publicacions acadèmiques.

del valencià en la Universitat de València, que poden incloure diversos tipus d'activitat així com incentius departamentals per a l'increment de la docència en valencià i en anglès[50]. D'altra banda, també hi ha concrets incentius per a l'estudiantat, com ara el *Premis Xavier Gómez i Font*, que tenen l'objectiu de promoure la qualitat lingüística en els treballs acadèmics, fomentar l'ús acadèmic del català i també estimular l'ús de l'anglès com a eina per a la internacionalització de la Universitat de València.

D. La campanya "Igualtat lingüística": una eina per a posar límits a la jerarquia lingüística

Sota el lema "igualtat lingüística i plurilingüisme autocentrat", el Servei de Política Lingüística ha llançat la Campanya «Igualtat lingüística és...» per a assolir tres objectius generals: la conscienciació del valencià com a llengua d'ús normal, la valorització del terme "igualtat lingüística" per a visibilitzar que "totes les llengües són iguals i els seus parlants, també", i donar a conèixer el marc normatiu de la Universitat de València en matèria d'igualtat lingüística. Com es pot deduir, resulta especialment important aquesta tasca institucional per a posar límits a la jerarquia lingüística que a hores d'ara té el castellà, pròpia d'una ideologia que expressa la idea de l'existència de llengües superiors i inferiors, la qual cosa es tradueix en tot un règim jurídic on està en qüestió l'obligació de conèixer altres llengües oficials, tot i tindre el dret d'usar-les[51].

---

50 Entre les convocatòries més recents es troba la Resolució de 20 de desembre de 2022, del vicerector d'Internacionalització i Multilingüisme, per la qual convoca la concessió d'ajudes a unitats de gestió de la Universitat de València per a activitats que dinamitzen l'ús del valencià durant l'any 2023. Són objecte d'aquesta ajuda tant les campanyes de promoció de l'ús de la llengua pròpia com les activitats acadèmiques i culturals que es desenvolupen íntegrament en valencià, com ara jornades, concerts, representacions teatrals, projeccions cinematogràfiques, distribució de publicacions, materials audiovisuals o multimèdia, etcètera.

51 Sobre aquesta qüestió es pot consultar la posició de NOGUEIRA LÓPEZ, Alba, "La regulación del pluralismo lingüístico. Otra lectura

3. EL PLA D'INCREMENT DE LA DOCÈNCIA EN VALENCIÀ COM A BASE DE LA POLÍTICA LINGÜÍSTICA

Atesa la importància del valencià com a llengua pròpia de la Universitat, el marc normatiu i les línies estratègiques esmentades als apartats anteriors amb caràcter general es concreten amb l'elaboració d'un document específic, el Pla d'increment de la docència en valencià, aprovat per Acord del Consell de Govern 129/2012, de 26 de juny, amb les modificacions introduïdes per Acord de 22 de desembre de 2016[52]. Aquest document, que substitueix i deroga l'aprovat per la Junta de Govern de la Universitat de València el 22 de desembre de 1992 i la proposta d'actuació per a la millora de la docència i l'ús del valencià aprovada el 21 d'octubre de 1997 (ambdós baix el text estatutari de 1985), esdevé en la pedra angular per a l'ordenació dels criteris d'elaboració de l'oferta dels ensenyaments oficials, en la mesura en què fixa les regles per aconseguir seqüenciadament la distribució equitativa entre les dues llengües oficials, quan es tracte de la docència no impartida en alguna llengua estrangera, així com d'altres moltes disposicions encapçalades a garantir la seguretat lingüística d'alumnat i professorat.

Les mesures fixades al Pla d'increment de la docència en valencià, que per la seua importància per a la nostra anàlisi reproduïm amb la seua literalitat, son les següents:

---

del marco constitucional de los derechos y deberes lingüísticos", Revista Vasca de Administración Pública, 58. 2000, pp. 279-298. També TASA FUSTER, Vicenta, "El sistema español de jerarquia lingüística. Desarrollo autonómico del articulo 3 de la Constitución: llengua del Estado, lenguas cooficiales, otras lenguas españolas y modalidades lingüisticas. Teoría y praxis", *Revista de derecho político,* nº 100, 2017, pp. 51-79. I de la mateixa autora, "Ideologia, jerarquia lingüística i ...", op. cit., pp. 22-39. Accessible des de: https://doi.org/10.2436/rld.i76.2021.3663.

52 Aprovat en Consell de Govern de 26 de juny de 2012 (ACGUV 129/2012), i modificat en Consell de Govern de 22 de desembre de 2016 (ACGUV 308/2016).

1. Els criteris per a l'elaboració de l'oferta de curs acadèmic (OCA) fixaran cada any els percentatges mínims de docència en valencià per a les titulacions de grau, llicenciatura, diplomatura i enginyeries, amb un increment anual que permeta assolir l'objectiu mínim d'un 35 % en 5 anys i la distribució equitativa de l'oferta docent impartida en les dues llengües oficials en un termini màxim de 10 anys des de l'aprovació d'aquest pla.

2. S'ha d'aprovar un pla específic d'increment de la docència en valencià per als postgraus. Mentrestant, els Criteris per a l'elaboració de l'oferta de curs acadèmic han d'establir un mecanisme que permeta fer aflorar l'oferta potencial de docència en valencià, en anglès i en altres idiomes de comunicació internacional i ha de fixar un increment anual en el mínim d'oferta en valencià.

3. L'oferta acadèmica dels graus, les llicenciatures, les diplomatures, les enginyeries, els màsters i els doctorats ha de reflectir amb exactitud l'idioma en què s'ha d'impartir cada grup i subgrup de cada assignatura, per tal de garantir la seguretat lingüística tant dels estudiants com del professorat.

4. Les comissions acadèmiques de títol (CAT) han de garantir els percentatges de docència en valencià de les propostes d'OCA abans que les aprove la junta de centre.

5. 1. Els departaments assignaran sempre les assignatures ofertes en valencià al professorat capacitat. La capacitació lingüística del professorat, acreditada amb un nivell C1, serà criteri preferent per a l'assignació de la docència en valencià en el POD del departament. 2. Així mateix, el departament que incomplisca les previsions d'impartir docència en valencià tindrà una penalització en el pressupost de l'exercici següent, que determinarà la Comissió Econòmica.

6. 1. El professorat ha de fer les classes en la llengua establerta en l'oferta acadèmica i reflectida en el POD. Una volta feta l'oferta i oberta la matrícula, la llengua vehicular d'una assignatura no es pot canviar, ni tan sols per votació dels estudiants. Els estudiants matriculats en una assignatura en valencià han de rebre en aquesta llengua els materials elaborats pel professorat, i almenys els exàmens, la guia docent i les pràctiques. Si de la bibliografia n'hi ha versió en valencià, es recomanarà en aquesta llengua. 2. L'incompliment de l'encàrrec docent comportarà que al professorat que incomplisca no se li podrà assignar cap grup de docència en valencià en els cinc cursos següents. En tot cas, el grau de compliment de la docència en valencià s'haurà de tenir en compte en l'avaluació docent del professorat.

7. 1. Si algun departament, per raons acadèmiques i/o lingüístiques, no pot atendre de manera adequada l'ensenyament en valencià d'alguna assignatura, disposarà del termini de tres anys per tal de poder donar la formació lingüística escaient per al seu professorat. En aquest sentit, s'establiran mecanismes per tal de conèixer la capacitació lingüística del professorat per àrea de coneixement.

2. Si, transcorregut aquest període, es continua sense satisfer l'organització docent d'ensenyament en valencià, el Consell de Govern, d'acord amb els informes de la CAT i de la Comissió de Professorat, podrà adscriure temporalment l'assignatura a una altra àrea, fins que aquella àrea siga capaç de satisfer aquesta exigència.

8. La Comissió de Política Lingüística elaborarà anualment un informe sobre l'evolució de l'oferta i la demanda de docència en valencià en cada titulació, el grau de compliment de l'OCA i les incidències que s'hi hagen produït i en donarà compte al Consell de Govern.

9. Derogat[53]

10. En els contractes del professorat seleccionat amb el requisit lingüístic valencià s'introduirà una clàusula al·lusiva a l'obligació d'impartir docència en aquesta llengua quan així ho dispose el POD del departament.

11. 1. Totes les convocatòries de places de professorat contractat doctor, inclouran com a requisit el nivell C1 de coneixement del valencià[54]. 2. Per a la valoració de les sol·licituds de promoció a places de professorat titular d'universitat de la Universitat de

---

53 En la redacció inicial del Pla d'Increment, aprovada al 2012, el contingut d'aquest apartat era el següent: "9.1. Totes les convocatòries de places de professorat contractat de qualsevol tipus, excepte el professorat associat, inclouran com a requisit el nivell C1 de coneixement del valencià. 2. No obstant això, en les convocatòries de places de professorat associat serà obligatòria l'exigència del coneixement de valencià en aquelles places pertanyents a àrees de coneixement amb necessitats de personal amb perfil lingüístic o amb incompliment de les previsions relatives a la docència en valencià. També s'haurà d'exigir el perfil lingüístic en les places de professorat associat quan es tracte de substituir professorat que tingués assignada la docència en valencià".

54 La redacció inicial d'aquest apartat, aleshores nº 2, era la següent: Per a la valoració de les sol·licituds de promoció a places de professorat funcionari o contractat de caràcter indefinit de la Universitat de València,

València, el coneixement del valencià en el nivell C1 s'ha d'incorporar com a requisit. 3. Tant en les convocatòries de places de professorat associat, ajudant i ajudant doctor com en la valoració de les sol·licituds de promoció a places de catedràtic d'universitat de la Universitat de València, s'exigirà el coneixement del valencià en el nivell C1 en aquelles places pertanyents a àrees de coneixement amb necessitats de personal amb perfil lingüístic per raons d'incompliment de la docència assignada en valencià. En tots aquest casos, les sol·licituds de promoció o de convocatòria de la plaça hauran d'anar acompanyades d'informe sobre la situació de l'àrea de coneixement respecte del compliment de la docència assignada en valencià. 4. També s'haurà d'exigir el coneixement de valencià en el nivell C1 en les contractacions per a la substitució de professorat que tinga assignada la docència en valencià[55].

12. En tots els concursos per a la selecció de personal funcionari es valorarà com a mèrit els coneixements de valencià.

13. En la valoració de les sol·licituds de llicències per any sabàtic es valorarà com a mèrit a ver impartit docència en valencià.

14. El Servei de Política Lingüística facilitarà al professorat la realització de cursos de valencià, l'assessorament lingüístic i la correcció o la traducció al valencià dels materials necessaris per assegurar-ne el compliment de la docència en valencià i la màxima qualitat lingüística.

Disposicions addicionals

Primera

Les disposicions d'aquesta normativa s'han d'incorporar a tota la normativa de la Universitat de València que puga afectar i, especialment, a aquella que fa referència a la promoció del professorat.

Segona

L'aplicació d'aquest pla no implicarà, en cap cas, la contractació de professorat per dur-lo a terme excepte en aquelles àrees que ho requerisquen d'acord amb els criteris d'ampliació i promoció de plantilla de la Universitat de València.

---

el coneixement del valencià en el nivell C1 s'ha d'incorporar com a requisit".

55 Els apartats 3 i 4 han estat afegits a la reforma introduïda per Acord del Consell de Govern de 22 de desembre de 2016 (ACGUV 308/2016).

Tercera

Les previsions d'aquesta normativa no són d'aplicació a les matèries que imparteixen les àrees de Filologia i Didàctica de la Llengua, excepte que aquestes no s'impartisquen en la llengua corresponent a la filologia o la didàctica. En aquest darrer cas, sí que s'aplica tot allò previst en aquesta normativa.

Disposicions transitòries

Primera

Fins a l'1 de gener de 2019, només en el cas que el departament haja complit les seues obligacions respecte a la docència en valencià assignada i si la política de promocions del departament ho justifica, el Consell de Govern, previ informe de la Comissió de Professorat, podrà autoritzar la convocatòria d'una plaça de contractat doctor interí amb uns requeriments de competències lingüístiques diferents a l'establert en l'apartat 11.1.

Segona

Derogada

Tercera

Derogada

Disposició derogatòria

Aquest pla substitueix i deroga l'aprovat per la Junta de Govern de la Universitat de València el 22 de desembre de 1992 i la proposta d'actuació per a la millora de la docència i l'ús del valencià aprovada el 21 d'octubre de 1997.

Disposició Final

Aquesta normativa entrarà en vigor l'endemà de la seua aprovació pel Consell de Govern.

3.1. La necessitat del Pla d'increment de la docència en valencià per a l'assoliment de la distribució "equitativa" de les llengües oficials en la docència i en la seguretat lingüística de la comunitat educativa

L'aprovació del Pla d'increment de la docència en valencià era una necessitat per a l'efectivitat de l'ensenyament en valencià com a llengua pròpia de la Universitat de València. Tot i l'adopció de diverses mesures de promoció, la falta de confiança en la capacitació lingüística del professorat i l'absència de control en l'aplicació de la normativa no permetien garantir la seguretat lingüística de l'alumnat ni tampoc el compliment de la normativa[56]. És per això que es va impulsar una eina específica per a garantir la docència en valencià, un instrument de planificació acadèmica molt ambiciós en el seus continguts que té com a objectiu, tal com diu el seu preàmbul, assolir "la distribució equitativa entre les dues llengües oficials de la docència no impartida en alguna llengua estrangera en les diverses titulacions". Per a alcançar aquest objectiu de docència "equitativa" es va fer una seqüenciació temporal per a un termini màxim de 10 anys, però alhora també es contemplava un període més immediat de 5 anys en què s'havia d'arribar a un 35 % de docència en valencià.

La idea d'una docència "equitativa" en valencià, d'acord amb la qual a la finalització del període de 10 anys la docència en valencià no ha de ser inferior al 50 % de la docència no impartida en una llengua estrangera, esdevé una gran fita per al sistema educatiu valencià que, en les etapes prèvies a l'accés a la Universitat només ha aconseguit una docència en "proporció raonable", d'acord amb les diverses resolucions judicials que han anat anul·lant totes i cadascunes de les propostes de política lingüística a l'escola formulades pel Govern valencià del Botànic[57]. Molt al contrari, el re-

---

56 Així ho explica ESTEVE i GÒMEZ, Alfons, "Medidas para a promoción da lingua pròpia", op. cit., p. 121, al senyalar que a la "Universidade de Valencia foi aprobando todo un conxunto de medidas internas encamiñadas a favorecer e promover o uso do catalán na docencia, mais todos estes acordos e medidas se aplicaron de xeito parcial e, daquela, non resultaron suficientes por eles mesmos non xa para normalizar o uso do valenciano na docencia, senón nin tan sequera para garantir os mínimos dereitos lingüísticos do alumnado. E todo iso por dous motivos principais: pola falta de confianza do profesorado na súa capacitación lingüística e mais pola falta de control na aplicación das normatives".

57 Una referència a l'estat de la qüestió i a les diverses impugnacions es pot vore a MARZAL RAGA, Reyes, "Crònica legislativa de la Comunitat

coneixement constitucional d'autonomia universitària expressat amb l'aprovació del Pla d'increment ha permès a la Universitat de València una major llibertat per a garantir l'ús del valencià, fins i tot en una proporció "equitativa" amb el castellà, cosa que no s'ha aconseguit a l'ensenyament primari i secundari que, com s'ha dit només ha estat admesa en una "proporció raonable"; ni tampoc a d'altres Universitats valencianes, com es pot vore en aquesta obra i d'altres estudis comparats[58], ni a Universitats de la mateixa àrea lingüística com ara les catalanes[59].

D'altra banda, el Pla d'increment també ha permès garantir la seguretat lingüística de l'estudiantat i professorat, en fixar amb claredat els criteris per a l'assignació dels grups i assignatures que han d'impartir-se en valencià, que hauran d'aprovar-se a l'oferta docent per al corresponent curs acadèmic i són indisponibles per

---

Valenciana. Primer semestre de 2022: L'ús del valencià en 'proporció raonable' a l'escola i a la resta d'actuacions administratives", *Revista de Llengua i Dret*, 78, 2022, pp. 252-259.

58 MUÑOZ GIL, Anna, "Tenim una llengua normalitzada?: L'evolució de l'ús del valencià a les universitats públiques del País Valencià", *VII Congrés Català de Sociologia i V Congrés Català de Joves Sociòlegs / Sociòlogues: llibre de resums de les sessions dels Grups de Treball*, Universitat Rovira i Virgili, Tarragona, 2017, p. 148, assenyala que l'anàlisi de l'evolució de l'OCA en valencià a les distintes Universitats públiques del País Valencià reflecteix una notable desigualtat entre elles pel que fa a l'establiment de polítiques lingüístiques. A més, paral·lelament s'identifica una manca d'actuació institucional per a establir una homogeneïtzació de les mateixes que garantitze la normalització a tot el territori.

59 Cal tindre en compte que Catalunya compta amb un mar normatiu lingüístic aplicable a l'ensenyament universitari que es troba, fonamentalment a l'article 22 de la Llei de política lingüística, a l'article 6 de la Llei d'universitats de Catalunya i al Decret 128/2010, de 14 de desembre, sobre l'acreditació del coneixement lingüístic del professorat de les universitats del sistema universitari de Catalunya. En aplicació d'aquet marc normatiu s'ha aprovat el Pla d'enfortiment de la llengua catalana en el sistema universitari i de recerca de Catalunya, per acord de la Junta del Consell Interuniversitari de Catalunya de 27 de maig de 2022.

a professorat i alumnat. Com a colofó d'aquest règim, el Pla d'increment assenyala les conseqüències de l'incompliment d'aquests criteris, que suposarà una penalització en el pressupost atribuït al corresponent Departament per al següent curs, i al temps la impossibilitat d'assignar docència en valencià al professorat incomplidor de l'encàrrec docent. Però a més, fixa els mecanismes per a donar resposta a les dificultats dels Departaments d'atendre la docència en valencià, siga per raons acadèmiques o lingüístiques, concedint un termini de tres anys per a garantir la capacitació lingüística del professorat de l'àrea de coneixement, transcorreguts els quals podrà acordar-se el canvi a una altra àrea amb capacitat per a satisfer les exigències del Pla d'increment.

3.2. L'oferta docent per al curs acadèmic (OCA) com a document garant del compliment dels criteris del Pla d'increment de la docència en valencià

L'oferta de curs acadèmic (OCA) és el document d'organització de la docència que, d'entre d'altres funcions de gestió acadèmica, permet garantir el compliment de les disposicions del Pla d'increment[60]. Com s'ha dit, el Pla d'increment aprovat al 2012 va fixar un termini de 10 anys com a període màxim per a l'elaboració d'una oferta de curs acadèmic (OCA) impartida en les dues llengües oficials que responguera a una distribució equitativa. Però alhora també concretava un període més curt de 5 anys en què s'havia d'arribar a un 35 % de docència en valencià. A hores d'ara, en què el Pla està esgotat en la seua aplicació cronològica, s'ha de remarcar que la Universitat de Valèn-

---

60 Reglament de l'oferta del curs acadèmic de la Universitat de València, aprovat per Acord del Consell de Govern 73/2005, de 2 de març (ACGUV 43/2005). D'acord amb l'article 5, "l'organització de la docència, sempre que el nombre de grups i els recursos materials ho possibiliten, haurà de facilitar l'elecció d'horaris de matí o vesprada, l'opció lingüística dels estudiants i la matrícula acadèmicament coherent dels que compatibilitzen l'estudi amb activitats laborals".

cia ha complit dintre dels terminis amb tots els objectius enunciats al Pla, superant els percentatges de docència en valencià fins a incrementar-la 10 punts en només tres cursos, en passar d'una oferta de crèdits en valencià del 26,5% en el curs acadèmic 2012-2013 a un 30,2% en el curs 2013-2014; i del 35,7% en el curs 2014-2015 a una previsió del 36,7% per al curs 2015-2016[61]. Aquest creixement progressiu i percentual de la docència en valencià s'ha mantes fins a alcançar l'objectiu final de distribució "equitativa" al curs acadèmic 2021-2022, moment en què s'ha produït, amb algun incompliment i desviació que vorem en el capítol relatiu a la docència de l'àrea de Dret administratiu, l'assoliment d'un nombre d'hores de docència en valencià en cada titulació de grau no inferior al 50% sobre el total no impartit en una llengua estrangera[62]. Per al curs acadèmic 2022-2023, els Criteris per a l'elaboració de l'oferta dels ensenyaments oficials de grau i màster han mantes el percentatge d'almenys el 50% de docència en valencià per als ensenyaments de grau, assolint així l'objectiu final del Pla d'increment[63].

---

[61] ESTEVE i GÓMEZ, Alfons i RAMOS, Rafael, "Igualtat lingüística, una eina de la política lingüística de la Universitat de València", *Llengua i ús: revista tècnica de política lingüística*, nº 56, 2015, assenyalen el satisfactori grau de compliment de les mesures contingudes al Pla d'increment. Els diferents informes d'OCA per a cadascun del cursos acadèmics en què s'ha d'aplicar el Pla d'increment de la docència en valencià es pot consultar al web: https://www.uv.es/uvweb/servei-politica-linguistica/ca/servei-llengues/informes-memories-1286001214699.html (últim accés, 14-02-2023).

[62] El grau de compliment dels percentatges es pot vore als informes de la Comissió de Política Lingüística per als diversos cursos acadèmics, accessibles des del web: https://www.uv.es/uvweb/servei-politica-linguistica/ca/servei-llengues/informes-memories-1286001214699.html (últim accés, 14-02-2023).

[63] Criteris per a l'elaboració de l'oferta dels ensenyaments oficials de grau i màster per al curs 2022-2023, aprovats per Acord de Consell de Govern de la Universitat de València de 9 de novembre de 2021 (ACGUV 267/2021). La distribució "equitativa" de la docència en valencià es fixa al article 3.4 b) d'aquest Criteris, on s'inclou un conjunt de disposicions

Pel que fa als ensenyaments de Màster, en no haver-se aprovat un Pla específic, tal como preveu el Pla d'Increment, els Criteris d'OCA per al curs 2022-2023 establiren un increment de la docència en valencià i en anglès, o altres llengües estrangeres, respecte a l'oferta del curs 2021-2022. També es deia que en el cas que l'oferta del Màster es composara d'assignatures en les dues llengües oficials, o a més en una tercera, el Màster s'havia d'oferir com a bilingüe valencià/castellà o com a trilingüe valencià/castellà/llengua estrangera, amb l'especificació de l'idioma en què s'impartira cada assignatura. Tanmateix el sistema d'elecció d'assignatures havia de garantir al professorat l'elecció de la llengua pròpia de la Universitat, de l'anglès i d'altres llengües de comunicació internacional, com a idiomes vehiculars de la docència en els postgraus de la Universitat de València (article 4.4). En tot cas, s'havia de reflectir amb exactitud l'idioma en què cada professor impartirà cada assignatura, per tal de garantir la seguretat lingüística de l'estudiantat i del professorat.

L'anàlisi i evolució de l'aplicació del Pla d'increment ha estat avaluada molt favorablement[64], reafirmant que la Universitat de València es situa al capdavant del Sistema Universitari Públic Va-

per a l'elaboració de l'OCA de cadascuna de les titulacions que condueixen a l'obtenció dels títols de grau.

64 Per a una anàlisis del grau de compliment de l'OCA en els diversos cursos acadèmics en què és d'aplicació el Pla d'increment es poden consultar els informes emesos pel Servei de política Lingüística, accessibles al web: https://www.uv.es/uvweb/servei-politica-linguistica/ca/servei-llengues/informes-memories-1286001214699.html (últim accés, 14-02-2023). Pel que fa a l'oferta en els graus per al curs 2021/2022, s'afirma que la Universitat es consolida com la més plurilingüe i, alhora, la més igualitària de les universitats valencianes, ja que és la que més té en compte la realitat social i lingüística valenciana, tot apostant decididament per la internacionalització. Així, la UV pretén aconseguir que els seus titulats siguen capaços de treballar en almenys tres idiomes: valencià, castellà i anglès o una altra llengua estrangera. En aquest sentit, els criteris aprovats pel Consell de Govern plantegen com a objectiu substituir progressivament les agrupacions horàries monolingües per

lencià, tant per la seua oferta docent de graus en valencià, que creix a un 4,3% anual acumulat, com per la d'anglès.

D'acord amb les dades extretes de l'informe d'OCA per al curs 2022-2023, hi ha un grapat de titulacions vinculades a l'àrea de ciències jurídiques que igualen o es mouen per damunt d'una oferta en valencià del 50%, entre les quals es troben els ensenyaments de Sociologia i Ciències Polítiques i de l'Administració Pública, i els de Dret i Criminologia. També hi ha titulacions que, encara que no arriben al 50%, superen el 49%, com ara ADE-Dret amb un 49,7%. I hi ha d'altres més allunyades dels objectius establerts pels criteris d'OCA, fonamentalment les de nova creació, com ara els ensenyaments de Dret i Economia, on els plans d'estudi encara estan iniciant la seua implantació. En un altre Capítol d'aquesta obra assenyalem el grau de compliment dels corresponents criteris respecte de la docència atribuïda a l'àrea de Dret administratiu, així com les dificultats que s'han superat per tal de donar una resposta adequada a la docència en valencià. Però ací fem esment a les xifres globals recollides per la Comissió de Política Lingüística respecte dels ensenyaments impartits a la Facultat de Dret, pel que fa a les hores de docència segons llengua (Taula 2) i a la presència i evolució del valencià en la docència feta en llengües oficials (Taula 3)

Taula 2. Distribució percentual de les hores de docència segons llengua, per titulació (2022-23)

CENTRE	CODI	TITULACIÓ	VAL	CAST	ANG	FRA	ALE	ITA	PORT	TOTAL
Facultat de Dret	1300/1335	G. C. Pol i Adm. Púb.	48,4%	51,6%	0,0%	0,0%	0,0%	0,0%	0,0%	4.275,0
	1302	G. Criminologia	45,5%	53,5%	1,0%	0,0%	0,0%	0,0%	0,0%	4.670,0
	1303	G. Dret	36,2%	55,1%	8,7%	0,0%	0,0%	0,0%	0,0%	26.805,0
	1922	PDT Dret- C. Pol i Adm. P.	47,9%	52,1%	0,0%	0,0%	0,0%	0,0%	0,0%	3.975,0
	1923	PDT Dret-Criminologia	50,0%	50,0%	0,0%	0,0%	0,0%	0,0%	0,0%	6.350,0
	1924/1930	PDT C. Pol Adm. P.-Sociolog	50,0%	50,0%	0,0%	0,0%	0,0%	0,0%	0,0%	6.120,0

Font: Informe sobre l'oferta docent i les llengües de docència. Curs 2022-23 (p. 6)

---

agrupacions plurilingües valencià/castellà i valencià/castellà/llengua estrangera.

Taula 3. Presència i evolució del valencià en la docència feta en llengües oficials (2022-23)

CENTRE	CODI	TITULACIÓ	OCA 22-23	OCA 21-22	Δ 22-23
F. de Dret	1300/1335	G. CCPP i de l'AP	48,4%	48,4%	0,0
	1302	G. Criminologia	45,9%	45,9%	0,0
	1303	G. Dret	39,6%	38,3%	1,3
	1922	PDT Dret- C. Pol i Adm. P.	47,9%	44,4%	3,5
	1923	PDT Dret-Criminologia	50,0%	50,0%	0,0
	1924/1930	PDT C. Pol i Adm. P.-Sociolog	50,0%	50,5%	-0,5

Font: Informe sobre l'oferta docent i les llengües de docència. Curs 2022-23 (p. 8)

El resultat d'aquestes anàlisis il·lustra com la docència en valencià decreix, segons les Memòries de la Comissió de Política Lingüística, a un ritme anual acumulat del -3,0%, i que el castellà continua sent la llengua docent majoritària a la Universitat de València, amb un 49,1% de totes les hores impartides[65].

3.3. Els diversos criteris de l'OCA com a base per a la distribució equitativa de la docència impartida en les dues llengües oficials

Entre les principals funcions atribuïdes al document d'OCA es troba la de garantir la distribució equitativa de la docència en valencià i la seguretat lingüística de l'estudiantat i professorat. Per això, el Pla d'Increment incorpora un conjunt de criteris a aplicar sobre diversos àmbits, que es poden sistematitzar per referència a les assignatures dels ensenyaments oficials (A), a l'encàrrec docent del professorat (B) i als processos de selecció i promoció del personal docent (C).

---

65 Memòria de la Comissió de Política Lingüística per al curs 2022-2023, p. 4. El document està accessible al web: https://www.uv.es/uvweb/servei-politica-linguistica/ca/servei-llengues/informes-memories-1286001214699.html (últim accés, 14-02-2023).

A. L'aplicació dels criteris del Pla d'increment sobre les assignatures dels ensenyaments oficials

Per tal de garantir el compliment del Pla d'Increment, l'oferta de cadascuna de les assignatures dels ensenyaments oficials ha de reflectir l'idioma en què s'impartirà (criteri 3), la qual cosa determina la llengua en què el professorat ha de fer les classes, elaborar el material, la guia docent, les pràctiques i l'examen (criteri 6.1). Aquestes previsions, vinculades al corresponent document d'OCA, esdevenen fonamentals per a garantir els objectius del Pla d'increment en evitació de situacions passades en què es permetia el canvi d'idioma inicialment assignat a cada assignatura, habitualment un canvi de valencià a castellà, i no només a petició del Departament al que corresponia la gestió de la docència de l'assignatura sinó també per un simple acord entre el professorat i l'alumnat que, d'ordinari, responia al desig o preferència d'un horari concret i més còmode per als interessos personals del professorat i no gens a una qüestió lingüística. Aquestes i d'altres situacions d'incompliment de l'OCA pel que fa a l'atribució de la llengua han estat aturades gràcies a les disposicions del Pla d'increment, que també assenyala els mecanismes i òrgans responsables de fer valer els diversos criteris fixats, i per tant el component vinculant que acompanya a la seua naturalesa normativa i regulatòria. Sens dubte, l'aprovació del Pla d'increment ha estat una ferramenta decisiva per a garantir la subjecció al criteris d'OCA per part de tota la comunitat educativa i, en el seu cas, desplegar les mesures adients. Així, al objecte de verificar el respecte als criteris d'OCA i en el marc de les corresponents competències, les Comissions Acadèmiques de Títol (CAT) i la Comissió de Política Lingüística estan encarregades d'analitzar el grau de compliment de l'OCA i les possibles incidències (criteris 4 i 8), al objecte de prendre les mesures correctores més adequades. Així, per eixample, a l'Informe d'OCA del curs 2022-2023 emès per la Comissió de Política Lingüística s'alerta de què queden encara fites per aconseguir pel que fa a la distribució d'aquesta oferta docent en valencià entre les diferents titulacions, però també en la qualitat lingüística i el seguiment dels nivells de compliment, i en la presència del valencià en l'oferta d'estudis de postgrau[66]. Aquestes mancances estan a hores d'ara sobre la taula dels òrgans de govern universitari per a la seua anàlisi.

B. L'aplicació dels criteris del Pla d'increment sobre l'encàrrec docent: capacitació del professorat, competències dels Departaments i conseqüències de l'incompliment

L'atribució de l'encàrrec docent a cadascun dels professors de l'àrea de coneixement correspon als Departaments acadèmics, respectant els criteris del Pla d'Increment pel que fa a la capacitació lingüística del professorat, que s'acreditarà amb un nivell C1, justificatiu de la suficiència de coneixements de l'idioma d'acord amb el Marc Comú Europeu de Referència per a les llengües (MCER), i que serà pauta preferent per a l'assignació de la docència (criteri 5.1).

Encara que hi ha moltes altres disposicions normatives que afecten a la capacitació lingüística del professorat, com ja s'ha dit, la consideració d'aquesta preferència per a l'assignació de l'encàrrec docent altera els criteris generals establerts als corresponents Reglaments de règim intern dels Departaments universitaris, que amb caràcter general estableixen com a criteri d'assignació la categoria del professorat i l'antiguitat en aquesta categoria, tot i que els Consells de Departament poden introduir altres criteris com ara l'especialització del professorat o la reiteració en la docència d'una assignatura durant un nombre determinat de cursos acadèmics. Amb tot, la pròpia Disposició Addicional Primera del Pla d'Increment recull l'obligatorietat d'incorporar les seues mesures a tota la normativa de la Universitat de València, per la qual cosa, tot i què no

---

66 El Reglament de règim intern de la Comissió de Política Lingüística ha estat aprovat pel Consell Govern d'1 de febrer de 2022 (ACGUV 6/2022). Els informes de la Comissió de Política Lingüística es poden consultar al web: https://www.uv.es/uvweb/servei-politica-linguistica/ca/servei-llengues/informes-memories-1286001214699.html

hi ha una modificació expressa de tots i cadascun dels Reglaments de règim intern dels departaments ni tampoc al Reglament Marc de règim intern del Departaments[67], aquesta Disposició Addicional introdueix l'habilitació normativa suficient per a posicionar aquest criteri preferent per davant d'altres criteris continguts als Reglaments de règim intern dels Departaments universitaris o a d'altres normes internes per a l'assignació de l'encàrrec docent. Ara bé, l'existència d'un "criteri preferent" vinculat al coneixement acreditat del valencià no impedeix que qualsevol professor sense l'acreditació oficial del coneixement del valencià puga igualment impartir aquesta docència, suposem que sempre que es faça respectant la qualitat lingüística exigida per a totes les activitats universitàries, encara que aquesta precisió no s'inclou en el document.

Amb tot, el Pla d'increment introdueix criteris específics respecte de les obligacions que han d'assumir el professorat i els Departaments. Pel que fa al professorat, en cas que incomplira l'encàrrec docent, ço és, si no respectara els criteris d'OCA per a la docència en valencià que hem assenyalat a l'apartat anterior (fer les classes en valencià, elaborar el material, la guia docent...), el Pla d'increment estableix que no se li podrà assignar cap grup de docència en valencià en els 5 cursos següents. Ara bé, s'ha de posar en relleu que aquesta conseqüència vinculada a l'incompliment de l'encàrrec docent, que òbviament no és una sanció administrativa, només tindrà efectivitat si hi ha algun incentiu a la docència en valencià del qual el professorat es beneficie, perquè en altre cas la conseqüència del incompliment perd tota la força penalitzadora que la justifica. Per tant, cal introduir incentius o mesures subtils d'empenta (*nudgets*), com per eixample el fet de valorar la docència en valencià en les convocatòries de avaluació de la qualitat de la docència (com ara, al programa anomenat Docentia), que poden servir d'al·licient o

---

67 Reglament Marc de Règim intern de Departaments, aprovat pel Consell de Govern en sessió de 25 de gener de 2005, modificat en Consell de Govern de 14 de juny de 2005, en Acord del Consell de Govern de 22 de desembre de 2009 (ACGUV 238/2009) i en Acord de Consell de Govern de 30 de setembre de 2014 (ACGUV 169/2014).

estímul per tal que el professorat tracte d'evitar aquesta penalització, tot i què hem de reconèixer la tebiesa del Pla d'Increment en no explicitar que qualsevol incompliment de l'encàrrec docent, tant si és de la llengua en què s'ha d'impartir la docència com si ho és respecte d'altra obligació, ha de conduir a l'aplicació del règim sancionador corresponent.

D'altra banda i pel que fa a les competències dels Departaments sobre l'encàrrec docent, si per raons acadèmiques i/o lingüístiques no es pot atendre de manera adequada l'ensenyament en valencià d'alguna assignatura, tindrà un termini de tres anys per a garantir la formació lingüística escaient per al seu professorat, transcorregut el qual sense complir amb els criteris d'OCA, l'assignatura podrà adscriure's temporalment a una altra àrea, fins que puga satisfer aquesta exigència (criteri 7). L'adopció d'aquesta mesura, que té unes conseqüències per a la càrrega docent de l'àrea corresponent i tot allò que d'aquesta càrrega se'n deriva, s'adoptarà pel Consell de Govern, d'acord amb els informes de la CAT i de la Comissió de Professorat. El que no queda clar és que pot fer el Departament per a empentar el seu professorat a assolir la capacitació lingüística suficient per a complir el criteris d'OCA, doncs ja sabem les inèrcies que en molts Departaments hi ha respecte de la qüestió lingüística.

Amb tot, per tal de facilitar la capacitació del professorat i evitar les conseqüències de l'incompliment dels criteris relatius a l'encàrrec docent, el Pla d'increment encomana explícitament al Servei de Política Lingüística la realització de cursos de valencià, l'assessorament lingüístic i la correcció o la traducció al valencià dels materials necessaris, la qual cosa dona suport i seguretat al professorat, a més de garantir la qualitat en la docència (criteri 14).

C. L'aplicació dels criteris del Pla d'increment sobre els processos de selecció i promoció del professorat

Sense perjudici de les disposicions específiques en matèria de personal docent i investigador que hem assenyalat als apartats anteriors, el Pla d'increment també estableix un conjunt de criteris relatius a la capacitació lingüística del professorat, d'acord amb la doctrina jurisprudencial relativa a l'exigència d'identificar els llocs de treball que requereixen del coneixement del valencià, tot i permetre regulacions específiques en matèria docent, com és el cas del professorat universitari[68].

La redacció inicial del Pla d'increment, en què es recollia el valencià com a requisit amb caràcter general per a tots els llocs de treball docent, va ser modificada establint un doble règim que exigeix el valencià com a requisit per a determinades places docents mentre que per a d'altres el considera com a mèrit a valorar. Així, d'una banda, s'exigeix el coneixement del valencià amb nivell C1 com a requisit per a les convocatòries de places de professorat contractat doctor (criteri 11.1) i per a la promoció d'aquestes places a les de professorat titular d'universitat (criteri 11.2). Per a aquella categoria de professorat, de caràcter indefinit i sotmès a règim laboral, el valencià és recull al Pla d'increment com a requisit per a la selecció i també per a la promoció a la categoria de professor titular d'universitat. Però aquestes disposicions, al meu parer, només seran conformes amb la doctrina jurisprudencial que hem assenyalat si en l'elaboració de la relació de llocs de treball del professorat de la Universitat de València es justifica aquest requisit lingüístic per a totes i cadascuna de les places de professor contractat doctor i, si escau, en les de professor titular d'universitat convocades per a la seua promoció. Cal, doncs, ser curós en l'elaboració de la relació de llocs de treball que anualment s'aprova, al objecte de justificar adequadament l'exigència del requisit lingüístic en aquest tipus de places docents. D'altra

68 Com ja sabem, la doctrina jurisprudencial admet la consideració del valencià com a mèrit a valorar, de manera que es pot superar la fase d'oposició i, posteriorment, s'han d'acreditar en la fase de concurs els certificats de "valencià" perquè siguen valorats. Però a l'àmbit docent es permet l'exigència com a "requisit", i en aquest cas ha d'acreditar-se en els procediments d'ingrés, la qual cosa es ajustada al bloc normatiu i no desproporcionat o transgressor de l'article 23.2. CE.

forma, no s'entendria la diferència entre aquest tipus de places i d'altres corresponents als cossos de la funció pública docent (Titulars i Catedràtics d'Universitat) i per tant es produiria una mena de desviació de poder, en la mesura en què podria parèixer que el requisit lingüístic és una forma de blindar els processos de selecció del professorat contractat en favor dels aspirants del territori, que òbviament són els que hauran obtingut la corresponent capacitació lingüística.

Molt més coherent amb la doctrina jurisprudencial sobre l'exigència del requisit lingüístic en l'accés a la funció pública són els criteris exigits pel Pla d'increment per als processos de selecció de professorat associat, ajudant i ajudant doctor, així com en els processos de promoció a places de Catedràtic d'Universitat. En tots aquests casos, el requisit de coneixement del valencià en el nivell C1 només s'exigirà en àrees de coneixement amb necessitats de personal amb perfil lingüístic per raons d'incompliment de la docència assignada en valencià; condicionant que és respectuós amb l'exigència de justificació per a la reserva de places amb el requisit lingüístic. És per això que el Pla d'increment exigeix que les corresponents sol·licituds de selecció o promoció s'acompanyen d'un informe del Departament sobre la situació de l'àrea de coneixement respecte del compliment de la docència assignada en valencià (criteri 11.3). Tanmateix, de manera molt adequada, els criteris del Pla d'increment respecte del requisit lingüístic en el processos de selecció finalitzen amb una clàusula de tancament, referida a l'acreditació exigida per a les contractacions per a la substitució de professorat que tinga assignada la docència en valencià, que també ho serà amb el nivell C1 de valencià (criteri 11.4). En cas que el valencià no siga requisit, sempre serà valorat com a mèrit en els concursos per a la selecció de personal funcionari (criteri 12).

D'altra banda, per al manteniment de l'encàrrec docent en valencià, el Pla d'increment exigeix que el professorat que va ser seleccionat amb el requisit lingüístic de valencià mantinga l'obligació d'impartir docència en aquesta llengua quan així ho dispose el POD del Departament, per a la qual cosa, els corresponents contractes de professorat introduiran una clàusula al·lusiva a aquesta obligació (criteri 10), garantit així el compliment dels criteris d'OCA per part dels Departaments.

3.4. Reforçament de les competències dels diversos òrgans universitaris en matèria lingüística

El reconeixement del valencià com a llengua pròpia de la Universitat de València i l'aplicació dels criteris del Pla d'increment comporten un seguici de competències per a diversos òrgans universitaris, entre el quals el Servei de Política Lingüística té una posició preeminent. Cal recordar que ja els Estatuts de la Universitat fan expressa menció a aquest òrgan i les seues funcions d'impuls i normalització de la llengua pròpia, i que el Pla d'Increment reforça aquesta posició amb l'atribució de competències sobre la capacitació i assessorament lingüístic per assegurar-ne el compliment de la docència en valencià i la màxima qualitat lingüística (criteri 14), entre d'altres funcions.

Però el Pla d'increment contempla la intervenció de molts altres òrgans universitaris, per tal de assegurar l'objectiu de distribució equitativa de la docència en valencià, bona prova d'un model participatiu de govern universitari impulsat des de la LOU, on hi ha una ampla intervenció de la comunitat universitària. Així, d'una banda, les Comissions acadèmiques de títol (CAT) han de garantir els percentatges de docència en valencià, que després aprovarà la Junta de centre, com a òrgan propi de cada una de les Facultats i demés centres universitaris. També, com s'ha dit, els Departaments universitaris són els responsables d'assignar l'encàrrec docent d'acord amb els criteris del Pla d'Increment, l'incompliment del qual pot produir conseqüències en la càrrega docent de l'àrea, i també la imposició d'una penalització en el pressupost de l'exercici següent al Departament universitari que incomplisca les previsions d'impartir docència en valencià, en la quantia que determinarà la Comissió Econòmica. Tanmateix, la

Comissió d'impugnació de les qualificacions, creada a la si de les corresponents Facultats o centres, assumeix una funció de revisió de l'encàrrec docent i per tant del compliment per part del professorat de les obligacions lingüístiques que ha de respectar a l'hora d'avaluar a l'alumnat.

Amb caràcter consultiu, el Pla d'increment també atribueix competències a la Comissió de Política Lingüística[69], que elaborarà anualment un informe sobre l'evolució de l'oferta i la demanda de docència en valencià en cada titulació, el grau de compliment de l'OCA i les incidències que s'hi hagen produït i en donarà compte al Consell de Govern (criteri 8). La importància d'aquesta Comissió en l'elaboració dels informes i memòries s'ha posat en relleu al llarg dels apartats anteriors, emfatitzat ara el valor de les anàlisis percentuals i desglossades per titulacions i centres docents on s'imparteixen, la qual cosa ens permeten en aquest i en altres capítols d'aquesta obra analitzar el grau de compliment de la docència en valencià.

4. LA SUPERACIÓ DEL PLA D'INCREMENT DE LA DOCÈNCIA EN VALENCIÀ AMB LA FORMULACIÓ D'ACORDS INSTITUCIONALS MÉS AMBICIOSOS I CONSENSUATS

Superat el període d'implementació del Pla d'increment, fixat per a 10 anys i per tant ja finalitzada la seua vigència, a hores d'ara no s'ha elaborat cap altre Pla o instrument estratègic per a garantir l'ús del valencià a l'activitat acadèmica de la Universitat de València, per la qual cosa l'oferta de docència en valencià

[69] D'acord amb el Reglament de règim intern de la Comissió de Política Lingüística (ACGUV 6/2022, d'1 de febrer), la Comissió de Política Lingüística té caràcter consultiu i assessor dels òrgans de govern i de representació de la Universitat de València respecte de les activitats relacionades amb les llengües oficials, en especial de la llengua pròpia, com també de les llengües estrangeres.

dependrà dels criteris de l'OCA que s'aproven anualment per al corresponent curs acadèmic. Al meu parer, l'absència d'un document estratègic que assegure el manteniment d'un percentatge equitatiu de docència en valencià, que és el grau de compliment assolit aleshores, pot conduir a un retrocés en la docència en valencià, en deixar-se la seua concreció en mans d'una mera decisió a curt termini com és l'aprovació dels criteris anuals d'OCA per a cada curs acadèmic. Afortunadament no és el que ocorrerà el proper curs 2023-2024, on es manté com a criteri per als ensenyaments de grau, almenys un percentatge del 50% de docència en valencià, ço és, una docència en valencià "equilibrada"[70]. Però res impedirà propers acords d'OCA en què aquest criteri no es mantinga, per la qual cosa seria més que desitjable, diria jo que inajornable, l'adopció d'un compromís formal a llarg termini per al manteniment d'aquesta garantia percentual de docència "equilibrada". Potser no siga necessari un instrument de planificació com ha estat el Pla d'increment, atès que ja s'ha consolidat un percentatge de docència equitativa en valencià; i ara només siga convenient una decisió de política universitària al més alt nivell i amb el major consens possible entre tots els membres de la comunitat universitària, per tal de no fer passos enrere que diluïsquen la consolidació del valencià als diversos àmbits de l'ensenyament universitari.

Amb tot, com s'ha dit, a l'oferta del proper curs acadèmic 2023-2024 de cadascuna de les titulacions que condueixen a l'obtenció dels títols de grau, es reprodueixen els criteris d'OCA per al curs acadèmic 2022-2023 (article 3.3), d'acord amb els quals el nombre d'hores ofertes com de docència en valencià en cada titulació no pot ser inferior al 50% sobre el total no impartit en una llengua estrangera, i sempre que d'una assignatura se'n oferisca més d'un grup en llengua no estrangera, almenys un ha de

70 Criteris per a l'elaboració de l'oferta dels ensenyaments de grau i màster per al curs 2023-2024, aprovats per Acord de Consell de Govern de la Universitat de València de 25 d'octubre de 2022 (ACGUV 234/2022).

ser en valencià. També es reprodueix l'exigència de garantir la seguretat lingüística de l'estudiantat i del professorat que, com s'ha dit des del principi, està en la base de tota la regulació de l'ús del valencià[71]. Per als ensenyaments de Màster, l'oferta acadèmica per al curs 2023-2024 ha de proposar un increment de la docència en valencià i en anglès, o altres llengües estrangeres, respecte a l'oferta del curs 2022-2023, reproduint en lo demès els criteris de l'oferta d'OCA que hem assenyalat per al curs 2022-2023 (article 4.4). Un any més, queda sense aprovar un pla específic per als ensenyaments de Màster, i es molt evident l'absència d'un criteri percentual per a assegurar l'increment de docència en valencià, que no queda garantida amb la referència genèrica a un increment en abstracte.

D'altra banda, també es evident la manca d'una regulació específica per als estudis de doctorat, sobre el quals tampoc es pronunciava el Pla d'increment. Més enllà de l'aprovació d'incentius econòmics per a l'elaboració de tesis en valencià i certs premis a l'ús del valencià convocats pel Servei de Política Lingüística o d'altres institucions o serveis, cap pronunciament hi ha a hores d'ara respecte d'aquest nivell d'ensenyament universitari, la qual cosa no deixa de ser paragògic i descoratjador si tenim en compte el compromís institucional que formalment assumeix la Universitat de València sobre el valencià com a llengua pròpia d'ús normal i acadèmic, i l'absència de qualsevol mesura regulatòria en aquest àmbit de l'activitat científica.

BIBLIOGRAFIA

APARICI, Artur i CASTELLÒ, Rafael (Dirs.), Els usos lingüístics a les universitats públiques valencianes, Acadèmia Valenciana de la Llengua, 2011.

71 El detall de tots els criteris per a l'elaboració de l'oferta dels ensenyaments de grau i màster per al curs 2023-2024 es pot consultar a l'article 3 del mencionat Acord de Consell de Govern de la Universitat de València de 25 d'octubre de 2022 (ACGUV 234/2022).

BAYARRI MORENO, Francesc, "Converses articulades", *Per l'autonomia universitària. Commemoració dels 15 anys dels Estatuts de la Universitat de València,* Josep Guia i Marin (Coord.), Universitat de València, 2001, pp. 48-97.

BOIX PALOP, Andrés, "La regulació de l'ús institucional del valencià al si de les Administracions públiques valencianes: regulació normativa i conflictes jurisdiccionals al voltant de les normes sobre la utilització interna i institucional de la llengua pròpia després del Decret 61/2017 de la Generalitat", *Càtedra de Drets Lingüístics,* Universitat de València, 2019.

ESTEVE i GÓMEZ, Alfons, "Medidas para a promoción da lingua propia na Universidade de Valencia", *Lingua e docencia universitaria: V Xornadas sobre Lingua e Usos,* A Coruña, 12-14 de novembro de 2008, MOSQUERA CARREGAL, Xesús Manuel i PINO RAMOS, Sara (Coord.), 2009, pp. 119-128.

ESTEVE i GÓMEZ, Alfons i RAMOS, Rafael, "Igualtat lingüística, una eina de la política lingüística de la Universitat de València", Llengua i ús: revista tècnica de política lingüística, nº 56, 2015.

GARCÍA ARACIL, Adela, "La planificación estratégica en las universidades públicas en España: un análisis de sus objetivos", Revista de Pedagogía de la Universidad de Salamanca, 19, 2013, pp. 111–132. https://doi.org/10.14201/14689.

LLABRÉS, Antoni i PONS, Eva (Coords.), *Vocabulari de Dret,* Universitat de València, Universitat de Barcelona, 2010.

MARZAL RAGA, Reyes, Crònica legislativa de la Comunitat Valenciana. Primer semestre de 2022: "L'ús del valencià en 'proporció raonable' a l'escola i a la resta d'actuacions administratives", *Revista de Llengua i Dret,* 78, 2022, pp. 252-259.

MOLINER NAVARRO, ROSA, "La singularitat d'uns Estatuts", *Per l'autonomia universitària. Commemoració dels 15 anys dels Estatuts de la Universitat de València,* Josep Guia i Marin (Coord.), Universitat de València, 2001, pp. 33-47.

MUÑOZ GIL, Anna, "Tenim una llengua normalitzada?: L'evolució de l'ús del valencià a les universitats públiques del País Valencià", *VII Congrés Català de Sociologia i V Congrés Català de Joves Sociòlegs / Sociòlogues: llibre de resums de les sessions dels Grups de Treball,* Universitat Rovira i Virgili, Tarragona, 2017.

NOGUEIRA LÓPEZ, Alba, "La regulación del pluralismo lingüístico. Otra lectura del marco constitucional de los derechos y deberes lingüísticos", Revista Vasca de Administración Pública, 58. 2000, pp. 279-298.

OCHOA MONZÓ, Josep, FERRAN, Isabel i ALCARAZ, Manuel, "La Llei d'Ús i Ensenyament del Valencià, en via morta", *Revista de Llengua i Dret,* 41, 2004, pp. 105-140.

PARDINES, Susanna i TORRES, Nathalie, *La política lingüística al País Valencià. Del conflicte a la gestió responsable*, Fundació NEXE, Col·lecció Demos, núm. 1, 2011.

TASA FUSTER, Vicenta, *Drets lingüístics i ordenament constitucional. Seguretat lingüística vs jerarquia lingüística. Un estudi comparat de Suïssa i Espanya*, Tesi doctoral, Universitat de València, 2016.

TASA FUSTER, Vicenta, "El sistema español de jerarquia lingüística. Desarrollo autonómico del articulo 3 de la Constitución: llengua del Estado, lenguas cooficiales, otras lenguas españolas y modalidades lingüisticas. Teoría y praxis", *Revista de derecho político*, nº 100, 2017, pp. 51-79.

TASA FUSTER, Vicenta, "Ideologia, jerarquia lingüística i jurisprudència constitucional a Espanya", *Revista de Llengua i Dret*, 76, 2021, pp. 22-39.

TASA FUSTER, Vicenta, "Els reptes de les polítiques públiques lingüístiques", Hoja de ruta para el desarrollo estatutario valenciano", MARZAL RAGA, Reyes (Dir.), Tirant lo blanch, 2023.

TASA, Vicenta i BODOQUE, Anselm, *La igualtat de les llengües a l'administració: un problema per resoldre*, Generalitat Valenciana, València, 2019.

Capítol 5

La docència en valencià a l'àrea de dret administratiu de la Universitat de València

Reyes Marzal Raga*

SUMARI: 1. LA IMPLANTACIÓ DE LA DOCÈNCIA EN VALENCIÀ A LA FACULTAT DE DRET. 1.1. Els inicis del procés d'implantació de la docència en valencià a la Facultat de Dret. L'esforç i aposta personal d'un grup de professors i l'acord de la Junta de Govern de 1986. 1.2. El Pla d'increment de la docència en valencià i els criteris d'oferta acadèmica com a garants de la distribució equilibrada de la docència en valencià. 2. LA DOCÈNCIA EN VALENCIÀ A L'ÀREA DE DRET ADMINISTRATIU. 2.1. Breu referència als inicis: Cap compromís amb la docència en valencià. 2.2. L'impacte del Pla d'increment de la docència en valencià a la càrrega docent a l'àrea de Dret administratiu. A. La distribució de la càrrega docent a l'actual oferta de curs acadèmic 2022/2023. B. Una distribució no equilibrada de la docència en valencià a les assignatures impartides per l'àrea de Dret administratiu. 3. LA QUALIFICACIÓ LINGÜÍSTICA EN VALENCIÀ DEL PROFESSORAT DE L'ÀREA DE DRET ADMINISTRATIU. 3.1. La qualificació de la plantilla docent de l'àrea de Dret administratiu. 3.2. La utilització dels recursos institucionals per a la qualitat de la docència en valencià al Departament de Dret administratiu i processal. A. La possibilitat d'incentius departamentals per a l'increment de la docència en valencià i en anglès. B. La utilització dels recursos docents en valencià per a la qualitat de l'ensenyament. 4. CONCLUSIONS I PROPOSTES DE MILLORA. BIBLIOGRAFIA.

---

* Professora de Dret administratiu. Universitat de València-Estudi General.

1. LA IMPLANTACIÓ DE LA DOCÈNCIA EN VALENCIÀ A LA FACULTAT DE DRET

1.1. Els inicis del procés d'implantació de la docència en valencià a la Facultat de Dret. L'esforç i aposta personal d'un grup de professors i l'acord de la Junta de Govern de 1986

Des de finals dels anys 80, a la Facultat de Dret va començar la implantació d'un grup en què determinades assignatures s'impartien en valencià. L'impuls inicial de certs professors de diverses Facultats[1], entre les quals es trobava la Facultat de Dret, va permetre aquesta incipient implantació de la docència en valencià als ensenyaments universitaris oficials. Aquesta iniciativa va tindre recolzament per part de la Junta de Govern de la Universitat de València que, amb data 20 de juny de 1986, va prendre un Acord on d'entre d'altres disposicions deixava a la lliure decisió dels professors de les diverses Facultats i Escoles de la Universitat de València l'opció d'impartir les classes en valencià, a excepció del primer curs, en què hi hauria un grup les classes del qual s'impartirien necessàriament en castellà i on es podien integrar tots els estudiants que hagueren estudiat el Curs d'Orientació Universitària (COU) fora de la Comunitat Valenciana o foren de zones valencianes castellà-parlants de la Comunitat Valenciana. Com era d'esperar, aquest Acord no va ser ben rebut per determinats grups d'estudiants i, en concret, l'associació Alternativa Universitària va presentar recurs contenciós-administratiu, resolt estimatòriament en primera instància per l'Audiència Territorial de València en Sentència d'11 de novembre de 1986, i confirmat per Sentència del Tribunal Suprem nº 535, de 12 de juny de 1987[2]. Ambdós re-

---

1 Com ara Vicent Franch i Ferrer, professor de Dret constitucional, o August Monzón i Arazo, professor de Filosofia del Dret. Ambdós professors van encapçalar la iniciativa de crear un grup de docència a la llicenciatura en Dret a les acaballes dels anys vuitanta del segle passat.

2 Sentència del Tribunal Suprem nº 535, de 12 de juny de 1987 (ECLI:ES:TS:1987:13384), confirmatòria de la Sentencia de l'Audiència

solucions judicials apreciaren vulneració del dret a l'educació reconegut a l'article 27 CE i del dret d'igualtat (article 14 CE), així com del principi de legalitat, argumentant que permetre només un grup en castellà al primer curs no assegura a l'alumnat el seu dret a l'ensenyament en castellà, que com a llengua oficial tots tenen el dret d'usar i l'obligació de conèixer, cosa que no ocorre respecte del valencià que, com a llengua cooficial a la Comunitat Valenciana només es té el dret d'usar però no de conèixer-lo.

Un segon moment en el procés d'implantació de la docència en valencià va vindre a partir del curs acadèmic 1993-1994, coincidint amb la implantació dels nous plans d'estudis universitaris. La nova ordenació acadèmica d'aquest plans, amb una major dispersió de grups i horaris, i una important optativitat d'assignatures va dificultar l'ús del valencià als diversos grups i subgrups d'ensenyaments, i també dificultava el seguiment i l'avaluació del procés d'estandardització[3].

Territorial de Valencia d'11 de novembre de 1986, en què es van anular els apartats a) i b) del acord de la Junta de Govern de la Universitat de Valencia de 20 de juny de 1986. Entre d'altres arguments per a anul·lar l'acord de la Universitat de València, el Tribunal Suprem va considerar que la lliure decisió dels professors de les diverses Facultats i Escoles de la Universitat de València per a impartir les classes, a excepció del primer curs en Valencià, vulnera l'article 27 de la Constitució com la sentència apel·lada posa en relleu, també conculca el principi d'igualtat davant la Llei, consagrat en l'article 14 de la nostra Llei Fonamental, que també es produeix en decidir l'acord impugnat en el seu apartat b) que en el primer curs hi haurà un grup les classes del qual s'imparteixin en castellà, on podran integrar-se tots els estudiants que hagen estudiat C. O. U. fora de la Comunitat Valenciana o de zones valencianes castellà-parlants, amb el límit que resulti d' haver dividit el curs en grups numèricament equilibrats, també podran integrar-se en aquest grup tots aquells estudiants que ho desitgin, sempre que aquest límit no sigui ultrapassat, atès que tal disposició no assegura als alumnes castellà-parlants l' ensenyament en la seva llengua pròpia, llengua que és l' oficial de l' Estat Espanyol que tots els espanyols tenim el deure de conèixer i el dret a usar-la.

3 Així ho explica ESTEVE i GÓMEZ, Alfons, "Medidas para a promoción da lingua propia na Universidade de Valencia", *Lingua e docencia univer-*

1.2. *El Pla d'increment de la docència en valencià i els criteris d'oferta acadèmica com a garants de la distribució equilibrada de la docència en valencià*

Amb tot, l'aprovació d'uns nous Estatuts de la Universitat de València i el compromís institucional amb el valencià com a llengua pròpia va conduir a l'aprovació del Pla d'increment de la docència en valencià, que hem analitzat al capítol precedent, i també a l'aprovació dels corresponents criteris de l'oferta acadèmica del curs (OCA) per a la seua implementació seqüenciada, de manera que s'aconseguira l'objectiu de docència equilibrada a la finalització del període de 10 anys per a la sua implantació. Tot i què en termes globals el resultat de l'aplicació del Pla d'increment ha estat satisfactori[4], en el següents apartats analitzem la situació al àrea de Dret administratiu, on dissortadament no pareix que aquest resultats siguen tant gratificants.

2. LA DOCÈNCIA EN VALENCIÀ A L'ÀREA DE DRET ADMINISTRATIU

2.1. *Breu referència als inicis: Cap compromís amb la docència en valencià*

La docència en valencià a l'àrea de Dret administratiu es va implementar arran de l'aprovació del Pla d'increment de la docència en valencià, d'acord amb els criteris d'OCA per als corresponents cursos acadèmics. Certament, no va haver per part de la plantilla estructural de l'àrea una predisposició i entusiasme en

---

sitaria: V Xornadas sobre Lingua e Usos, A Coruña, 12-14 de novembro de 2008, MOSQUERA CARREGAL, Xesús Manuel i PINO RAMOS, Sara (Coord.), 2009, pp. 119-128.

4 Valoració extreta de les aportacions formulades per ESTEVE i GÓMEZ, Alfons i RAMOS, Rafael, "Igualtat lingüística, una eina de la política lingüística de la Universitat de València", *Llengua i ús: revista tècnica de política lingüística*, nº 56, 2015.

assumir el grups de docència en valencià, com sí que va passar a d'altres àrees de coneixement, i aquesta docència va quedar atribuïda fonamentalment al professorat associat (jo mateixa ho era en aquell moment), encara que els aleshores anomenats becaris i els professors ajudants, encapçalats molt destacadament pel professor Albert Ituren Oliver, també van mostrar el seu compromís amb la llengua pròpia i assumiren molta de la càrrega docent en valencià. Aquesta situació es va perllongar en el temps, amb una assignació de l'encàrrec docent al professorat de l'àrea amb certa laxitud pel que fa a la llengua atribuïda a cadascuna de les assignatures, la qual cosa s'acompanyava de la convenient sol·licitud de canvi de llengua de les assignatures si el professorat implicat així ho demanava per a la seua satisfacció i conveniència, o directament el professorat encarregat de l'assignatura decidia (amb l'assentiment o no de l'alumnat) fer les classes en castellà encara que l'idioma assignat a l'OCA fora el valencià. Aquesta indesitjable pràctica no era cosa rara, més bé al contrari s'assumia com a pràctica habitual a molts altres Departaments, i s'ha vingut consolidant fins a no fa tants cursos acadèmics. Malauradament no disposem de dates fiables sobre aquest període de atribució de l'encàrrec docent, per la qual cosa i també perquè és de major interès, pararem l'atenció en l'anàlisi de les dades de l'àrea de Dret administratiu per a l'actual curs acadèmic 2022-2023 i en els criteris d'OCA per al proper curs 2023/2024.

2.2. L'impacte del Pla d'increment de la docència en valencià a la càrrega docent a l'àrea de Dret administratiu

A. La distribució de la càrrega docent a l'actual oferta de curs acadèmic 2022/2023

La càrrega docent de l'àrea de Dret administratiu per al curs 2022/2023 és d'un total de 5308,38 hores lectives. Està distribuïda en assignatures corresponents a 20 titulacions oficials de Grau (de les quals 8 en són dobles titulacions), i 8 titulacions de Màster. Deixant de costat la càrrega corresponent als treball de fi de grau

(TFG) i treballs de fi de màster (TFM), on l'oferta de curs acadèmic no concreta la llengua en què s'han de cursar aquestes assignatures, al present curs acadèmic hi ha un total de 4669 hores de docència atribuïda a l'àrea de Dret administratiu, de les quals 4428.5 hores ho són a les titulacions de Grau i 240.5 hores a les de Màster, d'acord amb el següent detall.

FACULTAT IMPARTICIÓ	TITULACIÓ GRAU/MÀSTER	ASSIGNATURA Nombre de crèdits ECTS	HORES	LLENGUA D'IMPARTICIÓ, Nombre de grups	HORES EN VALENCIÀ	Docència % en valencià
BIOLOGIA	CC AMBIENTALS	DRET AMBIENTAL I ADMINISTRACIÓ PÚBLICA (6)	81	Valencià (V)	81	100%
DRET	CC POLITIQUES	INSTITUCIONS I POLITIQUES DE LA U.E. (6)	50	V	50	100%
DRET	CC POLITIQUES	POLITIQUES, ECONOMIA Y DRET DEL MEDI AMBIENT (4,5)	22,5	Castellà (C)	0	0%
DRET	CC POLITIQUES	FORMES D'ORGANITZACIÓ ADMINISTRATIVA (22,5)	45	C/V	23	50%
DRET	CC POLITIQUES	RÈGIM DEL TREBALL DEL SECTOR PÚBLIC (6)	60	C/V	30	50%
DRET	CC POLITIQUES	FONAMENTS DE DRET ADMINISTRATIU	120	C/V	60	50,00%
DRET	CC POLITIQUES - SOCIOLOGIA	FONAMENTS DE DRET ADMINISTRATIU	60	V	60	100%
DRET	CRIMINOLOGIA	DRET CONSTITUCIONAL I ADMINISTRATIU (9)	90	C/V	45	50%
DRET	CRIMINOLOGIA	SEGURETAT VIAL (4,5)	20	C	20	100%
DRET	DRET	INSTITUCIONS JURÍDIQUES DE LA UE (6)	300	C/C/C/V/V	120	40%
DRET	DRET	DRET ADMINISTRATIU I (9)	1170	C/I/C/C/V/C/C/C/C/V/V/V/V	450	38,46%
DRET	DRET	DRET ADMINISTRATIU II (7,5)	750	C/I/C/C/C/C/C/V/V/V	225	30%
DRET	DRET	DRET URBANÍSTIC (4,5)	35	C	0	0%
DRET	DRET	DRET DEL MEDI AMBIENT (4,5)	45	C	0	0%

FACULTAT IMPARTICIÓ	TITULACIÓ GRAU/MÀSTER	ASSIGNATURA Nombre de crèdits ECTS	HORES	LLENGUA D'IMPARTICIÓ, Nombre de grups	HORES EN VALENCIÀ	Docència % en valencià
DRET	DRET-CC POLITIQUES	FORMES D'ORGANITZACIÓ ADMINISTRATIVA (4,5)	22,5	V	23	100%
DRET	DRET-CC POLITIQUES	RÈGIM DEL TREBALL AL SECTOR PÚBLIC (6)	30	C	0	0%
DRET	DRET-CC POLITIQUES	DRET ADMINISTRATIU I (9)	90	V	90	100%
DRET	DRET-CC POLITIQUES	DRET ADMINISTRATIU II (7,5)	75	C	0	0%
DRET	DRET - CRIMINOLOGIA	DRET ADMINISTRATIU I (9)	180	C/V	90	50%
DRET	DRET - CRIMINOLOGIA	DRET ADMINISTRATIU II	150	C/V	75	50%
ECONOMIA	ADE-DRET	DRET ADMINISTRATIU I (9)	180	C/V	90	50%
ECONOMIA	ADE-DRET	DRET ADMINISTRATIU II (7,5)	150	C/V	75	50%
ECONOMIA	DOBLE GRAU DRET-ECONÒMIQUES DERECO	ELEMENTS BÀSICS DEL DRET ADMINISTRATIU	75	I	0	0%
ECONOMIA	TURISME	REGULACIÓ SECTORIAL DEL TURISME (6)	100	C/V	50	50%
ECONOMIA	TURISME	REGULACIÓ I RECURSOS DE PLANIFICACIÓ TURÍSTICA (ITIN. PLANIF. DESTIN.)(4,5)	45	C	0	0%
ECONOMIA	TURISME-ADE	REGULACIÓ SECTORIAL DEL TURISME (6)	40	C	0	0%
ETSE	CIÈNCIA DE DADES	ASPECTES LEGALS SOBRE DADES (6)	60	C/V/I	20	33,33%
FARMÀCIA	CC GASTRONÒMIQUES	ASPECTES LEGALS ACTIVITATS GASTRONÒMIQUES (6)	60	C	0	0%
FARMÀCIA	CC GASTRONÒMIQUES	CONSELLS REGULADORS A LA COMUNITAT VALENCIANA. ITINERARI GESTIÓ INDUSTRIA GASTRONÒMICA (4,5)	7,5	C	0	0%
FILOLOGIA	PERIODISME	DRET DE LA COMUNICACIÓ (6)	60	C	0	0%

FACULTAT IMPARTICIÓ	TITULACIÓ GRAU/MÀSTER	ASSIGNATURA Nombre de crèdits ECTS	HORES	LLENGUA D'IMPARTICIÓ, Nombre de grups	HORES EN VALENCIÀ	Docència % en valencià
GEOGRAFIA I HISTÒRIA	GEOGRAFIA I MEDI AMBIENT	INTRODUCCIO AL DRET: TERRITORI, URBANISME I MEDI AMBIENT (6)	60	V	60	100%
GEOGRAFIA I HISTÒRIA	INFORMACIÓ I DOCUMENTACIÓ	REGULACIÓ D'ORGANITZACIONS (6)	60	C	0	0%
SOCIALS	CC POLITIQUES	PROCEDIMENT ADMINISTRATIU (4,5)	45	V/C	23	50%
SOCIALS	CC POLITIQUES - SOCIOLOGIA	DRET ADMINISTRATIU (9)	90	C	0	
DRET	MASTER ADVOGACIA (F. DRET)	PRÀCTICA CONTENCIÒS-ADMINISTRATIVA	40	V/C/C/C	10	25%
DRET	MÀSTER DRET I VIOLÈNCIA DE GÈNERR (F. DRET)	PREVENCIÓ I Y SENSIBILITZACIÓ: ESTRATÈGIA (4)	7	C	0	0%
DRET	MÀSTER DRET I VIOLÈNCIA DE GÈNERR (F. DRET)	TALLER DE PREVENCIÓ I SENSIBILITZACIÓ DE LA VIOLÈNCIA DE GÈNERE (3)	10	C	0	0%
DRET	MÀSTER DRET I VIOLÈNCIA DE GÈNERR (F. DRET)	PROTOCOLS D'ACTUACIÓ COORDINADA (2)	5	C	0	0%
DRET	MÀSTER DRET DE LA EMPRESA. ASESORIA MERCANTIL, LABORAL, FISCAL)	COMPETÈNCIA I PROPIETAT IMMATERIAL (7,5)	10	C	0	0%
DRET	MÀSTER DRET DE LA EMPRESA. ASESORIA MERCANTIL, LABORAL, FISCAL	CONTRACTACIÓ EMPRESARIAL II - CONTRACTES DE COLABORACIÓ (5)	17,5	C	0	0%
DRET	MÀSTER DRET DE LA EMPRESA. ASESORIA MERCANTIL, LABORAL, FISCAL	MERCAT FINANCER. BANCA I ASSEGURANCES	10	C	0	0%
DRET	MÀSTER DRET DE LA EMPRESA. ASESORIA MERCANTIL, LABORAL, FISCAL	METODOLOGIA JURÍDICA (10)	15	C	0	0%

FACULTAT IMPARTICIÓ	TITULACIÓ GRAU/MÀSTER	ASSIGNATURA Nombre de crèdits ECTS	HORES	LLENGUA D'IMPARTICIÓ, Nombre de grups	HORES EN VALENCIÀ	Docència % en valencià
DRET	MÀSTER DRET DE LA EMPRESA. ASESORIA MERCANTIL, LABORAL, FISCAL	L'EMPRESA DAVANT EL MARCAT. TRANSMISIÓ D'EMPRESA-Intervenció administrativa en les activitats empresarials, Sectors regulats	20	C/C	0	0%
DRET	MÀSTER ESTUDIS INTERNACIONALS I EUROPEUS (F. DRET)	LA REGULACIÓ DEL MERCAT GLOBAL	30	C	0	0%
DRET	MÀSTER ESTUDIS INTERNACIONALS I EUROPEUS (F. DRET)	LA PROTECCIÓ DEL MEDI AMBIENT (3)	15	C	0	0%
DRET	MÀSTER ESTUDIS INTERNACIONALS I EUROPEUS (F. DRET)	NOUS DESAFIAMENTS PER AL SISTEMA INTERNACIONAL (4,5)	15	C	0	0%
DRET	MÀSTER INGENIERIA AMBIENTAL (ETSE)	ANÀLISI I APLICACIÓ DE LEGISLACIÓ AMBIENTAL (3)	30	C	0	0%
FCAFE	MÀSTER EN DIRECCIÓ I GESTIÓ ACT. FIS. (FCFA)	MARC LEGAL I GESTIÓ FINANCIERA I CONTABILITAT (7)	6	C	0	0%
GEOGRAFIA I HISTÒRIA	MÀSTER EN PATRIMONI CULTURAL	LEGISLACIÓ, GESTIÓ EMPRESARIAL I EMPLEABILITAT (5)	10	C	0	0%

Com es d'apreciar, la docència de l'àrea de Dret administratiu està majoritàriament assignada a la Facultat de Dret, amb una vinculació a 3 titulacions de Grau (Dret, Ciències Polítiques i Criminologia) i 2 de doble Grau (Dret-CC Polítiques i Dret-Criminologia). També hi ha una adscripció destacable a la Facultat d'Economia, on s'imparteix el grau de Turisme, el doble Grau de Turisme-ADE, el doble Grau de ADE-Dret (adscrit enguany a aquesta Facultat però hi ha un acord d'adscripció alterna per anualitats a les Facultats de Dret o Econòmiques) i el doble Grau de Dret-Econòmiques, que és una nova titulació d'enguany. També hi ha docència adscrita a les Facultats de Biologia (Grau de Ciències Ambientals), a l'Escola Tècnica Superior d'Enginyeria

(Grau en Ciència de dades), a la Facultat de Farmàcia (Grau en Ciències Gastronòmiques), a la Facultat de Filologia (Grau en Periodisme), a la Facultat de Geografia i Història (Grau en Geografia i Medi Ambient i Grau en Informació i Documentació), i a la Facultat de Ciències Socials (Doble Grau en Ciències Socials i Polítiques). És patent el desplegament docent de l'àrea de Dret administratiu als ensenyaments de Grau de la Universitat de València, i la importància d'una bona distribució de la docència en valencià, per la seua funció referencial de l'ús de la llengua pròpia. Pel que fa als ensenyaments de Màster, l'adscripció a la Facultat de Dret és més intensa, d'un total de 7 Màsters oficials 5 estan adscrits a la Facultat de Dret, encara que també s'imparteix docència a la Facultat de Ciències de l'Activitat Física i l'Esport (CAFE) i a la de Geografia i Història, ambdós cassos amb una càrrega lectiva molt reduïda i en castellà.

B. Una distribució no equilibrada de la docència en valencià a les assignatures impartides per l'àrea de Dret administratiu

Pel que fa a la docència en valencià, el resultat d'aquesta distribució en xifres globals evidencia una mancança de docència en valencià molt marcada. De les 4428 hores de docència en Grau, només en valencià en són 1758, ço és, un 39,70829807 % de tota la docència de Grau a l'àrea. Pel que fa a la docència en Màster, les xifres encara són més dolentes per a l'ús del valencià. D'un total de 240.5 hores de docència atribuïdes a l'àrea de Dret administratiu, exceptuant els treballs de fi de Màster, només hi ha 10 hores en valencià, en concret un únic subgrup al Màster de l'advocacia per a l'assignatura pràctica contenciós-administrativa (42562), el que representa un ínfim 4.17 % de la docència de Màster a l'àrea.

Si fem l'anàlisi per centres docents, a la Facultat de Dret, on resideix la major part de la docència atribuïda a l'àrea de Dret administratiu, s'imparteixen un total de 3539.5 hores de docència, però només 1370 hores ho són en valencià, la qual cosa representa un percentatge del 38,70552338 % de tota la docència impartida en una llengua no estrangera, molt inferior al que seria desitjable per a una docència equilibrada en un àrea de coneixement bàsica dintre del pla d'estudis del grau de Dret.

Si parem l'atenció a les assignatures troncals de Dret administratiu I (35210) i Dret administratiu II (35211) dels estudis de grau en Dret, que són les matèries referents per a la formació jurídica en aquest àrea de coneixement, podem vore com d'un total de 1170 hores per a l'assignatura Dret administratiu I (35210), només s'imparteixen en valencià 450 hores, ço és, un 38.46 % de la docència impartida en llengua no estrangera. Si mirem la distribució en grups per a aquesta assignatura, que s'imparteix al segon curs del Grau de Dret com a matèria obligatòria, d'un total de 12 grups en llengua no estrangera (el grup AR és en anglès), se'n ofereixen en castellà un total de 7 grups (grups A, B, C; K, L, M i N) i només 5 grups ho són en valencià (grups E, V, W, X i Y), la qual cosa no és una oferta equilibrada de la docència en valencià. Pel que fa a la distribució en franges horàries, al matí sí que hi ha una oferta equilibrada: 3 grups en castellà (grups A,B i C) i 3 grups en valencià (grups E, V, W). Però no ocorre el mateix a la vesprada, on hi ha doble oferta de grups en castellà. Front a 2 grups en valencià de vesprada (grups X i Y) hi ha 4 grups en castellà (grups K, L, M i N), i per tant no es compleixen els criteris del Pla d'increment, tenint en compte que l'OCA fixa l'idioma per a totes les assignatures d'un mateix grup, per la qual cosa les conclusions que avancen per a l'assignatura de Dret administratiu I són igualment aplicables a d'altres assignatures del mateix curs.

Pel que fa a l'assignatura Dret administratiu II (35211), assignada a tercer curs del Grau de Dret, d'un total de 750 hores de docència només s'imparteixen en valencià 225 hores, que representa un 30 % de la docència corresponent a aquesta assignatura ofertada per l'àrea de Dret administratiu. La distribució per grups, si excloem un grup en anglès (el grup AR d'aquesta assignatura també és en anglès), resulta igualment decebedora. D'un total de

6 grups de docència en castellà (grups A, B, C, E, K I L), només 3 en són en valencià (grups V, W i X). Pel que fa a la distribució en franges horàries, al matí hi ha doble oferta de grups en castellà (4 grups en castellà: grups A, B, C i E) i només 2 grups en valencià (grups V i W). Per la vesprada ocorre el mateix, i la oferta en castellà dobla la que es fa en valencià. Front a 1 grup en valencià de vesprada (grup X) hi ha 2 grups en castellà (grups K i L). Les conclusions que es poden extraure respecte de l'assignatura Dret administratiu II (35211) són les mateixes que hem assenyalat al apartat anterior per a Dret administratiu I (35210), i condueixen a un manifest incompliment dels criteris del Pla d'increment de la docència en valencià. Val a dir que aquesta situació no ocorre en altres titulacions en que també l'àrea de Dret administratiu està implicada, i on la docència està distribuïda de manera equilibrada. És el cas de les dobles titulacions ADE-Dret o Dret-Criminologia, també vinculades a la Facultat de Dret, on l'oferta d'assignatures troncals és equilibrada tant en grups com en la distribució de franges horàries per a cada grup. Però el que no podem negar és que les xifres globals de docència a l'àrea de Dret administratiu i el detall concret de les assignatures impartides al Grau de Dret mostra un predomini del castellà, que potser respon a eixa idea de jerarquia lingüística que hem assenyalat al capítol anterior, on el castellà s'imposa com a llengua superior front al valencià, que és una llengua minoritzada[5]. I aquesta situació no només ocorre amb les assignatures troncals de Dret administratiu I (35210) i Dret administratiu II (35211), també és cridaner el fet que l'oferta d'assignatures optatives, com ara Dret urbanístic i Dret del Medi Ambient, només s'ofereixen en castellà.

Aquesta situació ens permet afirmar clarament que hi ha un incompliment dels criteris del Pla d'increment i de l'OCA corres-

---

5 Sobre l'expressió "jerarquia lingüística" per indicar la idea de l'existència de llengües superiors i inferiors
TASA FUSTER, Vicenta, "Ideologia, jerarquia lingüística i jurisprudència constitucional a Espanya", *Revista de Llengua i Dret*, 76, 2021, pp. 22-39. Accessible des de: https://doi.org/10.2436/rld.i76.2021.3663.

ponent al curs acadèmic 2022-2023, en tant que no s'arriba a una docència "equilibrada" en valencià pel que fa a la càrrega que l'àrea te atribuïda al Grau de Dret, i el que és més preocupant, les dades mostren que estem davant d'un increment de la docència en castellà molt accentuat. Cal tindre en compte la importància d'un incompliment respecte d'assignatures con Dret administratiu I i II, que són troncals i obligatòries del Grau en Dret, no només des d'una vessant acadèmica i d'organització interna a la Universitat de València, sinó amb una perspectiva més ampla, d'integració dels egressats al mercat de treball i de formació general a la ciutadania, doncs cal recordar que la matèria bàsica impartida per l'àrea de Dret administratiu és objecte d'una aplicació pràctica i quotidiana molt específica a la si de les Administracions Públiques, cosa que no ocorre en altres àrees de coneixement. La formació que s'imparteix en valencià per a aquestes assignatures en concret, però també per a d'altres que imparteix l'àrea de Dret administratiu, té un major impacte pel fet de projectar-se sobre l'actuació de les Administracions Públiques, sotmesa també al compliment de les obligacions lingüístiques que l'Estatut d'Autonomia i la LUEV estableixen per a garantir els drets lingüístics de tots els ciutadans i el règim jurídic de l'actuació dels poders públics.

3. LA QUALIFICACIÓ LINGÜÍSTICA EN VALENCIÀ DEL PROFESSORAT DE L'ÀREA DE DRET ADMINISTRATIU

3.1. La qualificació de la plantilla docent de l'àrea de Dret administratiu

La plantilla actual de professorat a l'àrea de Dret administratiu està formada per un total de 41 professors/professores, d'acord amb la següent distribució per categories: 2 Catedràtics d'Universitat, 9 Professors/Professores Titulars, 1 Professor Contractat Doctor, 2 Ajudants/Ajudantes Doctors, 1 Ajudant, 3 Investigadors/Investigadores amb diferents tipus de relació contractual (2 en són investigadors/investigadores postdoctorals) i 23 Professor/Professores associats a temps parcial. Com es pot comprovar, la plantilla estructural de l'àrea no és molt extensa i diverses circumstàncies han conduït a un increment del professorat associat per a cobrir incidències docents de diversa índole. Desglossat per categories docents, podem dir que tot el personal sotmès a règim de Dret laboral (Ajudants, Ajudants Drs. i personal investigador) compta amb l'acreditació lingüística de valencià en el nivell de coneixement C1 ó C2. Pel que fa a les categories docents funcionarials, els Cos de Professors/Professores titulars de Dret administratiu compta amb una proporció d'acreditació lingüística molt millorable, encara que s'ha de subratllar que el professorat amb acreditació ho és amb el nivell C2, la qual cosa demostra un clar compromís per part d'aquest professorat amb la qualitat de la docència en valencià.

En termes generals, el nivell d'acreditació lingüística del professorat de l'àrea permet cobrir l'oferta de docència en valencià amb solvència, tot i què el professorat de plantilla és el que menys contribueix a complir amb els criteris de docència en valencià, i és majoritàriament el professorat associat qui assumeix en la seua totalitat aquesta docència. Aquest professorat, que a l'àrea té un pes específic ateses les necessitats docents i les dificultats que la taxa de reposició de personal han suposat per a la consolidació de places docents, compta amb un percentatge de capacitació lingüística molt elevat, diríem que quasi del 100 %, la qual cosa és conseqüència de l'aplicació del requisit lingüístic a totes les convocatòries de places, en aplicació dels criteris del Pla d'increment de la docència en valencià pel que fa als processos de selecció d'aquest tipus de professorat, i valga aquesta referència per a mostrar el reconeixement a aquest col·lectiu docent, que tant ha contribuït a què l'àrea tinga un grau de compliment de capacitació lingüística en valencià més que notable. També mereix l'atenció el fet que hi ha professorat jove nouvingut incorporat a l'àrea en els últims anys des de territoris no valencià parlants, com ara Canàries o Andalusia, que s'han format i obtingut la capacitació lingüística en valencià al nivell C1 en molt poc de temps, bona prova de la seua voluntat d'integració a una Universitat amb llengua pròpia.

3.2. La utilització dels recursos institucionals per a la qualitat de la docència en valencià al Departament de Dret administratiu i processal

A. La possibilitat d'incentius departamentals per a l'increment de la docència en valencià i en anglès

Des de 2019, la Universitat de València va aprovar incentius departamentals per a l'increment de la docència en valencià (i en anglès) als corresponents Departaments. Les Memòries del Servei de Política Lingüística recullen els percentatges d'increment d'aquesta docència i la quantitat econòmica en què els Departaments es beneficien. Com pot constatar-se als quadres gràfics que s'acompanyen a la present anàlisi, el Departament de Dret administratiu i processal ha estat beneficiari d'aquests incentius, encara que les dades no apareixen desagregades per àrees de coneixement, de manera que no podem conèixer amb precisió si l'incentiu correspon a l'àrea de Dret administratiu o a la de Dret processal. El que sí es pot contrastar és la comparativa amb altres Departaments de la Facultat de Dret, encara que també en aquest cas estan integrats per diverses àrees de coneixement, cadascuna de les quals té una situació específica pel que fa a la seua càrrega docent en valencià i a la capacitació del seu professorat.

Seguidament mostrem les dades que recullen les Memòries del Servei de Política Lingüística per als anys 2019, 2020 i 2021.

INCENTIUS DEPARTAMENTALS . Memòria de 2019

DEPARTAMENT	% VAL 2019-20	Δ HORES VAL	Δ HORES ANG	Δ NET VAL+ANG	INCEN TIU 1	INCEN TIU 2	TOTAL INCENTIU
DRET ADMINISTRATIU I DRET PROCESSAL	35,5%	91	1	92	0	1.003,79	1.003,79
DRET CIVIL	34,1%	1	1	2	0	23,43	23,43
DRET CONSTITUCIONAL, CIÈNCIA POLÍTICA I DE L'ADMINISTRACIÓ	36,4%	-121	1	0	0	0,00	0,00
DRET DEL TREBALL I DE LA SEGURETAT SOCIAL	37,3%	0	0	0	0	0,00	0,00
DRET FINANCER I HISTÒRIA DEL DRET	37,1%	120	0	120	0	1.314,01	1.314,01
DRET INTERNACIONAL ADOLFO MIAJA DE LA MUELA	29,6%	0	90	90	0	985,50	985,50
DRET MERCANTIL MANUEL BROSETA PONT	39,2%	1	1	2	0	18,29	18,29
DRET PENAL	39,7%	45	0	45	0	492,75	492,75
DRET ROMÀ I DRET ECLESIÀSTIC DE L'ESTAT	33,5%	-60	0	0	0	0,00	0,00

Font: Memòria del Servei de Política Lingüística per a 2019

INCENTIUS DEPARTAMENTALS. Memòria de 2020

DEPARTAMENT	% VAL 2020-21	Δ HORES VAL	Δ HORES ANG	Δ NET VAL +ANG	INCENTIU 1	INCENTIU 2	TOTAL INCENTIU
Dret Administratiu i Processal	35,7%	0,0	4,0	4,0	0,0	40,0	**40,0**
Dret Civil	34,1%	0,0	4,0	4,0	0,0	40,0	**40,0**
Dret Constitucional, Ciència Política i de l'Administració	38,3%	60,0	0,0	60,0	0,0	600,0	**600,0**
Dret del Treball i de la Seguretat Social	41,4%	240,0	0,0	240,0	0,0	2.400,0	**2.400,0**
Dret Financer i Història del Dret	37,8%	90,0	60,0	150,0	0,0	1.500,0	**1.500,0**
Dret Romà i Dret Eclesiàstic de l'Estat	36,4%	60,0	0,0	60,0	0,0	600,0	**600,0**

Font: Memòria del Servei de Política Lingüística per a 2020

INCENTIUS DEPARTAMENTALS. Memòria de 2021

DEPARTAMENT	% VAL 2021-22	Δ HORES VAL	Δ HORES ANG	Δ NET VAL+ANG	INCENT IU 1	INCENT IU 2	TOTAL INCENTIU
Dret Administratiu i Processal	37,8%	138,8	0,0	138,8	0,00	1.160,91	1.160,91
Dret Civil	36,1%	120,0	0,0	120,0	0,00	1.004,03	1.004,03
Dret Constitucional, Ciència Política i de l'Administració	37,4%	270,0	0,0	270,0	0,00	2.259,07	2.259,07

DEPARTAMENT	% VAL 2021-22	Δ HORES VAL	Δ HORES ANG	Δ NET VAL+ANG	INCENT IU 1	INCENT IU 2	TOTAL INCENTIU
Dret del Treball i de la Seguretat Social	41,5%	0,0	0,0	0,0	0,00	0,00	0,00
Dret Financer i Història del Dret	37,4%	-90,0	0,0	0,0	0,00	0,00	0,00
Dret Internacional Adolfo Miaja de la Muela	31,6%	75,0	0,0	75,0	0,00	627,52	627,52
Dret Mercantil Manuel Broseta Pont	39,4%	3,8	0,0	3,8	0,00	31,38	31,38
Dret Penal	41,0%	60,0	0,0	60,0	0,00	502,02	502,02
Dret Romà i Dret Eclesiàstic de l'Estat	42,4%	60,0	45,0	105,0	0,00	878,53	878,53

Font: Memòria del Servei de Política Lingüística per a 2021

En xifres globals, aquesta informació evidencia que el percentatge de docència en valencià al Departament de Dret administratiu i processal oscil·la entre 35-37 %, percentatge que coincideix amb l'anàlisi de la càrrega docent que hem fet als apartats anteriors, així com un increment variable en la docència en valencià que dissortadament exterioritza en termes generals un retrocés en l'oferta docent, que es veu compensada per un increment de la docència en castellà i no gens per una llengua estrangera que contribuïsca a les polítiques de multilingüisme enunciades als plans estratègics de la Universitat de València.

B. La utilització dels recursos docents en valencià per a la qualitat de l'ensenyament

Les Memòries anuals elaborades pel Servei de Política Lingüística ens han permès conèixer el grau d'utilització dels recursos docents que la Universitat de València posa a disposició de la docència en valencià. Pel que fa a la traducció o correcció de material docent, el Departament de Dret administratiu i processal ha fet ús d'aquesta eina institucional que s'ofereix per a garantir la qualitat docent. En concret, la Memòria de 2018 recull explícitament la tasca de traducció o correcció de materials al Departament de Dret administratiu i processal, el que no podem saber és si aquesta informació correspon a l'àrea de Dret administratiu o de Dret processal, en no aparèixer aquesta dada desglossada[6]. També hi ha tot un ventall d'eines docents en valencià, d'accés lliure, com ara els diccionaris jurídics o vocabularis, que també es fan servir pel professorat de l'àrea de Dret administratiu. Una menció especial mereix el *Vocabulari de dret*, on va estar molt activa la participació del professor Albert Ituren Oliver en l'elaboració de les veus associades a l'àrea de Dret administratiu[7].

4. CONCLUSIONS I PROPOSTES DE MILLORA

L'anàlisi de les dades de l'OCA per al curs 2022-2023 fa palès un retrocés o paràlisi a l'oferta de docència en valencià, molt evident als ensenyaments de Màsters oficials, on podríem dir que la docència en valencià és inexistent. Tot i reconèixer l'esforç en alcançar els objectius de docència equilibrada en valencià de manera molt satisfactòria, la realitat a hores d'ara és que hi ha una paràlisi i decreixement de l'oferta que resulta preocupant. I no és pel fet d'haver internacionalitzat els ensenyaments amb una major presència de llengües estrangeres, en concret de l'anglès, que està reduït a un únic grup per als estudis de Dret. Paradoxalment, aquest retrocés es produeix en favor de l'oferta de grups en castellà, situació que s'acompanya d'altres indicis no menys importants com ara el fet que cada vegada siga més comú escoltar per tot arreu dels Campus (i en concret del Campus de Tarongers) el castellà com a llengua d'ús normal. Em crida l'atenció des

6 Memòria de 2018, Servei de Política Lingüística. Accessible des del web: chrome-extension://efaidnbmnnnibpcajpcglclefindmkaj/https://www.uv.es/llengues/informes/memoria18.pdf.

7 *Vocabulari de Dret*, Antoni Llabrés i Eva Pons (Coord.) ,Universitat de València, Universitat de Barcelona, 2010. Accesible des del web: https://www.uv.es/llengues/vocabulari_dret/Vocabulari_dret.htm.

de fa uns anys l'increment de membres de la comunitat educativa que només es relacionen en castellà. Em resulta curiós comprovar aquest canvi en les dinàmiques socials de l'alumnat als espais comuns de la Universitat, però també que aquesta pràctica s'ha portat a dintre de l'aula, on tot i tractar-se d'un grup ofert en valencià hi ha alumnat que no fa ús de la llengua pròpia, i està en el seu dret, però no deixa de ser cridaner el fet que aquest alumnat no aprofite l'oportunitat acadèmica, cultural i social que suposa l'ús del valencià a l'ensenyament.

També seria molt desitjable incloure en el còmput de la docència equilibrada en valencià l'oferta de docència corresponent als TFG i els TFM, així com identificar amb precisió dintre de l'OCA la llengua en què s'ofereixen aquestes assignatures.

Pel que fa a l'encàrrec docent, ja s'ha dit que el professorat de l'àrea de Dret administratiu atén amb solvència tota l'oferta de docència en valencià, amb una encomiable dedicació per part del professorat associat que cal posar en relleu i agrair. Potser el professorat de plantilla necessita de canvis normatius per a incentivar l'elecció de docència en valencià, més enllà de totes les eines que hem assenyalat en aquest i en d'altres capítols de la present obra. Així, per eixample, es podria contemplar la possibilitat de reconèixer incentius a la investigació en valencià mitjançat la introducció de dades a l'aplicació GREC, que genera més endavant la Memòria d'investigació del Departament que anualment recull tota l'activitat de l'àrea i serveix per a calcular la dotació pressupostària que correspon al Departament. Però també, i aquest és el cas de l'àrea de Dret administratiu, permet al professorat que ha generat aquest ingrés, fer ús de certes quantitats per a la realització d'activitats i d'altres despeses docents en el seu propi benefici. Per a aquesta proposta només caldria modificar del barem aprovat pel Consell de Govern per a la valoració de la memòria anual d'investigació dels Departaments[8].

---

8 L'actual barem per a la valoració de la Memòria anual d'Investigació dels Departaments va ser aprovat per Acord del Consell de Govern de

BIBLIOGRAFIA

ESTEVE i GÓMEZ, Alfons, "Medidas para a promoción da lingua propia na Universidade de Valencia", *Lingua e docencia universitaria: V Xornadas sobre Lingua e Usos,* A Coruña, 12-14 de novembro de 2008, MOSQUERA CARREGAL, Xesús Manuel i PINO RAMOS, Sara (Coord.), 2009, pp. 119-128.

ESTEVE i GÓMEZ, Alfons i RAMOS, Rafael, "Igualtat lingüística, una eina de la política lingüística de la Universitat de València", *Llengua i ús: revista tècnica de política lingüística,* nº 56, 2015.

TASA FUSTER, Vicenta, "Ideologia, jerarquia lingüística i jurisprudència constitucional a Espanya", *Revista de Llengua i Dret,* 76, 2021, pp. 22-39.

---

21 de maig de 2019.

Capítol 6

La immersió lingüística en valencià com a eina universitària d'aprenentatge jurídic. Un apropament pràctic

ALBERT ITUREN I OLIVER*

SUMARI: 1. L'ENTENIMENT DE LA LLENGUA I EL FET CULTURAL. 2. LA IMMERSIÓ COM A INSTRUMENT D'APRENENTATGE JURÍDIC. 3. RAONS TÈCNIQUES I METODOLÒGIQUES QUE FAN NECESSÀRIA LA IMMERSIÓ. MANCANCES DETECTADES. 3.1. La terminologia jurídica en valencià i l'hermenèutica dels escrits de Dret. 3.2. La mancança d'un Dret històric valencià en vigor, l'escassa iniciativa valenciana i la influència del Dret europeu. 4. L'EXPERIÈNCIA A L'AULA. BIBLIOGRAFIA.

1. L'ENTENIMENT DE LA LLENGUA I EL FET CULTURAL

Obria Sanchis Guarner "La llengua dels valencians", afirmant que ni la sang, ni la terra, ni el temps els podem triar, sinó que ens els trobem, i que per això la unió de la persona amb la terra no és una relació de causa-efecte, sinó d'estímul i reacció, que cal conrear.[1] És ben palès, que elements com la geografia, l'oratge, la història, l'economia, la ruralitat, l'agricultura, la ramaderia, la gastronomia, les creences, i en general la pròpia cultura bastida al llarg del segles van cisellant mica en mica la relació de la per-

* Professor Titular de Dret Administratiu. Universitat de València.

1 SANCHIS GUARNER, M., *La llengua dels valencians*", Ed. 3 i 4, 7ª ed., 1980, Valencia, p. 9.

sona amb la terra i el sentiment de poble. Ara bé, de tots ells, si hi ha un signe identitari que trau cap per tot arreu és el fet de tindre una llengua pròpia. Pot ser no hi haja cap altre element diferencial que done més personalitat a la idea de poble. Perquè la llengua no és sols un fet distintiu des del vessant de gaudir d'un sistema gramatical propi, amb morfosintaxi, fonètica, o semàntica aïllada del fet històric o cultural. Més bé al contrari, una llengua no és neutra a la història d'un poble, sinó que es nodreix precisament dels esdeveniment viscuts. N'és directament vinculada a la cultura col·lectiva, a l'espiritualitat de la comunitat on es parla, a l'herència rebuda dels que els precediren i de la tradició on tothom s'identifica, assumeix com a pròpia, i decididament vol preservar. Per això, quan es perd una llengua, la que siga, es perd també eixa cultura tal i como fou erigida.

Perquè es pensa com es parla, es somnia com es pensa i es parla com es viu; pensament i parla mantenen una relació inextricable. Per eixe motiu, quan s'empra amb els demés una mateixa llengua s'estableixen còdecs i registres, senyals i indicadors que van més enllà de l'estricta semàntica i que són captades per emissor i receptor d'una manera privativa, només interpretable conforme als elements culturals que han conformant eixe idioma i que l'integren en cada moment. Les tonalitats de veu, la intensitat i volum de la parla, els detalls de la pronunciació, la subtilesa del so d'una alveolar, l'arrossegament melós d'una elisió, l'electricitat d'una sinalefa, el sostingut etern d'una geminació, fins i tot el divers llenguatge no verbal que cada poble associa en concret a un gir o colp de veu... tenen vida pròpia en cada llengua, transmeten missatges, signifiquen coses, sentiments. I són missatges essencials per a les relacions humanes. Són capaços de canalitzar continguts de comunicació molt valuosos per a l'enteniment humà, on el receptor rep el missatge en tota la seua extensió, però també informació addicional del mateix o accessori a aquest, que l'emissor ha transmès, inclús sense adonar-se'n. Podem veure en ells, inclús subliminarment, com d'intens és un anhel, l'esperança en una idea, les pors, l'alegria i la tristesa, la bona o mala fe, l'orgull i la humilitat, la vanitat i la modèstia, la ingenuïtat, l'angoixa, l'udol silent del plany, la nostàlgia, l'enyorança, en fi, tot.

Són missatges que, com hem dit, només són identificables pel receptor si es coneixen eixos altres elements culturals del poble que han informat a la llengua i l'han anat enriquint, o contextos i situacions anteriors on s'ha escoltat eixes mateixes formes de parla, que ara es reconeixen i s'assignen a un contingut específic. Per això, conèixer la llengua és tan important per a que la comunicacio siga completa. Però no sols com diem conèixer la llengua, sinó "entendre" la llengua. Tindre l'habilitat de poder identificar tots eixos missatges principals i accessoris fruit de la cultura de poble, que escapen de l'àmbit purament semàntic i sintàctic, i que donen una visió integrada del missatge com un conjunt.

El que vull dir és que per a tindre un coneixement ple de tots els continguts que és capaç de transmetre una llengua cal també conèixer la cultura d'eixe poble i si fos possible, fins i tot viure els esdeveniments i costums d'eixa comunitat com a part integrant de la mateixa. Per suposat que es pot estudiar aïlladament qualsevol sistema gramatical i aplegar a un alt nivell de coneixements que permeten una parla amb estàndards de qualitat i assimilació comunicativa a la gent nativa. Però com és fàcil convindre, per molt que s'estudie un idioma, res no hi ha com ser un natiu que haja nascut i s'haja criat dins de l'entorn cultural on aquest es desenvolupa, de tal mena que haja pogut viure les experiències, organitzar els seus sentiments i desenvolupar la seua personalitat dins de l'àmbit d'ús d'una llengua concreta, que és després el que li donarà les capacitats cognitives necessàries per a poder copsar tots el missatges amb les seues tonalitats i subtileses.

I açò que dic encara es fa més palès, quan més ens endinsem en entorns específics de la comunitat on es fa servir la llengua; més aviat si és un medi gairebé tancat o de difícil accés encara que siga per raons geogràfiques, àmbits d'activitat, ruralitat, etc., atès que en eixos llocs es poden desenvolupar i proveir-se de singulars camps semàntics molt arrelats als costums i vivències històriques de la comunitat. I tan és així, que com tothom sap, antropològicament, el propi ésser humà està preparat biològica i intel·lectualment per a dependre una llengua sense gaire complicació des de que és ben menut, inclús quan encara ni tan sols té desenvolupat el seu coneixement fins al grau de permetre-li ser autosuficient o sobreviure per sí mateix defensant-se de les amenaces que l'envolten. Perquè s'aprèn abans la llengua que a viure. I s'aprèn molt millor i amb més riquesa quan més estímuls i vivències haja pogut desenvolupar cada esser humà a les primeres etapes[2], o com d'intensa haja estat la comunicació i interacció amb la seua família i la societat en la que viu[3].

2. LA IMMERSIÓ COM A INSTRUMENT D'APRENENTATGE JURÍDIC

Per tot el que acabem d'explicar, el mètode d'aprenentatge d'immersió lingüística i cultural en qualsevol idioma no és cap vel·leïtat. Té tot el seu sentit i és la millor eina de coneixement de tota llengua, i dels camps semàntics que es volen dominar i obtindre habilitats plenes, com ara el jurídic, perquè optimitzen al màxim la competència, enteniment i capacitats dels receptors de copsar i encaixar el missatge amb tota la seua dimensió i totalitat.

Aquesta circumstància és especialment important quan es viu a un entorn on hi ha un idioma predominant front a l'altre. Perquè és evident que la major part dels missatges i estímuls amb l'andola que he comentant, són emesos en eixa llengua majoritària que

---

2 *Vid.* l'obra de referència de PEAKER, G.F., The Plowden Children Four Years Later, Ed. National Foundation for Educational Research in England and Wales, 1971.

3 *Vid.* al respecte l'excel·lent número monogràfic de L'Adquisició del llenguatge, de la revista *Journal for the Study of Education and Development,* número extra 1, 1981, els treballs de BRONCKART, J.P., "Procesos y estructuras del desarrollo del lenguaje", pp. 85-103; HERNANDEZ-PINA, F., "Adquisición del lenguaje infantil: etapa del balbuceo", pp. 71-84; SÁNCHEZ DE ZABALA, V., "Sobre la adquisición del lenguaje: lingüística y psicolingüística", pp. 9-14.

generalment és qui controla les fonts o mitjans de producció dels missatges, com ara, tota la premsa (televisions, ràdios, periòdics, xarxes...), i també, en gran mesura, les institucions públiques. Que cert és que haurien de lliurar més equanimitat i equilibri amb l'ús de les dos atenent, encara que siga, al règim de cooficialitat (que no és poc), però que tanmateix, es veuen influenciades irremeiablement per la parla dominant i acaben també desplaçant el pes d'eixa parla cap a l'extrem llarg del braç de la romana. Per tant, en un escenari on una llengua és predominant vers l'altra, el mètode d'immersió lingüística i cultural en la llengua més discriminada suposa tècnicament el millor sistema per a conèixer-la[4].

Cal dir també, que sempre que es parla d'immersió a l'ensenyament, en realitat es parla de bilingüisme, això sí, a diferents graus o percentatges. Per tant, com a regla general, la immersió no suposa en la majoria dels casos que només s'empre una llengua a l'ensenyament, sinó que s'estableixen uns percentatges de matèries on es parla la llengua predominant (L1) i altres on s'empra la llengua més feble (L2). Que eixos percentatges es graonen al 50%, al 70%, ..., o fins i tot apleguen al 100% en benefici d'una o altra i durant el temps que es considere depèn de moltes circumstàncies que cal ponderar, i on té molt a veure trets concurrents,

---

4 *Vid.* en aquest sentit, SWAIN, M./JOHNSON, R.K. (1997), "Immersion Education. A category within bilingual education", en el llibre col·lectiu *Immersion Education. International Perspectives,* Cambridge University Press, 1ª ed., pp. 1-16; interessantíssims també son els articles dins la mateixa obra de ARTIGAL, J.M., "The Catalan immersion program", pp. 133ss; i ARZAMENDI, J/GENESEE, F., "Reflections on immersion education on the Basque Country", pp. 151. I dels mateixos autors, ARTIGAL, J.M., *La immersió a Catalunya. Consideracions psicolingüistiques i sociolingüistiques,* Ed. Eumo, Vic, 1989; ARZAMENDI SÁEZ DE IBARRA, J./ ETXEBERRIA BALERDI, F. *Bilingüismo y adquisición de lenguas. Actas del IX Congreso Nacional de AESLA,* Ed. Universidad del País Vasco, 1992; SWAIN, M. /LAPKIN, S., "The evolving sociopolitical context ofimmersion education in Canada: someimplications for program development", *International Journal of Applied Linguistics,* Vol. 15, n. 2, 2005, pp. 169-186.

com ara: l'índex de feblesa de L2, la situació sociocultural o sociopolítica de la comunitat, la capacitat financera de l'Administració competent, el grau de preparació del professorat, i en fi, la pròpia extracció del subjectes als quals s'adreça el pla d'immersió. N'és manifest que totes elles han de ser valorades i ponderades per a establir en cada cas el pes curricular de cada idioma a l'ensenyament d'una comunitat. I eixa càrrega pot ser, com hem dit, reduïda, mitjana o inclús, en determinats casos, no es pot descartar que s'aplique l'anomenat sistema d'immersió unilateral (*One-way foreign language immersion*, o *Einwegimmersion*) on es pretén que l'alumne visca per complet en L2, fins i tot recreant totalment la cultura i tradicions a l'aula (SWAIN/JHONSON, 1997, p.11ss). Aquests sistemes s'han emprat fonamentalment a ambients on L1 és absoluta i L2 és en realitat un idioma completament alliè a eixa societat. L'exemple a Espanya més clàssic podrien ser els col·legis anglesos, alemanys, etc., que tenen molt intensament repartida la docència en eixos idiomes, precisament perquè a l'aula és l'únic lloc on es pot dependre la llengua i la cultura, donat que és impossible fer-ho a l'Estat on es troben per l'hegemonia total de L1. En tot cas, són eines totes elles que es troben estudiades i a l'abast per si cal implementar-les.

Al nostre cas, jo sempre he pensat que l'ensenyament universitari del Dret al nostre territori hauria de ser, amb caire general i al marge d'exempcions justificades, clarament bilingüe, partint d'un mínim del 30 % en valencià, ampliable fins on es volguera per part de l'alumnat, però acceptant també una part de docència en castellà, i si hi hagueren mitjans, també en anglès. Està més que demostrat els beneficis dels sistemes bilingües[5], i la matèria jurídica per a dominar-la òptimament en totes les seues facetes, cal explicar-la en les diverses llengües d'ús professional, al carrer, o que demana el mercat.

---

5 *Vid.* MÖLLER, J., FLECKENSTEIN, J., HOHENSTEIN, F. *et al.*, (2018), "Varianten und Effekte bilingualen Lernens in der Schule", Z *Erziehungswiss* 21, pp. 11 ss.

En quant al valencià, és evident que en una Comunitat on hi ha dos llengües oficials i on una és predominant front a l'altra, el fet de no gaudir als nivells universitaris d'una mínima part en el llenguatge més feble, desbalafia tots els esforços fets durant l'ensenyament primari, secundari i batxillerat, on sempre s'ha comptat amb una part en valencià. No té molt de sentit que si a tots els nivell inferiors al universitari s'ha tingut la cura de mantenir al menys unes hores i assignatures en valencià, de manera més o menys generalitzada fins i tot a comarques no valencianoparlants, ara quan s'aplega a la Universitat, es trenque sobtadament eixa seguida i no es done continuïtat al que per a l'alumnat s'ha assumit amb normalitat.

A més a més, suposa també llastrar la segona llengua a l'àmbit pràctic professional, o si es vol, excloure-la directament del món tècnic on es va a desenvolupar. Perquè si no hi ha formació jurídica en valencià difícilment després es tindrà la capacitat per a fer-la servir quan es treballe professionalment, condemnant-la a un paper secundari i per a ús als moments en que tècnicament no s'està treballant en Dret. Sembla moltes voltes que s'estiga donant el missatge de que per a les coses serioses cal emprar el castellà. És a dir, que quan ens posem en mode professional jurista, aleshores cal que emprem vehicularment el castellà; i hem de deixar el valencià, per a quan eixim d'eixe mode tècnic i ens endinsem en un àmbit més distès.

La realitat quotidiana és que el valencià està en la pràctica fora d'ús a la professió jurídica de relleu. És residual, per no dir anecdòtic, els jutjats que celebren vistes i dicten actes i sentències en valencià, els protocols notarials que es signen, etc. I es podrà contraposar que en part això ocorre perquè és un Dret de les persones triar una llengua o altra cooficial, i que això condiciona de bestreta la pràctica professional. Però clar, eixa tria es fa moltes voltes subconscientment entre els propis valencianoparlants donat que és tant el predomini del castellà a l'àmbit jurídic que ja s'assumeix sense gaire objecció i amb normalitat que ha de ser així. I tampoc es demana més perquè també hi ha qui pensa que el sistema no està enllestit per a atendre'l en valencià, com ell volguera, i que si ho demana, té por que l'agafen per agafallós o enfitós, i això, al remat, puga perjudicar-li de qualsevol manera en el seu assumpte.

En tot cas, per a poder revertir la situació, caldria canviar moltes coses que certament van més enllà de l'àmbit que estem tractant en aquest fòrum. Però trobe que no hi ha dubte, que en gran mesura, molt depèn de que a la base universitària s'ensenye Dret en valencià. Perquè si a la formació superior, durant els quatre anys de carrera, no s'adquireixen en valencià els coneixements que calen d'institucions jurídiques, després difícilment es podrà emprar a l'àmbit professional. Sense ensenyament en la llengua més feble, malament es podrà baratar ni una miqueta l'hegemonia cultural de la llengua predominant, i així mantindrem el mateix estatus permanentment, i al remat la gran es cruspirà la xicoteta.

3. RAONS TÈCNIQUES I METODOLÒGIQUES QUE FAN NECESSÀRIA LA IMMERSIÓ. MANCANCES DETECTADES

En tot cas, al fil del que hem dit, cal afegir que des del vessant de l'aprenentatge jurídic, l'ús de la immersió lingüística en valencià és una ferramenta molt valuosa si es tenen en compte una caterva de factors.

3.1. La terminologia jurídica en valencià i l'hermenèutica dels escrits de Dret

En primer lloc, cal adonar-se'n que el nom de les institucions jurídiques és diferent en cada llengua, per tant, de bestreta, és imperatiu que la persona conega i empre adientment la terminologia justa i precisa. Perquè en Dret, la precisió conceptual és fonamental per a poder encarar el repte de donar a cada pressupòsit de fet la qualificació jurídica que pertoque i deduir la conseqüència jurídica il·lativa. Cal en conseqüència copsar mil·limètricament el pressupòsit de fet expressat en valencià, reconèixer les institucions que entren en joc i col·legir un efecte jurídic, és a dir, la resposta que el Dret dona quan concorre la hipòtesi que la norma descriu. Així, podem dir també que el valencià jurídic té una hermenèutica pròpia que cal dominar per a operar en Dret amb seguretat i solvència.

Però no sols això. En una matèria com aquesta, on gran part de l'activitat es desenvolupa mitjançat l'escriptura i la prosa jurídica, és essencial saber contar les coses i expressar-se amb tota la força i contundència dels raonaments jurídics, i també tindre la gràcia de saber mostrar els matisos que donen singularitat a cada cas. A l'àmbit del valencià aquesta circumstància encara és més important si considerem que per un arrossegament històric, des de fa segles, arran Nova Planta (1707), la llengua fou apartada de les institucions públiques que restaren sotmeses al castellà, a banda que institucionalment fou arraconada al reducte folklòric (sent com era la llengua que parlava el poble a les comarques valencianoparlants), i que tampoc va tindre cabuda ni promoció al sistema educatiu fins a la vinguda de la Constitució al 1978. Evidentment, tants anys de desatencions, nul·la protecció i estímul feren que la llengua perdera parlants i lèxic, assumirà castellanismes, no guanyara en varietat semàntica ni presència social, i al remat, acabara empobrint-se de qualsevol mena mica en mica. Amb aquest escenari endèmic es comprèn quan d'important és per a l'ensenyament jurídic en valencià que es produïsca una immersió en la llengua, que pal·lie i rescabale totes les mancances lingüístiques esdevingudes ençà aquesta situació de decadència, recupere varietat lèxica, parlants, i permeta, com he dit abans, que vaja guanyant presència als àmbits professionals jurídics.

Per tot el que he exposat és fonamental que la docència en valencià ensenye a escriure i redactar en valencià amb tota la riquesa lingüística. No sols el Dret en sí, també la composició literària jurídica dels escrits de Dret. Durant molt de temps he observat com a sovint les classes de Dret en la línia valenciana es limitaven, al capdavall, a explicar el Dret igual que ho faríem en castellà, però aquesta volta fent servir el valencià. I trobe que no és això. I no ho és, perquè com s'ha dit, el valencià parteix d'una posició de desavantatge jurídic i social respecte del castellà, que va més enllà del nom de les institucions del Dret. Partint d'aquesta realitat, cal que es faça un esforç en aquest vessant de donar habilitats i competències per a que l'alumnat puga redactar en valencià com ho faria en castellà. Que es senta amb domini ple de la llengua, amb seguretat, que no tinga l'enrònia de que en castellà li hauria eixit millor, i que tantost assumisca amb normalitat que pot redactar jurídicament en valencià com ho enllestiria en castellà sense que el text li surta xerec de recursos.

3.2. La mancança d'un Dret històric valencià en vigor, l'escassa iniciativa valenciana i la influència del Dret europeu

Per si fora poc, també juga entrebancadament per a la llengua el que a hores d'ara no comptem amb un Dret històric valencià viu, és a dir, plenament en vigor, adaptat al nostre temps. Com bé es sap, el nostre Dret foral, que esdevé des del Segle XIII i era fet, volgut i molt ben considerat per tots els habitants del nostre territori, i fora d'ell, va estar abolit pel Decret de Nova Planta de 29 de juny de 1707, tal com prega al seu començament, per "justo derecho de conquista". Si teníem institucions jurídiques pròpies escrites en la nostra llengua, que hagueren donat molt de sentit a l'ensenyament d'un Dret genuïnament valencià, amb termes i llenguatge específicament autòcton, aquestes foren també abrogades pel Decret. I, per tant, a l'actualitat tampoc s'explica regularment a les facultats valencianes, considerant que no és un Dret vigent, ni tampoc òbviament, el que haguéssem pogut desenvolupar d'haver-nos deixat la Constitució, o millor, la interpretació que fa d'ella el Tribunal Constitucional en relació al cas valencià.

Precisament, si en un futur canvia la molt qüestionable i feble doctrina del Tribunal Constitucional (*vid.* entre altres, STC 121/1992) al voltant de la interpretació que cal donar a l'article 149.1.8 CE, o s'opera un canvi normatiu a la pròpia Norma Fonamental, de manera que podem recuperar el nostre Dret Foral, recuperaríem la capacitat de dictar normes de Dret Civil, i tornaríem a impartir classe utilitzant terminologia pròpia escrita en valencià, a diferència del que es fa ara que és traduir al valencià el Dret castellà vigent. I el fet és important, perquè ací estaríem en presència d'un Dret redactat i aplicat en valencià que posaria en valor la llengua i donaria peu a fer servir com a idioma vehicular el valencià, atesa la terminologia tan específica que empra el nostre Dret Foral, que adaptaríem als nous temps i la societat actual una vegada poguérem traure lleis de caire civil.

Al fil d'aquesta qüestió, també cal posar damunt la taula l'aspecte important que el legislador valencià, a les matèries que sí tenia competència plena, tampoc és que haja estat molt interessat i vehement a l'hora de bastir un Dret que utilitzara nomenclatures, expressions i gramàtica pròpia valenciana. Ací, la regla general ha estat que els esborranys de les lleis i normes jurídiques de diferent rang es redactaren quasi a la seua totalitat en castellà. I després, una volta aprovades ja es feia l'operació de traduir-les de cara a la seua publicació obligatòria en les dues llengües al Diari Oficial de la Comunitat Valenciana. És a dir, que als processos de producció normativa, el valencià ha estat gairebé sempre a l'ombra del castellà, com una llengua subalterna, només considerada a l'hora de difondre els textos als diaris oficials. És cert que hi ha algunes excepcions molt interessants, producte de les diferents sensibilitats en la matèria per part dels diferents governs que han hagut i també de les majories parlamentàries que jauen a les Corts a cada legislatura. I també és cert que als darrers anys s'ha avançat prou en eixe sentit. Però no cap dubtarà que la tònica general ha estat treballar de primera ma amb el castellà. I això també ha provocat moltes vegades que després a les traduccions al valencià s'introduïren mots o expressions que no acaçaven amb la nostra cultura o tradició, així mateix amb l'ús del llenguatge, que resulten estranys per al propis natius en valencià, i que es fa més palès quan més tècnica o específica és la normativa bastida[6] .

---

6 Per posar un exemple, en matèria cinegètica, que és per la nostra cultura rural i tradició riquíssima en terminologia, a penes es posa de relleu als

En aquest mateix sentit, també cal denunciar que l'exercici de la autonomia legislativa conforme al nostre sistema de repartiment de competència germànic o de doble llista que dissenya la pròpia Constitució espanyola, tampoc s'ha notat massa, ni per la originalitat de les nostres lleis i tampoc pel lluent de la prosa emprada. Moltes normes acaben fent-se a semblança de les espanyoles preconstitucionals o directament copiant-les en moltes parts de lleis d'altres Comunitat Autònomes[7], o si més no, amb una clara inspiració impròpia. Vaja, que no es veu massa originalitat a les nostres lleis. Podem dir sense por que el legislador valencià tampoc ha estat força valent ni atrevit en fer un Dret genuïnament valencià, ni en fer ús de la seua autonomia fins al màxim que li donava la Constitució.

---

textos normatius, en part, perquè s'ha pensat i redactat en castellà adoptant paraules castellanes que tampoc és que foren al principi molt emprades al nostre territori. En aquest sentit, es pot veure l'Ordre 22/2021, d'11 de novembre, de la Conselleria d'Agricultura, Desenvolupament Rural, Emergència Climàtica i Transició Ecològica, per la qual es regula la caça i control del senglar a la Comunitat Valenciana. La norma està plena de paraules en valencià que s'han hagut de traduir forçadament del castellà (valorem el treball no gens fàcil pels traductors) i que tenen poca acceptació o són feblement reconegudes pels valencianoparlants, en part perquè la norma es pensa en castellà fent seua la terminologia emprada en eixa llengua, en lloc d'agafar els mots més emprats al domini lingüístic valencià en eixe camp semàntic. Al "ojeador" se'l tradueix per "observador", quan té un paper més de retraure caça; el "puesto" a les accions col·lectives de caça major, per "llocs", quan s'empra més "parada"; el "gancho" per "batuda menuda", quan es podria dir a la "batuda", "munteria" i al "gancho", batuda"; "retranca" per "rereguarda", en lloc de "ressaga" més estès; "postor" por "posador", en lloc de "ficador"; "aguaderos y cebaderos" per "aiguaders i engranalls", en lloc de "abeuradors i menjadors"; "linde" per "boga", en lloc de "fita"; "persona encargada-responsable" per "persona encarregada-responsable", en lloc de "cap de colla", molt més del domini lingüístic; etc. Sí trobe més encertada la traducció de "mancha" per "rodal", tot i la complexitat, que altres opcions com ara "contrada" o "indret".

7 Es pot comprovar si es lligen per exemple les diferents lleis esportives de les Comunitats Autònomes, o les forestals, de residus, etc.

També el Dret europeu ha fet que hagem perdut autonòmica als Estats membre de la Unió i que cada volta la llei ve més dirigida des de Europa. És cert a més a més, que els països també opten per llançar les lleis a l'ordenament sense gaire mutacions per la por a ser condemnats pels tribunals europeus per incompliment del Dret comunitari, si fan transposicions dolentes. És més còmode agafar la directiva tal com ix al diari de la Unió Europea, no calfar-se el cap, tramitar-la sense gaire canvis, i llançar-la al nostre diari oficial sense contemplacions o exigües tasques de cura o acoblament amb el Dret vigent al nostre territori. És un fenomen global a nivell estatal, i autonòmic, i també en certa manera a tots els Estats membre de la Unió, però que acaba provocant fragmentació de l'ordenament, dispersió, volatilitat, inseguretat jurídica i en general una dolenta tècnica regulatòria que no beneficia a cap, i que tampoc té molta solució, atesa l'escassa tradició codificadora del nostre dret administratiu, a diferència per exemple, del francès.

4. L'EXPERIÈNCIA A L'AULA

Després de tants anys donant de costum classe en línia valenciana a la Universitat, i atès també que he impartit gairebé tot el reguitzell d'assignatures pròpies de l'àrea del Dret Administratiu a les diferents titulacions i graus on es retren, he pogut extraure algunes conclusions i constatar certs fets que m'han dut al pensament conviccions i propostes de millora.

Una de les primeres coses que m'he adonat, és que contràriament al que es pensa, els diferents nivells de coneixement de la llengua o l'extracció de l'alumnat no té per què ser un problema, sinó que inversament pot ser enriquidora[8]. Afortunada-

---

[8] *Vid.* KERSTEN, K. (2010). "DOs and DON'Ts bei der Einrichtung immersiver Schulprogramme", en BONGARTZ, C.M./RYMARCZYK, J. (Eds), Languages Across the Curriculum. Ein Multiperspektivischer Zugang, Lang, Frankfurt a/M, pp. 71-92.

ment, després de més de quaranta anys de autogovern s'ha fet un esforç en preparar a la persona als nivells primari i secundari de l'ensenyament per a que puga assolir habilitats i competències en valencià amb estàndards acceptables, encara que es pertanya a indrets castellanoparlants. En tota la meua experiència he tingut alumnes de tots els nivells de coneixements de la llengua, fins i tot els que a penes podien dir dos o tres paraules soltes per ser espanyols d'altres regions de l'Estat, o els que no podien dir ni pruna perquè venien de països de la Unió Europea o Amèrica llatina. No vaig a negar que en general uns tenien més facilitat que altres per a dependre. Els natius òbviament tenien molt de recorregut ja fet. Però també he de dir que al remat la llengua no impedí que cadascú aconseguirà el que va intentar. Recorde perfectament dos xiquetes austríaques en un mateix any que hauran estat de les que millor nota han tret de tot el que recorde. I jo he vist als rostres eixe sentiment de satisfacció d'haver superat una assignatura en una llengua que no era la pròpia. I també he escoltat a alguns que em deien que es sentien molt integrats quan podien participar a una conversa a classe sense que la resta tinguera que canviar de llengua.

No crec per tant, que el fet del coneixement previ de la llengua siga un entrebanc determinant per a dependre Dret; per suposat, no per a persones que hagen estudiat primària, secundària i batxillerat al nostre territori, ni tampoc per al que de veritat vol deprendre o no avantposa prejudicis al que certament interessa que és el Dret en sí. Per altra banda, tampoc és que el valencià siga com l'eusquera, o com qualsevol altra llengua de tipus ergativa, és a dir, un idioma difícil que requerisca de grans esforços d'aprenentatge. És més bé una llengua romanç fàcil d'entendre i en la majoria de casos predictible. I en tot cas, si calguera, es podria implementar un currículo adaptat a les necessitats lingüístiques, amb programes addicionals i materials específics. En aquest cas, ens consta que les Universitats del nostre àmbit lingüístic tenen serveis a la disposició de l'alumnat que ho necessite. Per tant, el punt de partida del coneixement de la llengua, per se, no és el problema, si es té voluntat, clar.

És més, està científicament demostrat que dependre en una llengua que no és la pròpia ajuda també a millorar la particular[9], i també provoca que s'adquirisquen més habilitats per a qualsevol estudi o domini d'una disciplina. Aquest és un efecte que sempre he pensat, però que també l'he vist a l'aula i quan he estat per fora en estades investigació en altres universitats estrangeres. Les persones que parlaven varies llengües tenien lògicament accés a més informació científica, però també s'apreciava un dinamisme i interrelació de conceptes a l'hora d'expressar-se verbalment i per escrit. No sé si és que per intel·ligència dominaven varies llengües, o que dominar eixes llengües els donava eixes qualitats, probablement dues coses. El cas és que a l'hora d'escriure sobre una matèria, hi havia un plus de qualitat.

I de la voluntat de dependre també hi hauria que parlar. He vist totes les intensitats, totes les filies i totes les fòbies. A voltes, incomprensiblement, hi ha una animadversió a la nostra llengua, i a no voler ni tan sols tindre coneixements bàsics de la mateixa, com si fos un càstig, un enfit que cal superar com més prompte millor perquè no aprofita per a res. I la cosa certa és que és la llengua d'un poble que viu en aquesta terra des de fa vora huit segles. Sempre he tingut l'enrònia que aquesta curolla era una cosa local, lligada a qüestions polítiques mal encarades o arrossegaments històrics que avui ja no tenen sentit. I dic local, perquè als llocs del mon on

9 *Vid.* l'interessantíssim article de MEHRABI (2014) al voltant dels efectes positius que té estudiar una L2 respecte al increment de la capacitat de redacció en L1. L'estudi es va fer amb l'ensenyament de l'anglès com a L2 i el persa com a L1. I té la seua importància perquè ambdues llengües son totalment diferents, amb origen, alfabet i sistema gramatical distint. I, en canvi, els que havien estudiat L2 experimentaven millora també en L1. I compte, que al ser llengües tan distintes, que no formen part de la mateixa família, no podem dir que la millora puga ser deguda a un transvasament de coneixements de construccions, lèxic o semàntica que més o menys ens semblen coneguts, com ara podria ocórrer amb els que estudien francès i català, o alemany i holandès. Simplement el fet de conèixer noves estructures, alfabet, etc. de L2, millorava la creació en L1.

hi ha cooficialitat no he vist el mateix fenomen, sinó més bé tot el contrari: ni a Suïssa entre el francès, alemany, romanx i l'italià; ni amb Alemanya amb les llengües sòrabes; Bèlgica amb el francès, flamenc i l'alemany; Regne Unit amb l'anglès i el gal·lès, Canada amb el francès i l'anglès; i sense anar tan llunyací mateix amb l'anglès, que l'aprenentatge es veu amb total normalitat. En un treball molt interessant sobre els usos lingüístics a les universitats públiques valencianes[10], es recollia tota la tipologia discursiva[11] que la comunitat universitària manté respecte a l'ensenyament i la docència en valencià. Després d'un ample mostreig d'entrevistes, l'estudi delimita a la perfecció les perspectives i posicionaments front a la llengua: discurs unitarista-excloent, regionalista-localista, liberal-darwinista, monolingüe-resistent, bilingüisme-ingenu, valencià-resistent, pragmàtic-resignat, pragmàtic positiu. Encerta plenament amb la diagnosi del problema, i confirma que hi ha raons polítiques, històriques i fins i tot social-culturals que marquen la dèria cap a la llengua. Evidentment, amb plantejaments com l'unionista-excloent, o el monolingüe resistent, per exemple, es fa més costera amunt dependre dret en valencià, senzillament perquè la predisposició del discent és més tancada que en altres posicionaments, on tenen major motivació i sensibilitat per assimilar continguts en la llengua.

Aquest fenomen també ha estat ben estudiat per la ciència de l'educació, entorn a la disjuntiva que proposa LAMBERT (1973, p. 22ss), entre bilingüisme additiu front al bilingüisme subtractiu. El primer bilingüisme concorre quan l'entorn social que envolta al que aprèn L2 creu que eixe aprenentatge és bo de totes passeres, culturalment, intel·lectualment, enriquidor socialment, i que no suposa gaire pèrdua d'identitat de la persona ni d'una minva respecte a L1. Per contra, en el bilingüisme substractiu l'ambient social creu que estudiar L2 posa en perill la pròpia identitat, per

---

10 APARICI, A./CASTELLO, R. (dirs.), *Els usos lingüístics a les universitats públiques valencianes,* Ed. AVL, col·lecció Recerca 13, 1ª ed., Valencia, 2011.

11 *Ob. Cit.* pp.170 ss.

la raó que siga, bé perquè du massa càrrega horària, per simple sentiment, o qualsevol altra, a més que tampoc paga la pena la resta de beneficis d'afegitó barata la pèrdua d'identitat. Des de la perspectiva de la docència del Dret en valencià, és indiscutible que aquestes dos atmosferes condicionen l'elecció de la línia per part de l'alumne en un sentit o altre, no tant quan ja és dins, perquè l'objectiu de superar l'assignatura deixa veure el lluent i ho aclapara tot. Però també és clar que si socialment hi ha una hegemonia cultural que considera el bilingüisme com substractiu, evidentment això entrebanca que en termes absoluts es guanye en docència, en coneixement i, conseqüentment en presència social de la llengua.

Aixina i tot, no es pot obviar el fet cert que una persona tendencialment tractarà d'emprar la seua llengua mare, encara que conega altra, perquè se sent més segura i amb més confiança per a transmetre missatges a un àmbit com el professional jurídic que du de soca-rel una gran responsabilitat i tensió, més encara si es tracta del castellà que domina el panorama jurídic al nostre territori. Però cal adonar-se'n també que sense perjudici del que he dit, el fet que una persona haja adquirit coneixements jurídics en valencià certament el pot predisposar a no rebutjar que en un moment donat es puga emprar vehicularment aquesta llengua a qualsevol procediment administratiu o procés judicial. Com qualsevol pot entendre, com més nivell de valencià jurídic tinguen assolits els operadors de la disciplina, més fàcil és que el valencià puga agafar alçada i més presència a la pràctica quotidiana.

En altre ordre de coses, des d'un vessant purament material, cal també posar damunt la taula que l'ensenyament en valencià té d'escreix un problema de medis, que no oblidem són fonamentals per a que l'experiència en immersió funcione i done resultats[12]. No és que les nostres institucions acadèmiques no

---

12 *Vid.* WALKER, C.L./TEDICK, D.J. (2000), The Complexity of Immersion Education: Teachers Address the Issues. The Modern Language Journal, n. 84, pp. 5-27

adrecen recursos a les classes. Més bé al contrari: és meritori en general l'esforç que s'ha fet des de les institucions universitàries pel foment d'aquesta causa. Ara bé, és ben palès que tants anys de postergament i desmemòria, i el fet cert que s'ha descrit de que el valencià no siga una llengua emprada predominantment a l'àmbit professional, ha fet que hi haja una mancança clara de materials jurídics escrits en la nostra llengua. En part, la culpa també la tenim els propis docents que, fora d'excepcions[13], no hem tingut la cura suficient per a desenvolupar el volum que caldria de manuals, monografies, pràctiques, textos jurídics, etc., en valencià. Les universitats inclús estant donant ajudes per a fer aquests materials, i ficant espenta via assessorament mitjançant els diferents serveis de normalització lingüística. Però la veritat és que la cosa no acaba de arrancar com caldria. Podríem dir, si analitzem la qüestió, que en part no hi ha molta motivació en el docent perquè en realitat no sap mai si va a tindre continuïtat per a donar les classes en valencià. Les exigències de l'antiguitat i la categoria a l'hora de triar anualment la càrrega docent, i la escassa intervenció dels departaments en aquesta qüestió per por a entrar en conflictes interns, fa que al remat no ningú tinga garantida la continuïtat ni en una línia, ni tampoc en una assignatura, tret òbviament de les persones que més s'apropen a triar de les primeres. Amb eixes condicions, és evident que no cap es planteje elaborar manuals o materials que costen de fer, si després no sap si va a tindre continuïtat per a poder-los emprar a l'aula i traure un rendiment docent. I no mencione cap caire econòmic, a posta, perquè com tothom sap, d'aquestes coses no és que es guanyen doblers, sinó que més bé, si es trau comptes i s'alfarrassa el temps de confecció, se'n perden. I això per no parlar, que no sols és fer-los, també cal actualitzar-los periòdicament conforme canvien les normes i el Dret en general.

---

13 Efectivament, no sense algunes excepcions molt lloables, *vid.* PONCE SOLE, J., *Manual de Fonaments del Dret Administratiu i de la Gestió Pública. Textos legals, materials per practicar, dades empíriques,* Ed. Tirant lo Blanch, 4ª ed., 2023.

Però també, d'altra banda, hi ha un problema de manca de destinataris, perquè fins i tot, els professors que tindrien per antiguitat i categoria un accés altament garantit a línia i assignatura, i que damunt són natius valencianoparlants, tampoc es llancen a escriure ja què pensen que no paga la pena fer l'esforç de bastir una obra magna, com per exemple un manual, si al remat no té mercat, i que ni l'empraria a penes gent, ni menys encara el comprarien, o així mateix hauria de ficar-hi diners de la butxaca. Molta vocació s'ha de tindre per a no pensar que al mateix nivell d'esforç, el podria redactar en castellà i tindre més recompensa en nombre de lectors i venda. Així que, al remat, entrem en un bucle sense drecera que no du enlloc. I per exemple, si de manuals parlem, això és el que provoca el fet constatable que a penes en tenim. De la mateixa passera, que són encara moltes menys les tesi doctorals que es lligen a les universitats de l'àmbit lingüístic valencià si les comparem amb el castellà. Al igual que ocorre amb els manuals, molta vocació i temps s'ha de tindre per a mamprendre a fer una obra d'eixa magnitud que costa anys, quan es sap que professionalment no va a tindre gaire projecció a món jurídic pràctic i acadèmic per l'aclaparadora presència del castellà. I més, a un col·lectiu tan peculiar com els estudiants o becaris de doctorat que per la pròpia sistemàtica d'accés als cossos docents universitaris, precisen de forma immediata de reconeixements i glòria, cites, impacte de les publicacions, etc., per a obtindre precisament les acreditacions adients que donen les agències públiques. Molt costera amunt s'ha posat tota l'arquitectura de meritatge per a no anar directament al que es pensa que va a donar més profit acadèmic i curricular. És evident que no està pensat el sistema actual per a puntuar fora del que són els temes de moda de la investigació, ni per a tractar àmbits marginals. El que ho fa sap que és més difícil rebre recompensa en nombre de descarregues, cites, i convidades a congressos i jornades vinculades al tema de la publicació. Això fa que la investigació vaja dirigida més al que fan tots i està més de moda, perquè es sap que és el que tendencialment donarà millor rendiment a la carrera universitària, sexennis, etc. I per això mateixa, tampoc és atractiu escriure una tesi o un manual, publicar en general, en valencià. Perquè es sap que a idèntic nivell d'esforç, treballar en castellà ix deu voltes més rentable.

En tot cas, és evident, que cal fer un esforç per millorar i augmentar els materials en la nostra llengua, de forma que també s'incrementen les recursos per a la docència que estiguen a l'abast de tot l'alumnat.

Darrerament, també volguera dir que és molt important la formació del professor en valencià jurídic i també que el docent haja adquirit o practicat una cultura jurídica en valencià. No sempre es mira aquest factor ni es té en compte a l'hora d'assignar la docència cada curs acadèmic, sotmesa com hem dit a criteris d'elecció vinculats exclusivament a la categoria i antiguitat del professorat. I aquesta és una qüestió que s'ha de tractar acuradament si volem aspirar a gaudir de qualitat a l'ensenyament. Ho dic perquè com deia SWAIN, M./JOHNSON, R.K. (1997, p.10), la cultura de l'aula és la de la comunitat local de la llengua predominant. Açò vol dir que per a donar les classes en valencià és un factor addicional molt valuós en el docent haver emprat quotidianament la llengua jurídica en un entorn culturalment valencianoparlant.

A voltes conèixer i saber parlar la llengua no són suficients, si no es té una praxis desenvolupada en aquest àmbit. SWAIN posava l'exemple de professors japonesos per a classes d'immersió a Austràlia, o d'anglòfons a Hong Kong, que no sempre tenien les facilitats per a treballar eficaçment en immersió per molt de domini de l'anglès que tingueren. La clínica desenvolupada en una disciplina en un ambient cultural valencià, també informa i enriqueix la docència, perquè com he explicat al començament d'aquest treball, permet copsar tots els missatges que l'emissor transmet, i deixa també comprendre els suposats de fet de la norma i aplicar les conseqüències jurídiques adients. Tothom pot comprendre que si un docent no té una praxis en una matèria és més difícil que puga transmetre coneixements amb plenitud. Perquè en Dret la teoria és de vegades el que menys possibilitats té de que ocórrega a la realitat. I en tot cas, al ser el Dret una disciplina on roman un caire eminentment pràctic, no es conta tota la realitat de la matèria si no es tenen de bestreta adquirits eixos coneixements que expliquen què és el que passa en la quotidianitat dels operador jurídics. Cal també, per tant, millorar en la formació pràctica del valencià jurídic dels docents que es dediquen a immersió, per això també caldria orientar una formació continua específica en eixa matèria des dels servis universitaris.

BIBLIOGRAFIA

APARICI, A./CASTELLO, R. (dirs.), *Els usos lingüístics a les universitats públiques valencianes*, Ed. AVL, col·lecció Recerca 13, 1ª ed., Valencia, 2011.

ARTIGAL, J.M., "The Catalan immersion program", en el libro colectivo *Immersion Education. International Perspectives*, Cambridge University Press, 1ª ed., pp. 133ss.

ARTIGAL, J.M., *La immersió a Catalunya. Consideracions psicolingüístiques i sociolingüístiques*, Ed. Eumo, Vic, 1989.

ARZAMENDI SÁEZ DE IBARRA, J./ ETXEBERRIA BALERDI, F., *Bilingüismo y adquisición de lenguas. Actas del IX Congreso Nacional de AESLA*, Ed. Universidad del País Vasco, 1992.

ARZAMENDI, J/GENESEE, F., "Reflections on immersion education on the Basque Country", en el libro colectivo *Immersion Education. International Perspectives*, Cambridge University Press, 1ª ed., pp. 151.

BRONCKART, J.P., "Procesos y estructuras del desarrollo del lenguaje", *Journal for the Study of Education and Development*, número extra 1, 1981, pp. 85-103.

HERNANDEZ-PINA, F., " Adquisición del lenguaje infantil: etapa del balbuceo", *Journal for the Study of Education and Development*, número extra 1, 1981, pp. 71-84.

KERSTEN, K., "DOs and DON'Ts bei der Einrichtung immersiver Schulprogramme" in BONGARTZ, C.M./RYMARCZYK, J. (Eds), *Languages Across the Curriculum. Ein Multiperspektivischer Zugang*, Lang, Frankfurt a/M, pp. 71-92, 2010.

MEHRABI, N. (2014); "The Effect of Second Language Writing Abilityv on First Language Writing Ability", *Theory and Practice in Language Studies*, Vol. 4, No. 8, pp. 1686-1691, 2014.

LAMBERT, W.E. (1973), "Culture and Language as Factors in Learning and Education", Paper presented at the Annual Learning Symposium on

"Cultural Factors in Learning" (5th, Western Washington State College, Bellingham, Washington, November 1973) and at the Annual convention of the Teachers of English to Speakers of Other Languages (Denver, Colorado, March 1974), 54 p. (https://eric.ed.gov/?id=ED096820)

MÖLLER, J., FLECKENSTEIN, J., HOHENSTEIN, F. *et al.* "Varianten und Effekte bilingualen Lernens in der Schule", Z *Erziehungswiss* 21, 4-28 (2018).

PEAKER, G.F., *The Plowden Children Four Years Later,* Ed. National Foundation for Educational Research in England and Wales, 1971.

PONCE SOLE, J., *Manual de Fonaments del Dret Administratiu i de la Gestió Pública. Textos legals, materials per practicar, dades empíriques,* Ed. Tirant lo Blanch, 4ª ed., 2023.

SÁNCHEZ DE ZABALA, V., "Sobre la adquisición del lenguaje: lingüística y psicolingüística", *Journal for the Study of Education and Development,* número extra 1, 1981 pp. 9-14.

SANCHIS GUARNER, M., *La llengua dels valencians*", Ed. 3 i 4, 7ª ed., 1980, Valencia.

SWAIN, M. /LAPKIN, S., "The evolving sociopolitical context of immersion education in Canada: some implications for program development", *International Journal of Applied Linguistics,* Vol. 15, n. 2, 2005, pp. 169-186.

SWAIN, M./JOHNSON, R.K. (1997), "Immersion Education. A category within, bilingual education", en el libro colectivo *Immersion Education. International Perspectives,* Cambridge University Press, 1ª ed., pp. 1-16.

WALKER, C.L./TEDICK, D.J. (2000), "The Complexity of Immersion Education: Teachers Address the Issues", *The Modern Language Journal,* n. 84, pp. 5-27.

Capítol 7

Innovació docent en valencià: una experiència mix & match en l'assignatura de dret administratiu

Ana María de la Encarnación*

SUMARI: 1. INTRODUCCIÓ. 2. LA INNOVACIÓ EN ELS ESTUDIS UNIVERSITARIS. 3. LA INNOVACIÓ DOCENT EN DRET ADMINISTRATIU. 4. MULTILINGÜISME EN LA UNIVERSITAT: L'IDIOMA AUTÒCTON DE LA COMUNITAT AUTÒNOMA. 5. UNA EXPERIÈNCIA MIX & MATCH D'INNOVACIÓ EN DRET ADMINISTRATIU. 5.1. Introducció. 5.2. L'aprenentatge cooperatiu. 5.3. El debat jurídic. 5.4. Avaluació entre parells i ús de rúbriques avaluatives. CONCLUSIONS. BIBLIOGRAFIA.

1. INTRODUCCIÓ

La societat actual està immersa en un profund procés de transformació impulsat per l'anomenada "societat de la informació", en les quals s'entremesclen noves tecnologies, nous processos i noves demandes. En el món educatiu en general, i en la Universitat en particular, s'han de tenir en compte aquests nous horitzons i preparar a cada estudiant per a aquests canvis, incorporant-los en els propis processos formatius[1]. Aquesta transformació del model educatiu s'ha centrat en la substitució d'un ensenyament excessivament teòric en una altra activa, en la qual l'alumnat passe a ser el nucli del procés ensenyament-aprenen-

* Professora Titular de Dret administratiu. Universitat de València.

1 MICHAVILA, Francisco, "La innovación educativa. oportunidades y barreras", *ARBOR. Ciencia, Pensamiento y Cultura*, CLXXXV, 2009, pp. 3-8.

tatge. I s'ha fet mitjançant nous instruments, les eines d'innovació educativa, que han permès adequar el currículum docent a aquesta nova situació de les aules. Aquesta innovació requereix una certa adaptació d'estructures, recursos i fins i tot espais i un replantejament del model d'ensenyament tradicional, però està molt més vinculada a la motivació i formació del professorat, com a actors decisius d'aquests processos de canvi educatiu, que han de dur a terme una metodologia innovadora i participativa. En aquest nou paradigma, molts centres de qualsevol nivell educatiu han apostat per l'ús de les tecnologies de la informació i la comunicació (d'ara endavant TIC) en la seva activitat docent. També en l'educació superior, d'acord amb el procés Bolonya, per la qual cosa la renovació docent dels ensenyaments universitaris s'ha convertit en una línia estratègica d'actuació de totes les universitats, que han centrat la innovació educativa en la utilització de recursos tecnològics per a l'adquisició de competències. No obstant això, a pesar que es tracta d'eines que poden proporcionar grans possibilitats, no tota innovació ha de limitar-se a elles. En les noves metodologies docents també té cabuda la incorporació d'altres mètodes, fins i tot clàssics o tradicionals, que impliquen una major participació de l'alumnat i generen el seu interès.

Mitjançant aquesta recerca volem contribuir al debat sobre la innovació docent i les possibilitats que brinden altres tècniques d'ensenyament-aprenentatge més pròximes al tradicional, en contraposició al que s'ha anomenat el totalitarisme tecnològic[2]. Tota eina que faça millorar la docència i que redunde en l'eficiència del procés d'ensenyament-aprenentatge s'ha d'utilitzar, amb independència de què es tracte d'un recurs tecnològic o d'innovar a la vella usança.

---

2 JIMÉNEZ DELGADO, María; DE GRACIA SORIANO, Pablo; JAREÑO RUIZ, Diana, "El uso y abuso de las TIC. Una investigación de innovación educativa en la educación superior", en ROIG-VILA, Rosabel (*Coord.*), *Redes de Investigación en Docencia Universitaria,* Instituto de Ciencias de la Educación (ICE), 2018, pp. 25-35.

A més, resulta d'interès l'opció de dur a terme un mètode "mix & match", utilitzant de manera conjunta diverses tècniques d'innovació educativa, en un entorn de docència d'una assignatura que no s'imparteix en castellà, sinó en valencià. Aquesta mixtura millora, sens dubte, l'adquisició de competències específiques, però també transversals, la qual cosa representa una combinació de coneixements, habilitats i actituds considerades necessàries per a la realització i el desenvolupament personal, la ciutadania activa, la inclusió social i l'ocupació en un espai de formació integral.

2. LA INNOVACIÓ EN ELS ESTUDIS UNIVERSITARIS

Com sabem, el procés de convergència europea en matèria d'educació superior posat en marxa després de la signatura de la Declaració de Bolonya va plantejar a les universitats espanyoles un conjunt d'oportunitats de primera magnitud, particularment pel que fa a la revisió del seu sistema d'estudis i al replantejament de les estratègies i metodologies docents. L'adopció del crèdit europeu (ECTS) és la clau principal que permet l'adopció d'un sistema d'aprenentatge basat en el treball de l'alumnat, afavorint la definició dels objectius del procés educatiu en termes d'adquisició de competències, habilitats i destreses.

En les Ciències Jurídiques aquest concepte de competència es recull en el Llibre blanc per a la titulació del Grau en Dret[3], en el qual s'han definit les competències en contraposició amb els resultats de l'aprenentatge. Si aquests últims han estat l'objectiu habitual de la docència universitària, sent de naturalesa estàtica, les competències es presenten com un nou objectiu de naturalesa dinàmica, que persegueix la consecució de diversos atributs de capacitats que van més enllà del coneixement, englobant actituds, aptituds, destreses i responsabilitats de l'individu, de manera que pugui aplicar en el moment més idoni l'estratègia o coneixement

[3] Pot consultar-se ací: http://www.aneca.es/var/media/150240/libroblanco_derecho_def.pdf

més oportú. Tot això es duu a terme pensant, tant en la major competitivitat del sistema educatiu europeu enfront de tercers sistemes, com en el foment de la capacitat d'inserció laboral de qualitat de l'estudiantat europeu, com a ciutadanes i ciutadans. Aquesta capacitat està basada en un ensenyament que compatibilitze elements teòrics i pràctics, eines de treball i reflexió crítica i que permeta l'adaptació a un mercat laboral canviant.

I és precisament ací on es troba un dels canvis més importants introduïts després de la implantació de l'Espai Europeu d'Educació Superior (d'ara endavant EEES), com és la transformació de les noves metodologies docents, perquè per al càlcul del que suposa un crèdit en l'aprenentatge, el rellevant ja no és el nombre d'hores lectives que corresponguin a cada matèria, sinó la càrrega de treball que la consecució d'uns objectius suposa per als i les alumnes. I això exigeix, a més, una nova assignació de rols i s'espera del professorat universitari un esforç addicional, ja que ha de guiar a qui estudia en la seva labor d'autoaprenentatge[4]. Es tracta, doncs, d'un canvi metodològic, pel qual una sistemàtica tradicional, que ha atribuït fins ara un pes molt rellevant a la classe magistral, se substitueix parcialment per un nou model. Ara ja no prima tant l'exposició completa de les matèries, sinó que deixa un espai notable a l'acostament tòpic a aquelles, a través de la resolució de casos pràctics, de la lectura d'articles seleccionats o de resolucions jurisdiccionals o de ponències encarregades als estudiants, entre altres, en grups d'ensenyament reduïts[5].

D'aquesta manera, enfront d'un model merament teòric de transmissió i acumulació de coneixements, es reivindica una nova

---

4 ROPERO CARRASCO, Julia; GARCÍA SÁNCHEZ, Beatriz, *Claves para la aplicación de nuevas metodologías docentes en Derecho inspiradas en el Proceso de Bolonia*, Dykinson, 2012.

5 DÍEZ-HOCHLEITNER, Javier; RODRÍGUEZ DE SANTIAGO, José María, "El proceso de Bolonia y el nuevo plan de estudios de Derecho de la UAM", *Revista Jurídica de la Universidad Autónoma de Madrid*, núm.18, 2008, pp. 131-147.

trajectòria orientada a l'adquisició de competències, habilitats i destreses concretes per part de l'alumnat. I atès que en aquest nou context la docència se centra en els i les alumnes, el paper de cada docent canvia, situant-se com a gestors del procés d'aprenentatge. Se'ns demana com a docents universitaris que els preparem per a un aprenentatge autònom[6], però amb altres metodologies docents, més concordes amb els nous temps i amb les necessitats derivades del procés aprenentatge-ensenyament, això és, que utilitzem les metodologies actives que permeten a l'estudiantat ser protagonista del seu procés d'aprenentatge i que aprengan a aprendre, adquirint habilitats i destreses de manera simultània a l'assimilació de conceptes.

Aquesta adaptació a l'EEES s'ha fet particularment difícil en les Facultats de Dret. L'amplitud dels temaris i l'escàs temps de les classes presencials fan que centrem els nostres esforços a explicar gran quantitat de continguts teòrics. D'ací ve que s'acuse a aquests ensenyaments jurídics de no estar orientats cap a la professió del jurista, per ser excessivament dogmàtics i poc pràctics[7]. Entre els dèficits que encara perduren es cita el fet que no s'aporte a l'alumnat una visió completa del sistema jurídic, que no es reconegui prou la importància de la creació i l'aplicació pràctica del Dret, que no es potencie la facultat d'aprendre Dret per si mateixos i que no se'ls inculque una gran confiança en els seus coneixements i aptituds[8].

En definitiva, el major retret és que no es potencien competències essencials per a la seva formació integral, la qual cosa

---

6 CASARES MARCOS, Ana Belén, "Reflexión metodológica para la docencia del Derecho administrativo en el nuevo contexto de los grados", en COBOS, David (Dir.), *Libro de Actas del I Congreso Virtual Internacional sobre Innovación Pedagógica y Praxis Educativa,* INNOVAGOGIA 2012, pp. 863-876.

7 MONTERO, Lourdes; GEWERC, Adriana, "La Universidad vista por estudiantes lúcidos, críticos y agobiados", *Cuadernos de Pedagogía,* núm. 403, 2010, pp. 79-83.

8 PEÑUELAS REXACH, Lluís, *La docencia y el aprendizaje del Derecho en España. Una perspectiva de Derecho comparado,* Marcial Pons, 1997.

coincideix amb la crítica realitzada per la doctrina a allò que recull l'estudi Trends V (2007) de la *European University Association*[9], que destaca que una de les tendències del sistema universitari europeu ha de ser l'ocupabilitat com a prioritat principal. La doctrina sosté que, en realitat, la universitat no ha de formar a professionals, sinó a juristes, que es dedicaran a l'estudi, interpretació i aplicació del Dret des de professions concretes[10]. Perquè un jurista no és un mer intèrpret de la normativa, sinó que és qui coneix, interpreta, crea i ajusta el Dret, per la qual cosa la seva formació en les Facultats de Dret ha de transcendir el coneixement simple de l'articulat d'una normativa[11]. És molt important que l'educació universitària desenvolupe la capacitat d'aprendre dins i fora de les fronteres invisibles de cada disciplina, perquè la formació de professionals competents no ha de limitar-se a impartir continguts específics ajustats a les necessitats concretes del mercat, sinó a millorar la capacitat d'aprenentatge de cada estudiant[12]. I en aquest context resulta convenient introduir activitats que potencien el desenvolupament integral de cada estudiant.

En aquest sentit, les TIC ocupen un lloc fonamental en la societat actual, realitat tecnològica que s'ha traslladat de manera necessària als espais d'aprenentatge, integrant-se en les metodologies actives com a eines que permeten la cerca i accés a la informació, la creació de continguts, el seguiment de l'alumnat i

---

9 CROSIER, David; PURSER, Lewis; SMIDT, Hanne, "Trends V: Universities shaping the European Higher Education area", *European University Association,* 2007.

10 MARTÍN DELGADO, Isaac, "El sistema de evaluación en el ECTS", *Textos de Docencia OBSEI,* núm. 1, 2011, p. 30.

11 CASTELLANOS CLARAMUNT, Jorge, "Desarrollo de las habilidades de expresión del alumnado de Derecho Constitucional", *Revista Docencia y Derecho,* núm. 17, 2021, p. 23.

12 MOREU CARBONELL, Elisa, "Una experiencia de aprendizaje a través de la jurisprudencia en Derecho Administrativo", *Docencia y Derecho,* núm. 3, 2011.

l'avaluació, oferint nous escenaris formatius i ampliant la classe més enllà de les fronteres de l'aula.

3. LA INNOVACIÓ DOCENT EN DRET ADMINISTRATIU

Tal com recorda GAMERO CASADO, una de les escasses constants històriques que caracteritzen al Dret Administratiu és la de trobar-se en un procés continu de transformació, perquè com ja advertís HAURIOU, el camp de la vida administrativa és el camp del provisional, del revocable i passatger[13]. Es tracta, en efecte, d'una afirmació vàlida en qualsevol temps i ni pot, ni ha de ser d'una altra manera: estant el Dret Administratiu vocacionalment abocat a regular la realitat social i econòmica, i trobant-se aquesta en constant mutació, és inevitable i fins a necessari que evolucione incessantment per a adaptar-se a aquesta realitat subjacent. El Dret Administratiu és, sens dubte, la més dinàmica de les branques del Dret[14]. Es tracta, com recorda SANTAMARÍA PASTOR, d'un fenomen històric en contínua transformació[15].

La docència jurídica no pot ser aliena a l'evolució de la societat i de la ciència, i molt menys a l'actualitat. Això és important i així ens ho ha recordat la implantació de l'EEES, que ha suposat, com hem vist, l'actualització de la metodologia docent a tots els nivells, la qual cosa era molt necessària en l'aprenentatge del Dret. En aquest sentit, l'ús de les TIC ha estat molt profitós en el camp jurídic, ja que trobem nombroses i molt interessants eines que fan més senzilla la tasca de l'ensenyament-aprenentatge i que han demostrat molt bons resultats en l'adquisició de coneixements per part

---

13 GAMERO CASADO, Eduardo, *Desafíos del Derecho Administrativo ante un mundo en disrupción,* Comares, 2015.

14 BERMEJO VERA, José, *Derecho Administrativo, Parte Especial,* Thomson-Civitas, 2005.

15 SANTAMARÍA PASTOR, Juan Alfonso, *Principios de Derecho Administrativo,* Vol. I, Ramón Areces, 2002, pp. 43-45.

de l'alumnat. L'ús dels mitjans digitals possibilita un aprenentatge innovador i inexplorat fins fa pocs anys, perquè el Dret i la seva metodologia docent, de l'una o l'altra forma, han estat ancorats en el passat pel caràcter bàsicament conservador del qual fa gala. No hem de perdre de vista, no obstant això, que gran part de l'alumnat actual pertany a l'anomenada "generació tecnològica", "generació I" i fins i tot "generació Z", terminologia que fa referència a la població que ha crescut amb els avanços tecnològics, com a usuàries i usuaris avantatjats perquè dominen la tecnologia mòbil i que no necessiten cap formació per a emprar-la com a eina educativa[16]. Per aquesta raó, els dispositius mòbils (ordinadors portàtils, tauletes, telèfons intel·ligents, etc.) formen part de la realitat actual i de l'alumnat, i comporten avantatges als docents com a tècnica d'innovació per a l'adquisició de coneixements especialitzats i acadèmics. És l'anomenat *M-Learning (mobile-learning*) que suposa l'aprenentatge a través de dispositius mòbils com a element facilitador de l'aprenentatge, ja que permet fer-ho en qualsevol moment i lloc[17]. La seva universalitat i generalització entre l'alumnat universitari, a més del seu ús quotidià, facilita i agilitza la docència, complementant les classes teòriques en Dret. Avui dia existeixen nombroses aplicacions per als dispositius mòbils amb les quals accedir a material docent, sense necessitat de fer ús de les aules d'informàtica, la qual cosa dota de gran autonomia a l'alumnat en el seu aprenentatge. A més, atès que es tracta de dispositius que solen relacionar-se amb activitats d'oci, garanteixen una major implicació d'usuàries i usuaris i el seu protagonisme en la docència.

---

16 KRAUS, Sue; SEARS, Sharon, "Teaching for the millennial generation: student and teacher perceptions of community building and individual pedagogical techniques", *The Journal of Effective Teaching, núm.* 8, 2008, pp. 32-39.

17 RUÍZ-RICO, Catalina, "Uso responsable de dispositivos móviles como técnica de innovación docente para el aprendizaje práctico del Derecho", en DELGADO, Ana; BELTRÁN, Ignasi (*Coords.*), *Docencia del Derecho y TIC: innovación y experiencias metodológicas,* Huygens, 2016, pp. 145-154.

Aquesta metodologia pot dedicar-se de manera concreta a la resolució de casos pràctics, comentari de notícies científiques d'actualitat, lectura d'articles rellevants per al programa de l'assignatura, accés a documentació i fons bibliogràfics, a conferències en accés obert, etc. També s'aconsegueix un accés ràpid i senzill a la plataforma virtual de la pròpia universitat, i és, així mateix, una eina molt accessible per a facilitar l'aprenentatge col·laboratiu entre l'estudiantat gràcies a l'ús docent d'unes certes xarxes socials, com Twitter, la utilització de les quals amb finalitats educatius s'ha incrementat aquests últims anys, obtenint bons resultats.

D'aquí l'evolució experimentada per les tecnologies de la informació i de la comunicació (TIC) que han derivat en tecnologies de l'aprenentatge i el coneixement (TAC), adduint com a raó principal, que les TIC suposen tecnologia al servei de l'alumnat, però en el fons amb molt poca metodologia. Per aquesta raó, és en l'entorn educatiu on apareix el concepte TAC, que tracta d'orientar les TIC cap a usos més formatius[18], tant per a estudiants com per a professorat, amb l'objectiu d'aprendre més i millor[19]. Es tracta d'incidir especialment en els mètodes, en els usos de la tecnologia i no únicament a assegurar el domini d'una sèrie d'eines informàtiques. És la informàtica pedagògica o educativa. La vinculació de la tecnologia amb la didàctica és, doncs, evident, però no tot val, ja que aquesta innovació docent a través de les tecnologies TIC o TAC[20], també comporta problemes. Perquè, a pesar que l'ús dels mitjans tecnològics ha generat expectatives de millora social, també són susceptibles de provocar efectes con-

18 LOZANO, Roser, "De las TIC a las TAC: tecnologías del aprendizaje y del conocimiento", *Anuario ThinkEPI*, núm. 5, 2011, pp. 45-47.

19 VIVANCOS, Jordi, "De les TIC a les TAC; reflexions sobre les tecnologies en l'educació", *Perspectiva escolar*, núm. 344, 2010, pp. 2-9.

20 GONZÁLEZ VELASCO, Carmen; FEITO RUÍZ, Isabel; GONZÁLEZ FERNÁNDEZ, Marcos, "Los recursos Web 2.0 y las redes sociales en el modelo de enseñanza-aprendizaje universitario", *Revista de formación e innovación educativa universitaria*, 2014, núm. 4, pp. 183-202.

traris, en augmentar les diferències entre països, regions i grups socials. Les diferents organitzacions internacionals coincideixen a assenyalar que les TIC per si soles no constitueixen un remei per a les grans fractures socials; ans al contrari, poden incidir en un agreujament de les bretxes socials preexistents[21]. L'ONU ha advertit del seu caràcter bidireccional en assenyalar que, en la mesura en què aquest procés tecnològic es deixe en mans dels mercats de manera exclusiva, això pot comportar un agreujament a nivell internacional de les desigualtats socials entre països desenvolupats i països en vies de desenvolupament. D'igual forma, dins d'un país aquest mateix risc es reprodueix a nivell intern, incidint sobre l'estructura social i el repartiment de la riquesa[22]. Risc al qual també apunta la UNESCO quan afirma que Internet augmenta els riscos de fractura entre pobres i rics en la societat global[23].

Això s'ha posat de manifest durant el confinament per la pandèmia per COVID-19, ja que no tot l'alumnat d'educació superior tenia a la seva disposició mitjans digitals. Encara persisteix l´escletxa digital, amb la qual es fa referència a les diferències entre els qui disposen i els qui no disposen d'accés a Internet. Aquesta desigual implantació de les TIC es deu a diferents factors socioeconòmics (per falta de recursos econòmics per a l'adquisició dels equips), però també territorials (per falta d'infraestructura de la Xarxa necessària a nivell geogràfic)[24].

---

21 OLARTE ENCABO, Sofía, "Brecha digital, pobreza y exclusión social", *Temas Laborales*, núm. 138, 2017, p. 288.

22 ONU, Declaración de principios, Cumbre de la Sociedad de la Información, 2003. Disponible aquí: https://www.itu.int/net/wsis/docs/geneva/official/dop-es.html

23 OLARTE ENCABO, Sofía, "Brecha digital, pobreza y exclusión social", *Temas Laborales*, núm. 138, 2017, p. 288.

24 En este sentido, proyectos para el despliegue de nuevas redes de banda ancha en zonas rurales sin cobertura ADSL, como los acometidos por Iberbanda en Andalucía, Castilla y León, Cataluña y Navarra, resultan un ejemplo a destacar para eliminar las desigualdades entre territorios

Encara que la tendència suposi pensar que la innovació ha vingut només guiada per l'ús de les TIC a l'aula, aquesta idea no és del tot certa. Innovació docent no significa fer ús de dispositius tecnològics; innovació és qualsevol canvi que represente una novetat a les persones que estan canviant. No té per què ser un descobriment personal, ni un invent original de qui realitza l'activitat innovadora o de la institució que la promou. El que és necessari considerar és que la innovació no forme part del sistema anteriorment.

En aquest sentit, s'han identificat tres models d'innovació: a) model de recerca-desenvolupo-difusió; b) model d'interacció social i c) model de resolució de problemes[25]. El primer model, de recerca-desenvolupament-difusió es dissenya segons una seqüència racional i programada en fases que passen per la recerca teòrica i el descobriment científic a la pràctica docent, desenvolupant successives experimentacions encaminades a la millora i a la difusió de la innovació; precisen una planificació detallada, una direcció estricta, així com coordinació en el treball, control d'execució i una avaluació minuciosa. Són pròpies del camp tecnològic i de les enginyeries. Quant al model d'interacció social, es basa en l'estructura social existent i en les interaccions personals que es desenvolupin en l'organització, tractant d'estendre els comportaments innovadors a tot el grup. Finalment, el model de resolució de problemes posa l'èmfasi en qui siga destinatari de la innovació, així com en la necessitat que aquest participe directament en la cerca de solucions. Ací, la participació i la reflexió col·lectiva són els elements bàsics de l'acció, així com la base per a resoldre les situacions que es plantegen[26]. A més, desenvolupa una perspectiva

---

y favorecer la implantación global de la Sociedad de la Información y el Conocimiento. Pero no siempre resulta rentable para las empresas llevar a cabo este despliegue de medios.

25 HAVELOCK, Ronald; HUBERMAN, Anthony, *Innovación y problemas de la educación: teoría y realidad en los países en desarrollo*, UNESCO, 1980.

26 OLIVER VERA, Carmen, "Estrategias para la diversidad. Agrupamientos flexibles de alumnos", en OLIVER ARELLANO, Carmen (*Dir.*), *Es-*

sistèmica del procés d'innovació, entenent-ho com una successió cronològica de fets, canvis d'estratègies i actituds, un procés de solució de problemes i una visió del procés com un sistema obert.

La nostra tasca com a docents és la d'aprendre, dissenyar i aplicar tècniques i metodologies diferents, flexibles, en la línia de l'anàlisi crítica del Dret, per a posar en pràctica l'objectiu cap al qual ens ha orientat l'EEES, com és la millora de la capacitat d'aprenentatge de l'estudiantat. Perquè tal com sosté JIMÉNEZ ASENSIO l'ensenyament del Dret és molt tradicional a causa de la "comoditat en la qual dormisquegen els acadèmics", però també a l'escassa innovació en metodologies docents, és a dir, a la mera inèrcia[27]. La labor de cada docent ha de ser la de fer comprensible el caos normatiu i transformar-lo en un ordenament jurídic que facilite l'aprenentatge de l'alumne, utilitzant una metodologia apropiada perquè l'alumnat advertisca que, més que l'estudi de les normes jurídiques vigents, el que ha de conèixer són els principis de l'estructura bàsica del Dret, els mètodes del raonament jurídic i l'adquisició d'habilitats que li facilitaran en el futur la professió de jurista[28].

La innovació, en resum, està relacionada amb l'obtenció de nous coneixements i amb processos creatius, i d'això es tracta, per la qual cosa qualsevol eina és bona si redunda en l'eficàcia de la docència, per atípica que siga. Per aquesta raó, a vegades la volta a l'ús d'eines tradicionals també pot ser beneficiosa per a l'adquisició de competències bàsiques, com les de treball en

---

trategias didácticas en el aula: buscando la calidad y la innovación, UNED, 2008, pp. 161-176.

27 JIMÉNEZ ASENSIO, Rafael, "Abogados, enseñanza del Derecho y Administración de Justicia. En torno a algunos problemas institucionales de la abogacía española en el siglo XXI", *Revista Vasca de Administración Pública, núm.* 67, 2003, p. 201.

28 MOREU CARBONELL, Elisa, "Una experiencia de aprendizaje a través de la jurisprudencia en Derecho Administrativo", *Docencia y Derecho, Revista para la docencia jurídica universitaria,* núm. 3, p. 7.

equip, l'adquisició d'habilitats verbals o l'exposició crítica[29]. Hem de ser conscients que, a pesar que semblen estar convertint-se en les salvadores del futur donades les contingències i ambivalències modernes[30], la innovació docent no sols ha de suposar l'ús de la tecnologia TIC. L'imperatiu de reformar l'educació per a una era de canvi tecnològic i demogràfic que es repeteix fins a l'infinit no ens ha de fer perdre el nord: per atípica que siga, qualsevol eina és bona si redunda en l'eficàcia de la docència. El no ús de les tecnologies a l'aula no seria allò realment innovador?

4. MULTILINGÜISME EN LA UNIVERSITAT: L'IDIOMA AUTÒCTON DE LA COMUNITAT AUTÒNOMA

Un altre dels reptes que ha suposat l'EEES en les universitats és el multilingüisme, en posar en valor la importància que els idiomes exerceixen en la formació acadèmica i social de cada individu. Europa ha apostat sempre per construir una ciutadania plurilingüe oberta al món, on la diversitat cultural i humana, lluny de ser un obstacle per al creixement individual i per a la construcció política, constitueixi una oportunitat compartida per al conjunt de la ciutadania. Recordem que, per a la UNESCO[31], la diversitat lingüística per a l'ésser humà és tan necessària com la biodiversitat en l'ordre del vivent. A Espanya, un gran nombre d'universitats ofereix titulacions en una llengua que no és el castellà, predominant l'anglès com a nova llengua d'instrucció, ensenyament i aprenentatge a les nos-

---

29 MILES, Matthew, *Innovation in Education,* Teacher's College Press. Columbia University, 1973. També NICHOLS, Audrey, *Managing educational innovations,* Allen & Unwin, 1983.

30 JIMÉNEZ DELGADO, María; DE GRACIA SORIANO, Pablo; JAREÑO RUIZ, Diana, "El uso y abuso de las TIC. Una investigación de innovación educativa en la educación superior", op. cit. p. 27.

31 NORTH, Xabier, *Transmitir la lengua,* Ediciones UNESCO, 2016, pp. 61-62.

tres aula per a continuar competint en un mercat obert, encara que sovint sense atendre qüestions prèvies com la preparació del professorat i de l'alumnat per a aquesta nova realitat[32].

Però dins d'aquest multilingüisme no podem oblidar les llengües cooficials d'algunes Comunitats Autònomes al nostre país, ja que en moltes ocasions són les grans oblidades. KRAUSS ja va predir que, si no s'adoptaven mesures, el 90 per cent de les llengües vives del món quedarien fora d'ús en els pròxims cent anys[33], perquè moltes ja estan en perill de desaparició; la diversitat lingüística es troba greument amenaçada a tot el món. Per aquesta raó, els sistemes educatius constitueixen un factor decisiu durant el procés en què es defineix si les llengües s'extingeixen o aconseguiran sobreviure i prosperar gràcies, sobretot, a l'adopció de mesures de política i planificació lingüística eficaces que plantegen com a objectiu la revitalització d'una llengua[34].

En aquest sentit, la *Universitat de València* (d'ara endavant UV) ha posat en marxa programes multilingües, en aplicació del que es disposa en la Llei orgànica 2/2006, de 3 de maig, d'Educació, que preveu, en el seu article 2 que el sistema educatiu espanyol s'oriente a la consecució d'unes certes finalitats, entre altres, la

---

32 TASCÓN FERNÁNDEZ, Julio; JIMÉNEZ MUÑOZ, Antonio, "La asignatura «World Economic History»: propuesta para una década de Grados EEES bilingües", Historia y comunicación social, vol. 19, 2014, pp. 235-248. En el mateix sentit, DE MIGUEL DÍAZ, Mario (Dir.), *Modalidades de enseñanza centradas en el desarrollo de competencias orientaciones para promover el cambio metodológico en el Espacio Europeo de Educación Superior*, Universidad de Oviedo, 2005. També MEHISTO, Peeter; FRIGOLS, María Jesús; MARSH, David, *Uncovering CLIL*, MacMillan, 2008. Igualment MARSH, David, *Bilingual Education & Content and Language Integrated Learning*, International Association for Cross-cultural Communication, Language Teaching in the Member States of the European Union (Lingua), University of Sorbonne, 1994.

33 KRAUSS, Michael, "The world's languages in crisis", *Language* 68, núm. 1, 1992, pp. 4-10.

34 ETXEBARRIA AROSTEGUI, Maitena, *La diversidad de lenguas en España*, Espasa Calpe España, 2002.

capacitació per a la comunicació en la llengua oficial i cooficial, i a més en una o més llengües estrangeres. I de la Llei 4/2018, de 21 de febrer, de la Generalitat, per la qual es regula i promou el plurilingüisme en el sistema educatiu valencià, que estableix en la seva Disposició Addicional Primera, que es promourà que les universitats públiques i privades de la Comunitat Valenciana proporcionen a l'alumnat la possibilitat de desenvolupar les competències lingüístiques en valencià, castellà i anglès, així com en altres llengües estrangeres, amb la finalitat de fomentar l'educació plurilingüe com un avantatge per a la competitivitat, la mobilitat i l'ocupabilitat, i com a eina per a reforçar el diàleg intercultural.

Per aquesta raó, el Grau en Dret en aquesta Universitat s'imparteix en tres idiomes a elecció de l'alumnat: castellà, valencià i anglès (o francès[35]). La combinació d'aquestes llengües depèn de cada Grau, però existeix una tendència creixent a l'organització de Graus multilingües, la qual cosa facilita que l'estudiantat de la Universitat de València adquirisca competències lingüístiques per a exercir la professió en aquests idiomes; en castellà, per ser la llengua oficial de l'Estat (art. 3.1 CE); en anglès i francès pel vessant internacional de la nostra Universitat; i en valencià per ser la llengua pròpia de la Comunitat Valenciana (art. 6 de l'Estatut d'Autonomia i Llei 4/1983, de 23 de novembre, d'ús i ensenyament del valencià[36]). En aquest sentit, en 2012 es va aprovar pel

---

35 La Universitat de València disposa també d'una doble titulació hispà-francesa en Dret, que deriva del programa amb la Universitat francesa Tolosa 1 Capitole.

36 Llei Orgànica 5/1982, de 1 de juliol, de l´Estatut d´ Autonomia de la Comunitat Valenciana. Article 6: "1. La llengua pròpia de la Comunitat Valenciana és el valencià. 2. L'idioma valencià és l'oficial en la Comunitat Valenciana, igual que ho és el castellà, que és l'idioma oficial de l'Estat. Tots tenen dret a conèixer-los i a usar-los i a rebre l'ensenyament del, i en, idioma valencià. 3. La Generalitat garantirà l'ús normal i oficial de les dues llengües, i adoptarà les mesures necessàries per a assegurar el seu coneixement. 4. Ningú podrà ser discriminat per raó de la seva llengua. 5. S'atorgarà especial protecció i respecte a la recuperació del valencià. 6. La llei establirà els criteris d'aplicació de la llen-

Consell de Govern de la UV el Pla d'Increment de la docència en valencià[37], pel qual s'establien uns percentatges mínims de docència en aquesta llengua per a les seves titulacions, amb un increment anual que permetria assumir l'objectiu mínim d'un 35 per cent de docència en llengua pròpia en un termini de 5 anys, així com la distribució equitativa de l'oferta docent impartida en les dues llengües oficials en un termini màxim de 10 anys.

En un entorn educatiu basat en l'adquisició de competències gràcies a la implementació de l'EEES, la docència impartida en llengua valenciana comporta l'adquisició de competències transversals que es desenvoluparan de manera gradual amb l'itinerari del Grau en valencià. Aquestes competències fan referència a la competència lingüística i comunicativa en aquesta llengua.

Però aquesta docència multilingüe també constitueix un repte per a docents i discents que no està exempt de problemes. No importa si parlem de docència en anglès o en valencià, l'esforç de docents i discents és molt superior al que ha de fer-se amb qualsevol altra assignatura que s'impartisca en castellà, no sols per la preocupant escassetat de mitjans i materials legals, doctrinals i jurisprudencials que siguen adequats per a aquesta docència en altres idiomes[38], sinó també per la falta de capacitació del professorat en els itineraris bilingües de les àrees de Ciències Socials i Jurídiques, en les quals l'ús de la paraula té un gran pes en la transmissió de les idees; la necessitat d'adaptar la comunicació i les seves formes, al costat dels necessaris canvis metodològics per

---

gua pròpia en l'Administració i l'ensenyament. 7. Es delimitaran per llei els territoris en els quals predomini l'ús d'una i una altra llengua, així com els que puguin ser exceptuats de l'ensenyament i de l'ús de la llengua pròpia de la Comunitat Valenciana. 8. L'Acadèmia Valenciana de la Llengua és la institució normativa de l'idioma valencià".

37 Acord del Consell de Govern de la UV (ACGUV) núm. 129/2012, de 26 de juny, modificat per ACGUV 308/2016, de 22 de desembre.

38 En 2022 s´ha publicat per PONCE SOLÉ, Juli, *Manual de Fonaments del Dret Administratiu i de la Gestió Pública Textos legals, materials per practicar, dades empíriques*, Tirant lo Blanch.

a fomentar aquestes capacitats fan peremptòria la urgència en la millora de la preparació lingüística prèvia de cada docent. Esforç extra per a docents que no és reconegut ni recompensat en la majoria dels casos.

5. UNA EXPERIÈNCIA MIX & MATCH D'INNOVACIÓ EN DRET ADMINISTRATIU

5.1. Introducció

Amb la intenció d'aconseguir uns resultats molt concrets, es va posar en pràctica una experiència d'innovació docent en la qual es van utilitzar diferents eines d'aprenentatge-ensenyament tradicionals, però amb la particularitat afegida que no es va fer ús de les noves tecnologies. El grup en el qual es va dur a terme esta experiència era del Grau de Dret, en l'assignatura Dret Administratiu II, amb docència en valencià, per la qual cosa la llengua vehicular de les classes i per tant d'aquesta experiència d'innovació educativa, va ser la valenciana.

L'objectiu principal era aconseguir una major implicació de l'alumnat de tercer curs en el seu propi procés d'aprenentatge, al mateix temps que l'adquisició de competències i destreses bàsiques en l'àmbit jurídic. Per a això es va optar per la combinació de diverses tècniques d'innovació docent, com l'aprenentatge cooperatiu i la *flipped-classroom,* el debat i l'avaluació entre parells, perquè el ventall de resultats fos el més ampli possible. L'ús de tècniques diverses posa en joc capacitats diverses, des de la interacció grupal, la interdependència positiva o la responsabilitat personal, però també la capacitat d'autoanàlisi i l'avaluació dels resultats del grup. D'aquesta manera, quant a innovació docent, el mix & match ha resultat reeixit, tal com demostren els resultats aconseguits.

Amb aquesta experiència es pretenia dur a terme una inversió dels rols "docent-estudiant" i que fora el propi alumnat qui, dividit en petits grups de 4 persones, presentessin de manera oral les bases teòriques d'una unitat temàtica a la resta de la classe, posicionant-se així com ponents de l'assignatura. Aquesta explicació oral seria analitzada de manera crítica per un altre grup, que va adoptar el rol de *discussant,* la tasca del qual era la de formular preguntes i fer anotacions crítiques als qui havien exposat la teoria. Els grups restants van participar en cada exposició avaluant de manera concreta la intervenció de ponents i *discussants.*

5.2. L'aprenentatge cooperatiu

El grup de ponents havia de treballar l'aprenentatge cooperatiu, que és la tècnica de treball grupal en la qual alumnes i alumnes han de treballar de manera conjunta, però autònoma, per a aconseguir un objecte d'ensenyament comú. La característica més destacada és que cada persona és individualment responsable de la seva parcel·la de treball, però al mateix temps és necessari que cooperen en conjunt, ja que els objectius individuals no poden aconseguir-se si els altres no aconsegueixen aconseguir els seus.

De manera concreta, cada grup de ponents coneix des de principi de curs quin tema ha de treballar i exposar a la classe. Per a això se'ls faciliten materials per a la seva preparació i se'ls demana que redacten un esquema de com duran a terme l'exposició. Al temps, se'ls guia en com estudiar i exposar el tema, i se'ls adverteix que el seu concret grup de *discussants* disposaran de la mateixa informació. Pel que del grup de ponents depèn l'ampliació de la informació, l'afegir jurisprudència actualitzada o exemples d'actualitat, entre altres, per a desmarcar-se del que realitze el seu grup *discussant.* La seva tasca, per tant, consisteix a actuar com a docents i exposar de manera clara, amena, senzilla, la part de la unitat temàtica assignada, servint-se dels materials de suport que consideren i fent participar a la resta de l'alumnat en aquesta exposició. A més, trobem que també aquesta tècnica de l'aprenentatge cooperatiu utilitza en el seu desenvolupament una altra eina necessària, com és la *flipped-classroom* o *flipped-learning,* ja que la part més important de l'aprenentatge que han de dur a terme tots dos grups, ponents i *discussants,* s'ha de fer fora de l'aula. Aquesta tècnica proposa invertir el model tradicional, de classes magistrals i tasques posteriors, cap a un model de prèvia preparació del tema per l'alumnat, per a la consolidació de conceptes, identificació de punts clau i clarificació de dubtes.

S'ha demostrat que aquesta forma de participació de l'alumnat en les classes (*peer-instruction*) té més èxit que el professorat mateix per a fer entendre uns certs conceptes de la matèria a estudiar a la resta de la classe. La raó fonamental és que els i les alumnes estan més a prop entre si pel que respecta al seu desenvolupament cognitiu i a l'experiència en la matèria d'estudi. També hem pogut verificar que no sols la resta de la classe es beneficia de l'experiència, sinó que també ho fa el grup de ponents que explica la unitat temàtica, perquè aconsegueix una major comprensió de la matèria exposada.

Així que gràcies a aquesta tècnica, que promou l'aprenentatge independent, auto-dirigit i que els fa assumir responsabilitats en el seu propi procés d'ensenyament, es promou el desenvolupament de la capacitat de raonar de manera crítica i facilita el desenvolupament de determinades habilitats individuals (redacció, comunicació oral, lideratge d'equips i el reconeixement de perspectives múltiples[39]). Però també l´adquisició de competències grupals o cooperatives (diàleg, planificació, distribució de responsabilitats, coordinació del treball, solució de problemes i de lideratge[40]), generant interdependència positiva entre els seus integrants. Competències que, en conjunt, són molt necessàries en l'àmbit jurídic.

5.3. El debat jurídic

Com ja hem comentat, cada grup de *discussants* ha de treballar el mateix tema que el grup assignat de ponents, per la qual cosa

---

39 DOMINGO, Joan, "El aprendizaje cooperativo", *Cuadernos de Trabajo Social,* núm. 21, 2008, pp. 232-233.

40 ROBLES LAGUNA, Laura, "El trabajo cooperativo", *Revista internacional de apoyo a la inclusión, logopedia, sociedad y multiculturalidad,* núm. 2, 2015, p. 65

se'ls faciliten idèntics materials. Per aquest motiu tots dos grups (ponents i *discussants*) es veuen obligats a preparar-se la unitat temàtica a consciència i a buscar tota la informació alternativa necessària. La seva comesa com *discussants* serà, una volta finalitzada l'exposició del grup ponent, intervenir per a fer anotacions crítiques, afegir informació o sol·licitar l´ampliació en un tema concret, recordar alguna modificació normativa o alguna anotació d'actualitat, entre altres coses, incitant així al debat jurídic. Es tracta, per tant, d'un debat de construcció de continguts, que fomenta l'auto-aprenentatge i l'aprenentatge col·laboratiu. Però sempre amb una indicació molt clara, com és la de que abans de fer una anotació crítica han d'assenyalar un aspecte positiu de l'exposició de la persona a la qual faran una crítica, que sempre haurà de dur-se a terme des del respecte i el millor coneixement jurídic; suposarà, en qualsevol cas, un feedback positiu de la participació del grup de ponents.

Com *discussants*, aquest grup concret estarà posant en pràctica el debat jurídic, tècnica idònia en l'estudi de les Ciències Jurídiques[41], la qual cosa també obliga a l'estudi previ de l'aspecte jurídic a tractar, desplaçant-se de nou la labor del docent a l'alumnat, que ha d'adoptar un rol actiu enfront del quotidià rol passiu de mers oïdors en les classes, a més de permetre'ls improvisar, imaginar i prendre la iniciativa en el discurs[42]. D'aquesta manera, com a eina d'aprenentatge, gràcies a la selecció, síntesi i exposició d'aquells arguments amb els quals pretengan defensar la seva posició, el

---

41 FERNÁNDEZ-PEINADO, Alicia; GARCÍA MIRETE, Carmen M., "Estudio práctico del Derecho. Debates jurídicos sobre temas polémicos", en TORTOSA YBÁÑEZ, María Teresa (*Coord.*), *XI Jornadas de redes de investigación en docencia universitaria: retos de futuro en la enseñanza superior. Docencia e investigación para alcanzar la excelencia académica,* Universitat d'Alacant, 2013, p. 1292.

42 ABRIL STOFFELS, Ruth; DE LA ENCARNACIÓN, Ana María, "El Derecho en clave: debatamos lo jurídico", en DELGADO, Ana; BELTRÁN, Ignasi, (*Coords.*), *La docencia del Derecho en la sociedad digital,* Huygens, 2019, pp. 389-390.

debat resultarà útil en desenvolupar tècniques d'argumentació i retòrica[43], estimulant la reflexió crítica, la capacitat de síntesi i la de comunicació efectiva. Però també la capacitat investigadora de l'alumnat, perquè necessitaran idees i arguments que donen suport als seus punts de vista, acudint a fonts bibliogràfiques i bases de dades, la qual cosa els porta a afermar coneixements i a establir connexions entre les diferents branques de l'ordenament jurídic.

5.4. Avaluació entre parells i ús de rúbriques avaluatives

Finalment, la resta de la classe també té una tasca al costat de la de ponents i *discussants*: avaluar l'actuació dels qui han exposat en tots dos grups. Per a això se li ha distribuït prèviament una rúbrica d'avaluació perquè, atesos els diferents ítems que apareixen recollits i el seu grau de compliment (excel·lent, bo, suficient, deficient), valoren el treball i la posada en escena dels grups que han participat.

S'estarà posant en pràctica la tècnica de l'avaluació entre parells, fent-ho a més mitjançant l'ús de rúbriques. Hem de recordar que el model actual de docència universitària promou la integració dels processos d'ensenyament- aprenentatge, però també d'avaluació per a facilitar que adquireixin les competències generals i específiques de les diferents especialitats. Evidentment, la responsabilitat última d'avaluar continua recaient en el professorat, però si es pretén que cada estudiant adquirisca una sèrie de competències que fomenten el seu desenvolupament professional i personal, és necessari plantejar-los situacions que els permetan desenvolupar la seva capacitat crítica sobre el resultat d'un treball, propi o alié. Des d'aquesta perspectiva resulta necessari

---

43 ARANDA MARTÍNEZ, Mari Carmen; ARRABAL PLATERO, Paloma; FERNÁNDEZ LÓPEZ, Mercedes; FUNES BELTRÁN, Tamara; RIZO GÓMEZ, Belén; RUIZ DE LA CUESTA, Soledad, "Discurso oral en los procesos judiciales", en ROIG-VILA, Rosabel (*Coord.*), *Memorias del Programa de Redes-I3CE de calidad, innovación e investigación en docencia universitaria*, Universitat d'Alacant, 2021, pp. 733-740.

considerar mètodes d'avaluació alternatius als clàssics que afavorisca l'aprenentatge actiu, la comprensió i l'adquisició d'aquestes competències.

En concret, la *peer-review* és una tècnica àmpliament utilitzada que consisteix en la ponderació d'una activitat pels parells, això és, per iguals o els qui tinguen un estatus similar, en aquest cas, estudiants, la qual cosa els permet l'adquisició i desenvolupament de capacitats de reflexió i judici crític, a més de promoure la motivació, ja que s'impliquen de forma més activa en el procés d'ensenyament-aprenentatge[44].

Per a dur-la a terme s'ha optat per utilitzar l'eina de les rúbriques, això és, matrius de valoració que permeten realitzar una avaluació coherent i objectiva en descriure amb claredat els criteris que seran tinguts en compte per a l'avaluació de les activitats encomanades. Les rúbriques d'avaluació ajuden a assignar diferents valors a cada tasca realitzada i diferents estàndards que es corresponen amb els nivells progressius de la seva execució. Això ajuda a cada estudiant a estimar una qualificació, tant de les pràctiques en activitats individuals, com de l'activitat grupal, així com el nivell de competències adquirit[45]. Les rúbriques de les quals van disposar recollien els aspectes generals que havien d'avaluar (adequació de continguts; organització i claredat en l'exposició, etc.) i la puntuació que s'atorgava segons el nivell d'execució aconseguit en cadascun d'ells.

---

44 MONLLOR SATOCA, Damián; GUILLÉN, Elena; LANA VILLARREAL, Teresa; BONETE, Pedro; GÓMEZ, Roberto, "La evaluación por pares ("peer review") como método de enseñanza-aprendizaje de la Química Física", en ÁLVAREZ, Daniel (*Coord.*), *X Jornades de Xarxes d'Investigació en Docència Universitària: la participació i el compromís de la comunitat universitària,* Universidad de Alicante, 2012, p. 1297.

45 DODGE, Bernie, "WebQuests: A technique for Internet based learning", *Distance Educator,* núm. 2, 1995, pp. 10-13. MARÍN DÍAZ, Verónica; CABERO, Julio; BARROSO, Julio, "La rúbrica de evaluación en el proceso de formación del docente universitario. La propuesta del proyecto DIPRO 2.0, *Educar,* vol. 48, núm. 2, 2012, pp. 347-364

Encara que la puntuació final d'aquesta activitat va ser decidida per la professora, també es va tenir en compte la que cada grup havia obtingut gràcies a aquesta *peer-review*.

CONCLUSIONS

En conjunt, l'experiència d'innovació duta a terme va ser molt enriquidora a tots els nivells. Els resultats obtinguts deixen constància que l'ús conjunt de diverses tècniques d'innovació educativa resulta d'enorme utilitat en la consecució de les competències necessàries en el procés d'ensenyament-aprenentatge, amb un evident reflex positiu en les qualificacions finals.

L'alumnat ha rebut satisfactòriament la utilització d'eines que han promogut l'aprenentatge independent i acte-dirigit, assumint responsabilitats en el seu procés d'estudi. Queda demostrat, amb això, que l'alumnat pot tenir més èxit que el propi docent per a fer entendre uns certs conceptes a la resta de la classe, atès que parlen un mateix llenguatge i estan més pròxims pel seu desenvolupament cognitiu.

A més, hem comprovat que l'ús de diferents eines d'innovació educativa (mix & match) ha servit per a adquirir competències específiques del Grau de Dret, però també la millora de diferents competències transversals relacionades amb l'idioma d'impartició de la docència, el valencià. Així, cada estudiant ha desenvolupat la comunicació lingüística i, concretament, les quatre habilitats de l'idioma, com són la comprensió auditiva, l'expressió oral, la comprensió lectora i l'expressió escrita. De manera que la implementació de metodologia d'innovació educativa no tecnològica i en valencià també aporta grans avantatges que enriqueixen i complementen extraordinàriament la docència en l'educació superior.

BIBLIOGRAFIA

ABRIL STOFFELS, Ruth; DE LA ENCARNACIÓN, Ana María, "El Derecho en clave: debatamos lo jurídico", en DELGADO, Ana; BELTRÁN, Ignasi,

(Coords.), *La docencia del Derecho en la sociedad digital*, Huygens, 2019, pp. 387-395.

ARANDA MARTÍNEZ, M. Carmen; ARRABAL PLATERO, Paloma; FERNÁNDEZ LÓPEZ, Mercedes; FUNES BELTRÁN, Tamara; RIZO GÓMEZ, Belén; RUIZ DE LA CUESTA, Soledad, "Discurso oral en los procesos judiciales", en ROIG-VILA, Rosabel (*Coord.*), *Memorias del Programa de Redes-I3CE de calidad, innovación e investigación en docencia universitaria*, Universitat d'Alacant, 2021, pp. 733-740.

BERMEJO VERA, José, *Derecho Administrativo, Parte Especial*, Thomson-Civitas, 2005.

CASARES MARCOS, Ana Belén, "Reflexión metodológica para la docencia del Derecho administrativo en el nuevo contexto de los grados", en COBOS, David (Dir.), *Libro de Actas del I Congreso Virtual Internacional sobre Innovación Pedagógica y Praxis Educativa*, INNOVAGOGIA, 2012, pp. 863-876.

CASTELLANOS CLARAMUNT, Jorge, "Desarrollo de las habilidades de expresión del alumnado de Derecho Constitucional", *Revista Docencia y Derecho*, núm. 17, 2021.

CROSIER, David; PURSER, Lewis; SMIDT, Hanne, "Trends V: Universities shaping the European Higher Education area", European University Association, 2007.

DE MIGUEL DÍAZ, Mario (Dir.), *Modalidades de enseñanza centradas en el desarrollo de competencias orientaciones para promover el cambio metodológico en el Espacio Europeo de Educación Superior*, Universidad de Oviedo, 2005.

DÍEZ-HOCHLEITNER, Javier; RODRÍGUEZ DE SANTIAGO, José María, "El proceso de Bolonia y el nuevo plan de estudios de Derecho de la UAM", *Revista Jurídica de la Universidad Autónoma de Madrid*, núm.18, 2008, pp. 131-147.

DODGE, Bernie, "WebQuests: A technique for Internet based learning", *Distance Educator*, núm. 2, 1995.

DOMINGO, Joan, "El aprendizaje cooperativo", *Cuadernos de Trabajo Social*, núm. 21, 2008, pp. 231-246.

ETXEBARRIA AROSTEGUI, Maitena, *La diversidad de lenguas en España*, Espasa Calpe España, 2002.

FERNÁNDEZ-PEINADO, Alicia; GARCÍA MIRETE, Carmen M., "Estudio práctico del Derecho. Debates jurídicos sobre temas polémicos", en TORTOSA, M. Teresa (*Coord.*), *XI Jornadas de redes de investigación en docencia universitaria: retos de futuro en la enseñanza superior. Docencia e investigación para alcanzar la excelencia académica*, Universitat d'Alacant, 2013.

GAMERO CASADO, Eduardo, *Desafíos del Derecho Administrativo ante un mundo en disrupción*, Comares, 2015.

GONZÁLEZ VELASCO, Carmen; FEITO RUÍZ, Isabel; GONZÁLEZ FERNÁNDEZ, Marcos, "Los recursos Web 2.0 y las redes sociales en el modelo de enseñanza-aprendizaje universitario", *Revista de formación e innovación educativa universitaria*, 2014, núm. 4, pp. 183-202.

JIMÉNEZ ASENSIO, Rafael, "Abogados, enseñanza del Derecho y Administración de Justicia. En torno a algunos problemas institucionales de la abogacía española en el siglo XXI", *Revista Vasca de Administración Pública*, núm. 67, 2003, pp. 187-251.

JIMÉNEZ DELGADO, María; DE GRACIA SORIANO, Pablo; JAREÑO RUIZ, Diana, "El uso y abuso de las TIC. Una investigación de innovación educativa en la educación superior", en ROIG-VILA, Rosabel (Coord.), *Redes de Investigación en Docencia Universitaria, Instituto de Ciencias de la Educación (ICE)*, 2018, pp. 25-35.

KRAUS, Sue; SEARS, Sharon, "Teaching for the millennial generation: student and teacher perceptions of community building and individual pedagogical techniques", The journal of effective teaching, núm. 8, 2008, pp. 32-39.

KRAUSS, Michael, "The world's languages in crisis", *Language 68*, núm. 1, 1992, pp. 4-10.

MARÍN DÍAZ, Verónica; CABERO, Julio; BARROSO, Julio, "La rúbrica de evaluación en el proceso de formación del docente universitario. La propuesta del proyecto DIPRO 2.0, *Educar*, núm. 2, 2012, pp. 347-364.

MARSH, David, *Bilingual Education & Content and Language Integrated Learning*, Paris: International Association for Cross-cultural Communication, Language Teaching in the Member States of the European Union (Lingua), University of Sorbonne, 1994.

MARTÍN DELGADO, Isaac, "El sistema de evaluación en el ECTS", *Textos de Docencia OBSEI*, núm. 1, 2011.

MEHISTO, Peeter; FRIGOLS, María Jesús; MARSH, David, *Uncovering CLIL*, MacMillan, 2008.

MICHAVILA, Francisco, "La innovación educativa. oportunidades y barreras", *ARBOR. Ciencia, Pensamiento y Cultura*, CLXXXV, 2009, pp. 3-8.

MILES, Matthew, *Innovation in Education*, Teacher's College Press. Columbia University, 1973.

MONLLOR SATOCA, Damián; GUILLÉN, Elena; LANA VILLARREAL, Teresa; BONETE, Pedro; GÓMEZ, Roberto, "La evaluación por pares ("peer review") como método de enseñanza-aprendizaje de la Química

Física", en ÁLVAREZ, Daniel (Coord.), *X Jornades de xarxes d'investigació en docència universitària: la participació i el compromís de la comunitat universitària,* Universidad de Alicante, 2012.

MONTERO, Lourdes; GEWERC, Adriana, "La Universidad vista por estudiantes lúcidos, críticos y agobiados", *Cuadernos de Pedagogía,* núm. 403, 2010, pp. 79-83.

MOREU CARBONELL, Elisa, "Una experiencia de aprendizaje a través de la jurisprudencia en Derecho Administrativo", *Docencia y Derecho,* núm. 3, 2011.

NICHOLS, Audrey, *Managing educational innovations,* Allen & Unwin, 1983.

PEÑUELAS REXACH, Lluís, *La docencia y el aprendizaje del Derecho en España. Una perspectiva de Derecho comparado,* Marcial Pons, 1997.

ROBLES LAGUNA, Laura, "El trabajo cooperativo", *Revista internacional de apoyo a la inclusión, logopedia, sociedad y multiculturalidad,* núm. 2, 2015, pp. 57-66.

ROPERO CARRASCO, Julia; GARCÍA SÁNCHEZ, Beatriz, Claves para la aplicación de nuevas metodologías docentes en Derecho inspiradas en el Proceso de Bolonia, Dykinson, 2012.

RUÍZ-RICO, Catalina, "Uso responsable de dispositivos móviles como técnica de innovación docente para el aprendizaje práctico del Derecho", en DELGADO, Ana; BELTRÁN, Ignasi, (Coords.), *Docencia del Derecho y TIC: innovación y experiencias metodológicas,* Huygens, 2016, pp. 145-154.

SANTAMARÍA PASTOR, Juan Alfonso, *Principios de Derecho Administrativo,* Vol. I, Ramón Areces, 2002.

TASCÓN FERNÁNDEZ, Julio; JIMÉNEZ MUÑOZ, Antonio, "La asignatura «World Economic History»: propuesta para una década de Grados EEES bilingües", *Historia y comunicación social,* Vol. 19, 2014, pp. 235-248.

Capítol 8

Dificultats, reptes i oportunitats en la redacció i defensa en valencià d'una tesi doctoral en dret administratiu

Clàudia Gimeno Fernández

L'octubre de 2022 vaig defensar la meua tesi doctoral al Departament de Dret administratiu i processal de la Facultat de Dret de la Universitat de València. Aquesta portava per títol "Usos del sòl a la ciutat i llibertat d'establiment". La seua redacció i defensa es va fer íntegrament en valencià (a banda de la traducció d'algunes parts del document –introducció i conclusions–, així com defensa d'altres –l'estructura de la tesi– en anglés, conseqüència dels requisits previstos per la normativa de la Universitat per a l'obtenció de la menció de doctorat internacional).

Tot i que qualifique l'experiència global de positiva i, en termes generals, estic satisfeta amb el resultat obtingut, el procés no ha sigut fàcil, i he trobat algunes dificultats que considere que no haguera patit d'haver redactat o defés la tesi en altres idiomes com el castellà o l'anglés. Per això, ací principalment esmentaré els obstacles que se m'han presentat, encara que després apuntaré alguns elements en relació amb els punts positius que suposa redactar una tesi en valencià, més enllà de la mera normalització de l'ús del valencià en l'àmbit acadèmic.

Les dificultats que vaig tindre a l'hora de redactar la tesi en valencià es poden classificar en dos grups. D'una banda, una sèrie d'entrebancs generals que supose que qualsevol persona que vulga redactar una tesi en la nostra llengua patirà. I d'una altra, algunes dificultats específicament relacionades amb l'àmbit del meu objecte d'estudi.

Pel que fa a les dificultats més generals, entre aquestes destacaria la inexistència d'un corrector ortogràfic (en el meu cas, al programa Word del paquet Windows) específicament en valencià. Tot i que sí que hi ha un autocorrector en català que en un percentatge molt alt del text escrit seria útil, aquest corregix automàticament els textos a la variant central, especialment temps verbals i accentuacions. Les incomoditats derivades d'haver de corregir les correccions automàtiques del programa, que entenia incorrectes nombroses paraules en la variant valenciana (i que, a banda, també em corregia contínuament referències bibliogràfiques en castellà o anglés) em van portar a desactivar el corrector automàtic de Word, el que va suposar algunes dificultats addicionals en l'assegurament de la correcció lingüística global del text. Finalment, vaig resoldre la qüestió emprant correctors en línia com *softcatalà* que tenen ferramentes per a corregir els textos segons varietat dialectal, però que m'obligaven a copiar i pegar per parts tot el text al web per tal de corregir-lo a poc a poc.

D'altra banda, hi ha les possibles dificultats associades a la divulgació dels resultats de la tesi doctoral. És ben conegut que, en el món acadèmic, la divulgació dels treballs d'investigació és molt rellevant i, a priori, fer una tesi doctoral en una llengua minoritària a l'Estat espanyol pot comportar una reducció del públic potencialment lector del treball. Així, he rebut comentaris, durant el període de redacció de la tesi, del tipus "així ningú et llegirà...", "no arribaràs a tanta gent", etc. Tanmateix, com van indicar les professores integrants del Tribunal d'Avaluació de la meua tesi, les professores Judith Gifreu i Reyes Marzal en l'acte de defensa de la tesi, el públic de la nostra àrea lingüística és gran i potser més fidel (o està més interessat en) productes acadèmics en la nostra llengua. Així mateix, el fet que a València hi comptem amb una editorial de prestigi com ho és Tirant lo Blanch, que va acceptar la meua proposta de llibre en valencià sense oposar cap classe d'entrebanc o dificultat addicional als tràmits generals d'acceptació d'exemplars, ha facilitat la difusió posterior dels resultats de la tesi doctoral.

Pel que fa a les dificultats específicament relacionades amb el meu àmbit d'estudi, aquestes han sigut de dos tipus. Unes primeres, que s'han donat a conseqüència de la pràctica inexistència de bibliografia de Dret administratiu, urbanístic i europeu en valencià –a excepció d'alguns llibres com *L'ordenació urbanística a Catalunya,* de la professora Judith Gifreu (2012), i *El nou Dret urbanístic,* del professor Carles Pareja (1998), publicats ambdós per l'editorial Marcial Pons, i algunes publicacions a la Revista Catalana de Dret Públic–. Això ha fet que haja estat necessari traduir i analitzar textos contínuament en llengües distintes d'aquella en què s'ha escrit la tesi (especialment en castellà i en anglès).

En segon lloc, també vam tindre dificultats a l'hora de conformar el Tribunal avaluador de la tesi. Així, de conformitat amb el Reglament sobre depòsit, avaluació i defensa de la tesi doctoral de la Universitat de València (2016), perquè una tesi tinga reconeguda la menció internacional al títol de doctor, almenys un dels membres (encara que en la pràctica, han de ser dos, ja que cal anomenar una persona suplent d'aquest que reunisca les mateixes característiques) del Tribunal ha de pertànyer a alguna institució d'educació superior o centre d'investigació no espanyols, i haurà d'acreditar que hi ocupa una plaça o lloc de treball amb vinculació estable; a més, aquesta persona haurà de ser diferent del responsable de l'estada de la persona interessada.

En el meu cas, era la meua voluntat que el meu títol tinguera una menció internacional, el que va suposar haver de localitzar a dos persones que, a banda de ser especialistes en la matèria de la meua tesi i que tingueren una plaça estable a una Universitat no espanyola, tingueren coneixements bàsics de valencià. Finalment, el meu director de tesi, el professor Andrés Boix va aconseguir que els professors Camille Mialot, de la Universitat Sciences Po de París i la professora Giorgia Pavani, de la Universitat de Bolonya, acceptaren l'encàrrec, encara que no va ser fàcil localitzar persones amb tots aquests coneixements. Per això, potser seria de gran ajuda en la defensa de futures tesis crear una xarxa o llistat de professores i professors d'Universitats estrangeres amb domini del nostre idioma, perquè aquestes gestions foren més senzilles.

Finalment, pel que fa a les oportunitats o aspectes positius, més enllà del purament polític de defensa de la llengua, en destacaria dos. El primer que tant el meu director de tesi, el professor Andrés Boix, com totes les altres integrants del Departament (i, posteriorment també, els membres del Tribunal) em van donar un suport immediat en la decisió, que van trobar molt encertada i en cap moment dubtaren de les possibilitats de difusió dels resultats de la tesi i del sentit d'escriure la tesi en valencià. I, el segon, l'existència d'incentius, a la Universitat de València, per a la redacció d'una tesi en valencià. Així, tot i que encara no he pogut optar a aquests incentius pels terminis de sol·licitud, hi ha previstos uns premis vinculats a la redacció de tesis en aquest idioma (els Premis Mavi Dolç i Gastaldo a l'ús del valencià en tesis doctorals) que sol·licitaré i que, encara que no han sigut determinants en la meua decisió de fer la tesi en aquest idioma, de segur serviran per a alleugerar o fer menys les dificultats abans esmentades que m'he trobat en el tot aquest procés.

Capítol 9

La docència plurilingüe a la Universitat de València. La docència en anglès

Adrián Palma Ortigosa*

D'acord amb l'article del 5 del Reglament d'usos lingüístics de la Universitat de València, tres són les llengües d'ús d'aquesta institució. D'una banda està el valencià com a llengua pròpia, de l'altra el castellà que està considerada llengua cooficial i per últim, l'anglès, considerada com a llengua de treball.

Aquestes tres llengües per tant, en la mesura que siga possible, han d´estar presents en els diferents àmbits de la vida universitària, la docència i la recerca. L'objectiu per a aquesta Universitat no és cap altre que potenciar la internalització de la institució i facilitar la mobilitat tant dels estudiants com de la resta de la comunitat universitària[1].

Centrant-nos en l'àmbit de la docència, pel que fa al valencià i al castellà, ambdues llengües estan àmpliament representades en la majoria dels títols que ofereix la Universitat de València. Dit això, el castellà manté una presència més gran que el valencià. Hi ha un pla específic centrat a incrementar la docència del valencià a la Universitat de València, de manera que s'iguale almenys amb el mateix nombre d'hores docents que s'imparteixen en castellà.

Per la seua banda, pel que fa a la docència en anglès, actualment no existeix cap pla específic que tracte l'ús o l'increment d'aquesta

---

* Professor Ajudant Dr. de Dret administratiu. Universitat de València.

1 Pla d´increment de la docència en valencià.

llengua[2]. Més bé, es fa al·lusió a la potenciació, però sense establir-se compromisos clars. En aquest sentit, el desplegament de l'anglès en la docència dins dels diferents títols que ofereix la Universitat de València ha anat augmentant progressivament en els darrers anys. La presència d'aquesta llengua de treball de la Universitat a les diferents titulacions respon a diferents models.

Així, un primer model el compondrien aquelles titulacions on l'anglès té un protagonisme molt rellevant i arriba a ser la llengua predominant de la titulació. Aquest model és present sobretot en aquelles titulacions on la pròpia naturalesa i els continguts que s'imparteixen en aquestes fan que la llengua predominant siga aquesta i no el castellà o el valencià[3].

Un segon model està format per totes aquelles titulacions en què l'anglès es dóna almenys enterament en un dels grups que integra aquest grau o doble grau. D'aquesta manera, aquestes titulacions ofereixen a cada curs diversos grups, entre els quals, un ofereix la docència enterament en aquesta llengua[4]. En aquests casos, el castellà i el valencià copen la resta de grups, però almenys un d'ells s´ofereix en anglès.

Un tercer model, malgrat no tenir grups específics en anglès, sí que ofereix assignatures específiques centrades en l'ús d'aquesta llengua dins l'àmbit professional que cobreix aquesta titulació. És a dir, de la pròpia naturalesa i continguts de l'assignatura que s'ofereixen resulta lògic que aquesta s'imparteixi en aquesta llengua[5].

---

2 El punt 2 del Pla d´increment de la docència en valencià estableix la necessitat establir mecanisme que puguin afavorir la docència en anglès, així com altres idiomes de comunicació internacional.

3 Tal com passa a Grau de de filologia anglesa o al Grau en negocis internacionals.

4 És el cas de la docència a la titulació del Grau en Dret, Grau en Economia, Grau en Administració d'Empreses entre d'altres.

5 Per exemple: "Llengua estrangera per a mestres: anglès" al Grau en Mestre a Educació infantil o "Anglès professional per a periodistes" al Grau de periodisme. Aquesta signatura no s´ha ofert al curs 2022/2023.

Finalment, un quart model estaria format per algunes titulacions en què només hi ha un grup per cada curs. Així, el grup central és de teoria i s'imparteix en castellà o valencià. Alhora, aquest grup es divideix en subgrups. En aquests subgrups es duen a terme els laboratoris i els continguts més pràctics de la titulació; en algunes assignatures, la docència s'imparteix en anglès[6].

És precisament aquest últim model en què ens centrarem. Concretament analitzarem el Grau de Ciència de Dades a causa de les seves particularitats amb relació a la docència en anglès. D'aquesta manera, la distribució general de la docència en aquesta titulació seria la següent[7]:

- Només hi ha un grup de teoria i aquest grup se subdivideix alhora en subgrups per a la realització dels laboratoris.
- Classes de teoria: Està integrat pel total dels estudiants d´aquesta assignatura, de mitjana uns 60. S´imparteixen en castellà.
- Classes de laboratori. Divisió a 4 subgrups. Cada subgrup està compost per 15 alumnes aproximadament.
    - i) 1 Subgrup en anglès.
    - ii) 2 Subgrups en valencià.
    - iii) 1 Subgrup en castellà.

El model de docència presentat no és freqüent a la Universitat de València. És més, malgrat que la resta de titulacions de la branca de les enginyeries respon a l'estructura indicada[8], és a dir, grup

6 Això passa en alguns graus de la branca d'arquitectura i enginyeria, així com en alguns graus de ciències.

7 S´ha pres com a referència el primer curs d´aquesta titulació. La resta de cursos responen a la mateixa lògica encara que hi pot haver un augment o un descens d'algun subgrup. Generalment, l´augment del subgrup suposa més docència en castellà.

8 Grau Enginyeria Electrònica Industrial, Grau en Enginyeria Informàtica, Grau en Enginyeria Multimèdia, Grau en Enginyeria Química i Grau en Enginyeria Telemàtica.

principal de teoria i subdivisió en subgrups per a laboratori, no hi ha aquesta presència permanent de l'anglès en totes les assignatures d'aquestes titulacions .

Hem de partir de la idea que el Grau de Ciència de Dades és la titulació universitària de l'ETSE la creació de la qual és més recent[9], té 4 anys d'antiguitat el que ha permès possiblement una adaptació des del seu inici als plans que potencien el plurilingüisme. Aquesta adaptació resulta més complicada respecte d'altres titulacions que presenten similituds però que porten més anys amb la dinàmica habitual de castellà i valencià com a llengües bàsiques de la docència[10].

L'anàlisi que es mostra a continuació respon a la curta experiència que tenim a l'assignatura Aspectes Legals sobre Dades que s'imparteix en aquesta titulació. És per això que les conclusions a què arribem poden variar respecte d'altres assignatures que s'ofereixen en aquest grau.

Assenyalat això, passem a indicar els avantatges i inconvenients detectats.

- S'atreu estudiants estrangers, ja que la Universitat assegura que sempre hi haurà un laboratori a cada assignatura que s'imparteix en anglès. De manera que la part més pràctica de l'assignatura la poden rebre en aquesta llengua els estudiants.
- Com a conseqüència del que s'ha assenyalat anteriorment, es creen dinàmiques de grups on hi ha alumnes prece-

9 Resolució de 21 de març de 2019, de la Universitat de València per la que se publica el pla d´estudis de Graduat en Ciència de Dades. Publicat al BOE: 11 d'abril del 2019. També publicat al DOGV el 27de març de 2019.

10 La mateixa tendència de l´ús de l´anglès al Grau de Ciència de dades també està present en els dobles graus que es pretenen implementar a l'ETSE. Aquests dobles graus són: Doble Grau en Química i Enginyeria Química, Doble Grau en Matemàtiques i Enginyeria Informàtica, Doble Grau en Matemàtiques i Enginyeria Telemàtica.

dents d'altres països, així com nacionals. Aquest aspecte és molt rellevant perquè cada alumne pot aportar la seua visió diferenciada d'una mateixa realitat en funció del país d'origen.

- Com que hi ha altres subgrups, l'oferta de valencià i castellà que preveu la Universitat de València es manté.
- Es millora el coneixement de l'anglès de tots aquells estudiants castellà i valencià parlants de manera que la projecció internacional augmenta.
- Aquests estudiants adquireixen un nivell lèxic en llengua anglesa especialitzat en les matèries que estudien. Cal partir que moltes assignatures d'aquesta titulació utilitzen comunament terminologia anglesa a causa de la naturalesa pròpia dels continguts. Pensem per exemple en l'analítica de dades amb programes que per defecte estan en anglès, desenvolupament de codi, legislació europea sobre intel·ligència artificial o protecció de dades, etc.

Al costat dels avantatges, també és important destacar que aquest model presenta alguns inconvenients.

- Atès que la part de teoria s'imparteix en castellà, els alumnes estrangers que desconeguen aquesta llengua o tingen un coneixement baix, tindran dificultats especials per seguir les classes teòriques.
- Com és habitual, les classes pràctiques destinades als laboratoris són en molts casos tributàries del contingut que prèviament s'ha impartit a les classes teòriques. La limitada experiència que tenim ens indica fins ara que aquesta situació perjudica aquells estudiants que no tenen un coneixement mitjà del castellà. D'aquesta manera, aquelles activitats de laboratori on no cal acudir als apunts de teoria, els estudiants estrangers solen mostrar molts millors resultats que en les activitats que necessàriament requereixen de la consulta dels apunts teòrics prèviament explicats en castellà.

- Llevat de les activitats que es fan als laboratoris d'anglès, el professorat d'aquestes assignatures no té l'obligació de facilitar els apunts, ni les diferents activitats avaluades que es facin al llarg del curs a la llengua anglesa. Aquesta situació novament perjudica aquells alumnes que no tenen coneixements amplis del castellà, ja que aquestes activitats, si s'ofereixen en castellà, molt possiblement no siguen redactades i respostes de forma adequada pels i les estudiants.

Com es pot apreciar, la situació descrita no resulta del tot satisfactòria a priori, sobretot per a aquells estudiants amb baix coneixement del castellà.

Resulta meritòria la intenció que hi ha darrere d'aquest tipus de models per apostar cada cop de forma més vehement pel plurilingüisme a la Universitat de València. Això no obstant, cal millorar certs aspectes perquè aquesta estructura desitjada compleixi realment l'objectiu inicial pretès amb aquest model. En aquest sentit, correspon als diferents actors que intervenen en el desplegament d'aquesta estructura afavorir i tendir aquesta meta.

Pel que fa al professorat, en la mesura que siga possible, resultaria convenient que, malgrat que la teoria siga en castellà, els docents faciliten els materials en aquesta llengua a aquests estudiants, almenys, a l'hora de proposar-les activitats avaluades, tipus test de repàs, etc. Graus com el de Ciència de Dades on l'anglès té un paper preponderant no haurien de resultar, si escau, complexos per a la seva adaptació a aquesta llengua sempre que siga possible.

D'altra banda, encara que ja es fa, cal insistir l'alumnat estranger que escull la Universitat com a destinació d'estudis, i en concret aquest grau, que, malgrat que existeix en cert grau docència en anglès, la necessitat d'uns coneixements mínims en castellà resulten molt importants, ja que el risc de quedar desenganxat de l'assignatura és alt.

Resulta essencial també per a aquests casos que els alumnes coneguen clarament els serveis que ofereix el Servei de política lingüística per aprendre tant el castellà com el valencià. En aquest sentit, des de la coordinació dels grups d'aquest grau seria convenient detectar aquest alumnat i, si escau, indicar-los les vies que tenen per aprendre les llengües oficials de la Comunitat Valenciana.

Si realment volem implementar una autèntica universitat plurilingüe, iniciatives com les que es duen a terme al Grau de Ciència de Dades resulten summament positives, però, com ha quedat patent, no n'hi ha prou amb fixar-lo a l'OCA sinó que correspon a tots els actors implicats també portar-lo a la pràctica, malgrat que això supose un esforç extra que va més enllà de les tasques docents previstes. Sobretot, en aquells espais on el sistema presenta mancances.

Acta de Constitució i Manifest de les professores i professors de Dret administratiu de les Universitats públiques de la Comunitat Valenciana respecte de l'ensenyament en valencià

Reunits a l'aula 3P10 de la Facultat de Dret de la Universitat de València, els sotasignats, professores i professors de Dret administratiu de les Universitats públiques de la Comunitat Valenciana

MANIFESTEM

— El nostre interès acadèmic i científic per la docència i la investigació en valencià, com a llengua pròpia de les Universitats públiques de la Comunitat Valenciana.

— El compromís d'encetar conjuntament una línia d'estudi i investigació on l'ús del valencià siga el fil conductor del treball.

— La voluntat d'impulsar amb periodicitat activitats acadèmiques conjuntes amb l'objectiu d'analitzar l'ús del valencià a la docència de Dret administratiu.

— L'interès per ampliar les relacions acadèmiques amb professorat universitari d'altres territoris amb llengua pròpia, amb l'objectiu d'enriquir el coneixement i aplicació del Dret administratiu.

— La voluntat de contribuir al desenvolupament de les polítiques lingüístiques de les Universitats públiques de la Comunitat Valenciana encaminades a l'ús normal de la llengua pròpia.

València, 29 de novembre de 2022

Per la Universitat de València-Estudi General

Reyes Marzal Raga
Albert Ituren Oliver
Gabriel Doménech Pascual
Alba Soriano Arranz
Víctor Bethencourt Rodríguez
Andrés Boix Palop
Ana María De la Encarnación
Clàudia Gimeno Fernández
Adrián Palma Ortigosa
Mireia Molina Sánchez

Per la Universitat de Castelló

José Luis Blasco Díaz

Per la Universitat d'Alacant

Josep Ochoa Monzó

Per la Universitat Miguel Hernández d'Elx

Fernando de Rojas Martínez-Parets

Sessió constitutiva del grup de recerca.
València 29 de novembre de 2022